NAPOLÉON Ier

ET

LA GARDE IMPÉRIALE

PARIS
TYPOGRAPHIE DE HENRI PLON
IMPRIMEUR DE L'EMPEREUR
Rue Garancière, 8.

NAPOLÉON IER

ET

LA GARDE IMPÉRIALE

TEXTE PAR EUGÈNE FIEFFÉ

DES ARCHIVES DE LA GUERRE

DESSINS PAR RAFFET

PARIS

FURNE FILS, ÉDITEUR

RUE DE SEINE, 57

—

1859

A SON ALTESSE

LE PRINCE IMPÉRIAL

(NAPOLÉON-EUGÈNE-LOUIS-JEAN-JOSEPH),

ENFANT DE TROUPE AU 1er RÉGIMENT DE GRENADIERS A PIED.

MONSEIGNEUR,

La nouvelle Garde, dont Votre Altesse Impériale fait partie comme enfant de troupe au 1er régiment de grenadiers à pied, a eu de nobles aïeux; c'est leur histoire racontée simplement et leurs vivantes images que j'ai l'honneur d'offrir à Votre Altesse Impériale, en la priant de vouloir bien accorder à cet ouvrage la haute faveur de son auguste patronage.

J'ai l'honneur d'être,

MONSEIGNEUR,

avec le plus profond respect,

de Votre Altesse Impériale,

le très-humble serviteur,

FURNE Fils, Éditeur.

NAPOLÉON I.er

INTRODUCTION

Virorum illustrium imagines, incitamenta animi.
Tacite.

'était une coutume chez certains peuples de l'antiquité de soumettre les morts à un jugement solennel, et de ne faire l'éloge des rois que cinquante ans après qu'ils étaient descendus au tombeau. Le flambeau de la vérité répandait ainsi plus librement sa lumière sur toute leur vie, et l'arrêt que prononçait la postérité acquérait un caractère de justice qui le rendait immuable et sacré.

Un siècle n'a pas encore fourni la moitié de sa carrière depuis qu'ils se sont endormis de l'éternel sommeil, ces nobles soldats qui furent pendant quinze ans les rois de l'Europe vaincue, et déjà l'histoire impartiale leur a prodigué son admiration et ses louanges. Elle s'est plu à les contempler partout où ils ont porté leurs pas; elle a proclamé grand parmi les plus grands capitaines le chef qui leur frayait le chemin de la victoire. Elle l'a vu d'abord à Toulon, puis en Italie; il avait vingt-cinq ans; son visage était pâle, ses manières simples, sa parole brève; la fièvre du génie qui le consumait allumait des éclairs dans ses yeux. Ses volontaires combattaient sans souliers et sans pain, mais il n'avait qu'à leur parler, et sa vue, son langage, les électrisaient; ils marchaient oubliant leurs misères, ils campaient sur les bords de l'Arno et de l'Adige, ils étonnaient par leurs faits d'armes les mânes des Scipion et des Paul-Émile. Dans leur fougue impatiente, ils ne laissaient de repos ni aux ennemis ni à eux-mêmes, et ils traversaient les mers pour planter leurs drapeaux sur la terre des Pharaons, car ils rêvaient pour la patrie, comme le général qui les guidait, l'étendue de l'antique empire romain, dont ils allaient découvrir les extrêmes limites au milieu des ruines du temple de Philæ.

Lorsqu'il eut fait, comme le petit-neveu de César, la conquête de l'Égypte, le vainqueur du mont Thabor voulut revoir la France, où l'attendait aussi la double destinée d'Auguste.

INTRODUCTION.

Peu de jours après le 18 brumaire, il pensa à reconstituer les Gardes du Directoire et du Corps législatif, et il choisit parmi ses anciens compagnons de guerre les éléments d'une force militaire appelée à devenir un modèle et un encouragement pour l'armée : ce fut la *Garde des consuls*, formée le 28 novembre 1799, corps incomparable, qui ne trouva d'égal qu'en lui-même, c'est-à-dire dans la *Garde impériale*, qui devait plus tard sortir de son sein.

D'abord peu nombreuse, la Garde des consuls fut cependant, selon les termes de l'arrêté d'organisation, « plus convenable à la dignité du gouvernement du peuple français ». Elle se composa de grenadiers et de chasseurs à pied, de grenadiers et de chasseurs à cheval, ainsi que d'artilleurs. Murat, ce futur roi que la gloire avait déjà couronné, en eut le commandement en chef. Mais il fut bientôt remplacé par le valeureux Lannes, qui, après s'être distingué à Arcole et à Aboukir, allait s'illustrer plus encore à Marengo, dans cette bataille où l'infanterie et la cavalerie de la Garde consulaire soutinrent le choc de toute l'armée ennemie. Grâce à elles, l'Italie, perdue depuis la défaite de Novi, fut reconquise d'un seul coup, et le vainqueur put dire : « J'espère que le peuple français sera content de son armée. »

Ce fut l'un des principes constants de la vie de Napoléon de tout rapporter à ce peuple français, que, vingt et un ans plus tard, à son lit de mort, il se souvenait d'avoir tant aimé. De même, l'un des traits particuliers de son caractère fut de ne jamais s'attribuer le mérite de ses grandes actions ni l'éclat de ses victoires. Quand le général dont il venait de disperser les bataillons le proclamait l'*homme du destin* ; quand la France l'appelait son sauveur ; quand ses lieutenants, qui l'avaient vu vingt fois à l'œuvre, le reconnaissaient pour maître, c'était pour la patrie qu'il se sentait heureux de ces éloges, c'était moins de lui qu'il était fier que de ses soldats, et surtout de la Garde consulaire, qui avait puissamment contribué à son dernier triomphe. Dès ce moment, il pressentit le rôle que cette troupe d'élite jouerait dans l'avenir, et il s'empressa de lui ouvrir un plus vaste horizon. De simple Garde du gouvernement qu'elle était, il en fit un corps de réserve destiné à être le cœur de l'armée, l'épée avec laquelle, nouvel Alexandre, il trancherait le nœud gordien des batailles.

Pour donner à la Garde consulaire une supériorité incontestable, il voulut que l'honneur d'en faire partie fût la récompense de la conduite et de la bravoure ; il y appela ses plus illustres généraux, il arrêta lui-même combien de campagnes, combien d'actions d'éclat, combien de blessures en ouvriraient les rangs ; il en porta l'effectif de deux mille à sept mille hommes ; il y admit des gendarmes, des marins, des mameluks et des vétérans : en un mot, il s'occupa de la Garde avec amour. « J'entends, écrivait-il au ministre de la guerre, qu'excepté moi, personne ne se mêle de ce qui peut être, à tort ou à raison, une amélioration dans sa tenue ou dans son bien-être. »

Née le jour où la France s'était donnée à lui, la Garde consulaire était sa véritable famille ; elle avait suivi toutes les phases de sa fortune, elle avait partagé le prestige qui l'environnait, et comme s'il eût voulu qu'elle partageât aussi sa couronne, il lui annonça en montant les degrés du trône qu'elle s'appellerait désormais la *Garde impériale*.

INTRODUCTION.

« Je connais les sentiments de la Garde pour ma personne, disait-il le 14 juin 1804 au maréchal Bessières; ma confiance dans la bravoure et dans la fidélité des corps qui la composent est entière. Je vois constamment, avec le plus grand plaisir, mes compagnons d'armes échappés à tant de dangers et couverts de tant d'honorables blessures, et j'éprouve un sentiment de parfaite satisfaction lorsque je puis me dire, en les considérant sous leurs drapeaux, qu'il n'est pas une des batailles, pas un des combats livrés pendant ces quinze dernières années et dans les quatre parties du monde, qui n'ait eu parmi eux des témoins et des acteurs. »

Un mois après, Napoléon réorganisait sa Garde et la rejoignait à Boulogne, jaloux de montrer à ses troupes réunies leur nouvel Empereur, de leur donner une fête à l'occasion de son avénement au trône et de distribuer à ses soldats les récompenses qu'ils avaient méritées. Cette solennité fut fixée au 16 août. La Garde impériale et l'armée se rangèrent en colonnes serrées au milieu d'un vaste amphithéâtre qui dominait la mer, et au centre duquel s'élevait un tertre de forme antique, semblable à ceux d'où les empereurs romains haranguaient leurs cohortes. Un trophée magnifique, composé de drapeaux conquis aux batailles de Lodi, d'Arcole, de Rivoli, d'Aboukir et de Marengo, et une gigantesque couronne de lauriers au-dessus de laquelle s'agitaient les guidons écarlates des beys d'Égypte, rehaussaient l'éclat de ce spectacle. L'Océan même, prêtant à cette pompe sa grandeur imposante, mêlait le murmure des vagues soulevées par la tempête au bruit du canon et des fanfares.

Tout à coup les flots cessent de mugir, les rayons du soleil déchirent les nuages, les tambours se taisent, les batteries étouffent leur voix, Napoléon paraît. Après avoir embrassé du regard le tableau qui se déroule à ses pieds, il s'assoit sur le siége d'un des rois de la première race, et, entouré de ses frères, de ses grands officiers, tenant en main les attributs impériaux, il prononce le serment de l'ordre de la Légion d'honneur que cent mille hommes répètent avec enthousiasme. Il distribua ensuite lui-même les décorations qu'il avait fait déposer dans le casque de du Guesclin et sur le bouclier de Bayard, pour montrer à ses soldats le lien glorieux qui les unissaient à ces deux héros. Cérémonie touchante, à laquelle les transports d'allégresse de tant de braves élevant dans les airs leurs armes et leurs drapeaux, la présence auguste de Napoléon, l'aspect majestueux de la nature, imprimaient un caractère indéfinissable.

Des côtes de la Manche, les régiments de la Garde impériale s'élancèrent en 1805 avec la Grande Armée vers les contrées qui avaient déjà retenti de leurs faits d'armes. L'épée qui avait dissous les deux premières coalitions au pied des Apennins et des Alpes allait avoir raison de la troisième sur les bords du Danube.

« La guerre est commencée, annonce Napoléon à ses soldats, votre empereur est au milieu de vous. Quelques obstacles qu'on nous oppose, nous les vaincrons, et nous ne prendrons de repos que nous n'ayons planté nos aigles sur le territoire de nos ennemis. »

Il dit, et la Garde franchit le Rhin, traverse Nordlingen, où Condé et Turenne ont gravé le souvenir d'une victoire; elle entre triomphante à Augsbourg; elle voit, le 20 octobre, des hauteurs d'Ulm, une garnison formidable déposer les armes devant elle. En quinze jours, soixante mille hommes, deux cents pièces de canon, quatre-vingt-dix drapeaux et dix-huit généraux sont tombés au pouvoir du vainqueur.

C'est ainsi que l'armée et la Garde impériale illustraient le mois de vendémiaire de l'an XIV. Aussi Napoléon voulut-il que ce seul mois comptât pour une année de campagne à toute la Grande Armée [1].

Ce n'était rien encore. La Garde impériale force bientôt la capitale de la Bavière et celle de l'Autriche, et pénètre dans la Moravie, afin de décider, comme l'a ordonné Napoléon, si l'infanterie française est la première ou la seconde de l'Europe. C'est dans les champs d'Austerlitz que l'arène est ouverte; c'est là que doit se livrer la bataille des trois Empereurs. Les régiments du czar sont accourus dans l'espoir de venger ceux de François II. Napoléon les a vus prendre position à la place que son génie avait marquée d'avance, et déjà il s'est écrié : « Avant demain soir, cette armée est à moi. »

Dans la nuit du 1er décembre, il visite incognito tous les bivouacs, mais à peine a-t-il fait quelques pas qu'il est reconnu. Soudain une ligne de quatre-vingt mille hommes le guide à la lueur des fanaux de paille et fait entendre des cris de joie. Un des grenadiers de sa Garde s'approche de lui, et dans un langage familier qu'autorisait l'égalité de la mort que le conquérant et le soldat avaient tant de fois bravée : « Sire, tu n'auras pas besoin de t'exposer, lui dit-il ; je te promets, au nom des grenadiers de l'armée, de t'amener demain les drapeaux et l'artillerie de l'armée russe pour célébrer l'anniversaire de ton couronnement. »

Le lendemain, la victoire fut éclatante comme le soleil qui l'éclaira ; elle fut si rapide, que l'infanterie de la Garde impériale n'eut pas le temps d'y prendre part. « Réjouissez-vous, disait Napoléon à ses vieux soldats pour calmer leurs regrets, vous ne devez donner qu'en réserve ; tant mieux si je n'ai pas besoin de vous aujourd'hui. »

La cavalerie et l'artillerie de la Garde avaient été plus heureuses. L'Empereur, témoin de leurs succès, s'en était réjoui. Le premier sentiment qui éclata dans son cœur fut celui de la reconnaissance ; il proportionna à la grandeur du triomphe. Il leva une contribution de cent millions sur l'Autriche, et affecta cette somme à sa Garde, ainsi qu'à l'armée [2] ; il fit distribuer trois mois de solde à tous les blessés ; il adopta les enfants des soldats qui avaient succombé dans la journée du 2 décembre ; il accorda aux veuves des généraux et des officiers des pensions exceptionnelles ; enfin, pour laisser un souvenir indélébile de tant de hauts faits, il ordonna que le bronze des canons pris à l'ennemi servirait à élever un monument consacré à rappeler aux âges futurs la gloire dont s'étaient couverts les héros d'Austerlitz [3].

Généreux à l'égard des vainqueurs, Napoléon ne le fut pas moins envers les vaincus. Après avoir donné des vêtements à la Garde impériale russe que la sienne avait faite prisonnière, il lui rendit la liberté.

---

[1] Arrêté du 23 octobre 1805.
[2] La Garde impériale reçut 260,849 francs 88 centimes.
[3] C'est la colonne de la place Vendôme.

INTRODUCTION.

Rentré à Paris le 26 janvier 1806, l'Empereur fortifia de nouveau sa Garde le 15 avril. Peut-être prévoyait-il déjà une prochaine reprise des hostilités ; peut-être rêvait-il de nouvelles conquêtes, comme s'il n'avait pas assez fait pour justifier le surnom de *Grand* que le Sénat lui décernait. Grand et magnanime, en effet, le capitaine qui venait de voir deux souverains conjurés contre lui, et dont il s'était vengé en restituant à l'un la moitié de son armée, à l'autre la moitié de ses États ! Car il disposait à son gré des trônes et des empires. Il conférait la vice-royauté d'Italie à son fils adoptif, Eugène de Beauharnais, colonel des chasseurs à cheval de la Garde ; il convertissait en grands fiefs impériaux l'Istrie, la Dalmatie et Trévise, pour Bessières, Soult et Mortier, qui étaient, avec Davout, les colonels généraux de sa Garde ; et le Frioul, pour Duroc, qui était, avec Lannes, son plus ancien ami.

Ainsi, ses braves soldats voyaient les chefs qui les commandaient investis de duchés et de royaumes. Pour eux, ils se contentaient de les conquérir. La Prusse, qui était entrée secrètement dans la dernière coalition, que demandent-ils pour la soumettre tout entière ? Une semaine ! Ils traversent les forêts et les défilés de la Franconie, la Saale et l'Elbe ; ils font en sept jours ce que leurs pères n'avaient pu faire en sept ans. D'Iéna ils vont à Potsdam, où Napoléon ceint l'épée du grand Frédéric, faite à sa taille, et où il s'empare des drapeaux que portait à Rosbach la noble garde du vainqueur de Soubise. « Je suis content de vous, dit-il avec orgueil à ses soldats en les voyant occuper déjà la capitale de Frédéric-Guillaume ; vous avez devancé à Berlin la renommée de vos victoires. » Et comme les Russes viennent encore à sa rencontre, ainsi que l'année précédente : « Nous leur épargnerons la moitié du chemin, ajouta-t-il ; qui leur donnerait le droit de renverser nos justes desseins ? Eux et nous ne sommes-nous pas les soldats d'Austerlitz ? »

A la seule pensée de cette victoire, il veut en célébrer le premier anniversaire d'une manière digne de son armée et de sa Garde. « Il sera établi, décide-t-il, le 2 décembre, à son quartier général de Posen, sur l'emplacement de la Madeleine de notre bonne ville de Paris, aux frais du trésor de notre couronne, un monument dédié à la Grande Armée.

» Dans l'intérieur seront inscrits sur des tables de marbre les noms de tous les hommes qui ont assisté aux batailles d'Ulm, d'Austerlitz et d'Iéna, et sur des tables d'or massif les noms de tous ceux qui sont morts sur les champs de bataille. »

Tous les ans, le 2 décembre et le 14 octobre, dates des deux dernières victoires, les voûtes du monument devaient retentir des chants consacrés à la gloire de l'armée. « Dans les discours et odes, portait le décret, il est expressément défendu de faire mention de l'Empereur. »

L'antiquité a-t-elle rien de comparable à cette grandeur qui veut être oubliée ?

Cependant les Russes approchaient ; Napoléon pousse contre eux la Garde impériale, qui les rencontre, au mois de février 1807, à Eylau. Au plus fort de la mêlée, les grenadiers à pied du premier régiment voient tout à coup disparaître leur drapeau, dont la hampe est brisée par un éclat d'obus. O douleur ! cet étendard, qui renfermait dans ses plis glorieux l'histoire et les services de tant de braves morts pour le défendre, il n'ombragera plus leurs mânes désolés : leur drapeau est au pouvoir des Russes ! Mais non ; l'officier à qui est confié

INTRODUCTION.

ce symbole vénéré de l'honneur du régiment se jette dans les rangs ennemis pour l'y chercher, il le retrouve, l'arrache aux mains qui le lui ont ravi, le fixe au canon d'un fusil, et, reprenant sa place de bataille, montre l'aigle planant au-dessus des combattants, et qui semble dire, comme le *labarum* de Constantin : *In hoc signo vinces.*

De combien de traits non moins éclatants la Garde impériale ne peut-elle pas s'enorgueillir! combien devait-elle en compter encore! car Napoléon se souvient qu'il a vaincu le 14 juin 1800 à Marengo, et, sept ans après, il choisit ce même jour pour gagner une autre bataille à Friedland. A une victoire, lui seul pouvait répondre par une victoire. Son génie ne le trompait pas; et, comme il avait promis la paix à ses soldats, elle fut conclue à Tilsitt.

Paix chèrement acquise! Les ennemis que l'Empereur venait de vaincre étaient les plus redoutables qu'il eût encore rencontrés. Pour rehausser l'éclat de sa victoire, il rendit hommage à leur valeur en accordant la croix d'honneur au plus brave grenadier de l'armée russe. Sa Garde elle-même, fidèle interprète des sentiments de son maître, donna une fête à celle du czar. C'était le 30 juin. Les deux Gardes, dignes l'une de l'autre, oubliant le grand duel d'une année dans lequel elles s'étaient fait mutuellement de profondes blessures, s'unirent, comme de loyaux adversaires, dans une pensée de concorde et de fraternité.

Une autre solennité attendait la Garde impériale lorsqu'elle revint en France, ramenant dans ses rangs un régiment de lanciers que l'Empereur avait levé en Pologne. La ville de Paris s'empressa « d'apporter à la grande famille militaire l'embrassement de la cité » ; elle suspendit des couronnes d'or aux aigles des régiments; elle offrit enfin aux braves dont elle était fière le spectacle de leur propre gloire [1].

En 1808, la Garde impériale porta en Espagne le théâtre de ses exploits. Mais là, au lieu des riantes campagnes et des belles routes de l'Allemagne, elle ne trouva que des montagnes et des plaines arides; au lieu d'un peuple hospitalier, une race d'hommes fanatiques, « comptant la vie pour rien, a dit Tacite, s'ils ne l'emploient à combattre; » au lieu des batailles décisives et des savantes manœuvres, des attaques incessantes et des escarmouches sans résultat; au lieu de la grande guerre, la guerrilla, c'est-à-dire l'embuscade et le meurtre.

Cependant, si les provinces espagnoles avaient dû être réduites, c'eût été certainement par les régiments de la Garde sous les ordres de Napoléon, de Murat et de Bessières; mais une cinquième coalition les rappela, au commencement de 1809, au cœur de la Germanie. La capitale autrichienne leur ouvrit une seconde fois ses portes, et ils franchirent le Danube pour vaincre encore à Essling et à ce qu'ils appelèrent l'*affaire de Wagram*.

Jamais la Garde impériale n'avait rendu de plus importants services à Napoléon; jamais non plus il n'avait eu l'occasion de lui demander de si généreux efforts. Plus il exigeait d'elle, plus son dévouement grandissait; elle s'attachait à lui de toute la force du sacrifice. Quelles récompenses nouvelles pouvait donc imaginer sa reconnaissance envers ces héros

---

[1] L'Opéra représenta, pour la Garde, *le Triomphe de Trajan.*

PORTE DRAPEAU
DES GRENADIERS A PIED

qu'il connaissait, qu'il aimait, qu'il tutoyait? Des décorations? Il les leur avait prodiguées. Des grades? Il avait décidé que les plus anciens d'entre eux jouiraient dans l'armée du rang immédiatement supérieur à celui qu'ils occupaient dans la Garde. Des titres? Il ne les refusait pas aux plus vaillants, et il y joignait des pensions, des dotations, des apanages. Le 15 août, il accorda à plusieurs simples soldats de sa Garde jusqu'à mille francs de rente sur le Mont-Napoléon, sur les biens réservés en Westphalie, en Hanovre, dans la Poméranie suédoise, à condition que ceux qui méritaient ces faveurs serviraient toujours dans le même régiment, car il tenait aux bons sujets, qui font les bons exemples.

Ces avantages et ces prérogatives, l'armée ne s'en montrait pas jalouse; car elle savait qu'elle pouvait y prétendre, puisqu'ils étaient le prix de la valeur. « Vous m'enviez ma gloire, disait Marius aux grands de Rome; enviez-moi donc aussi mes travaux, mes dangers, mes combats. » Dans la Garde, il n'était pas un soldat qui n'eût le droit de tenir le même langage.

D'ailleurs, c'est un fait incontesté, l'immortelle phalange était regardée comme la force et le salut de l'armée. A la guerre, elle couvrait de son égide les autres régiments, comme ces chênes séculaires qui étendent autour d'eux leurs rameaux protecteurs et défendent tout ce qui les environne contre la tempête. Lorsque le nombre accablait le courage, lorsque la mêlée était sanglante et le succès incertain, lorsque l'embrasement de la bataille réclamait un invincible auxiliaire, les plus résolus regardaient avec anxiété la place où était la Garde impériale, et alors elle se précipitait comme un torrent, elle renversait tous les obstacles, elle arrêtait l'impétuosité de l'ennemi, elle enchaînait la victoire.

Quoi d'étonnant que Napoléon, qui appréciait si bien la puissance de ces régiments, se fût persuadé que leur concours lui suffirait pour étouffer dans son cratère le volcan qui dévorait la Péninsule ibérique? Il écrivit le 23 novembre 1809 au duc de Feltre : « Mon intention est de marcher en Espagne avec quatre régiments de conscrits de ma Garde[1], ayant en partant de Paris au moins six mille hommes; quatre régiments de tirailleurs, de la même force; deux régiments de fusiliers forts de trois mille hommes; deux régiments de vieille Garde, aussi de même force; cinq mille hommes de cavalerie et soixante pièces de campagne : le tout formant près de vingt-cinq mille hommes.

« Il faut que ma Garde ait ses chirurgiens, ses administrateurs, ses caissons, ses forges de campagne, enfin tout ce qui est convenable. Faites en sorte qu'elle soit prête à partir vers le 15 janvier prochain. »

Mais à cette époque, un sénatus-consulte avait déjà prononcé la dissolution du mariage de Napoléon et de Joséphine. D'autres soins sollicitèrent la pensée de l'Empereur, qui allait asseoir sur le trône de France une fille des Césars germains; une faible fraction de la Garde seulement franchit les Pyrénées, et l'Espagne fut sauvée.

Soucieux de l'avenir, Napoléon augmente la force de sa Garde; il y fait entrer une partie des régiments du roi Louis de Hollande dont les États venaient d'être réunis à l'Empire; il

---

[1] Corps récemment créés et convertis plus tard en régiments de tirailleurs et de voltigeurs.

INTRODUCTION.

rappelle enfin les détachements qui combattaient dans la Navarre et la Castille, et quand il a ainsi sous la main cinquante-six mille hommes d'élite, il en prend trente mille qu'il pousse vers le Nord avec la Grande Armée. Lui-même part pour Dresde au mois de mai 1812; il trouve dans la vieille capitale saxonne l'empereur d'Autriche, le roi de Prusse et la plupart des princes de la Confédération germanique. Enivré de leurs protestations de dévouement : « Jamais, s'écrie-t-il, un tel concours de circonstances favorables ne pourra se présenter, je sens qu'il m'entraîne. » Et il quitte Dresde pour venir se mettre à la tête de son armée qui menace déjà l'empire moscovite.

A contempler ces uniformes bizarres, ces bataillons innombrables, ces soldats de toutes les nations, Français, Italiens, Suisses, Polonais, Autrichiens, Westphaliens, Bavarois, Saxons, Belges, Hollandais, Prussiens, Espagnols, Portugais, Dalmates, Illyriens, Croates, Albanais, dociles à la voix du même capitaine; à entendre tant d'idiomes et de commandements divers; à voir enfin tous ces chefs, Ney, Davout, Poniatowski, Dombrowski, Pino, Beauharnais, Macdonald, Murat, Saint-Cyr, Victor, Schwarzenberg, Jérôme, York et de Wrède, on se reporte aux temps héroïques où le *Roi des rois* était entouré des princes les plus fameux de la Grèce, et l'on se demande par quelle puissance irrésistible un seul homme est parvenu à rassembler sous son drapeau des peuples nés ennemis, et à absorber en lui les intérêts, les passions, les rivalités de l'Europe entière, qu'il a tout à coup forcée d'émigrer entre la Vistule et le Niémen.

Assez d'autres ont tracé le cruel tableau des souffrances de toute nature au milieu desquelles s'abîma cette armée naguère encore pleine d'espérance. Loin de nous ce douloureux souvenir! Considérons plutôt l'Empereur sur le vaste champ de bataille de la Moskowa; il est là dès le 6 septembre, il tient l'ennemi, il est sûr de le mettre encore une fois en déroute, et, dans sa joie, il aime à redire avec le poëte :

La Victoire, en chantant, nous ouvre la barrière.

Tout lui sourit, le lieu qu'il a choisi, l'impatience de son armée, le soleil qui rayonne comme à Austerlitz, tout jusqu'à l'image de son fils que le ciel lui envoie comme un présage de bonheur. Soudain l'action s'engage. La Garde ambitionne la faveur de combattre pour avancer d'une heure la victoire; mais Napoléon est à huit cents lieues de sa capitale : « S'il y a une seconde bataille, avec quoi la livrerai-je? » dit-il, comme s'il avait le pressentiment du désastre qui doit terminer la campagne. C'est alors que la Garde impériale apparaît dans toute sa grandeur! Quelle résignation! quel courage! Elle ne quitte pas un seul instant son chef. Les rangs s'éclaircissent de marche en marche, de combats en combats, et il n'y reste bientôt plus que les anciens, les plus aguerris, ceux de Lodi et des Pyramides, qui à leur tour s'étonnent de trembler; ils grossissent le *bataillon sacré* et font jusqu'au dernier moment un rempart de leurs corps à leur empereur.

De quelle force, de quelles ressources infinies ne fallait-il pas que fussent doués Napoléon, la France et la Garde impériale pour survivre à de telles épreuves! Non-seulement ce déchaînement de la fatalité ne les avait pas abattus, mais encore, au commencement de l'année 1813, on aurait pu croire qu'il les avait respectés.

Napoléon! il était toujours l'empereur des Français, le roi d'Italie, le protecteur de la Confédération du Rhin, le médiateur de la Confédération suisse; il avait la cour la plus magnifique de l'Europe, il était le souverain le plus puissant de l'univers.

La France! toujours grande et glorieuse, elle comprenait une population de quarante millions d'habitants autour de laquelle se groupaient les millions d'âmes des États fédératifs; elle avait un immense territoire; elle comptait cent trente départements, et parmi eux, ceux de l'Escaut, de la Dyle, de Jemmapes, du Mont-Tonnerre, de Rhin-et-Moselle, du Simplon, de Montenotte, de l'Arno, de l'Ombrone, de la Sesia, de la Doire, de Marengo, du Trasimène, des Apennins, de Gênes et du Tanaro; elle avait des cités qui s'appelaient la Haye, Bruxelles, Anvers, Gand, Bruges, Maestricht, Breda, Coblentz, Aix-la-Chapelle, Cologne, Mayence, Trèves, Turin, Alexandrie, Mondovi, Florence, Parme, Tivoli, Plaisance, Lubeck, Brême, Hambourg, Rome, la seconde bonne ville de l'Empire, et Amsterdam, la troisième; elle était chez elle dans l'Illyrie, dans l'Istrie, dans la Carniole, dans la Carinthie, dans la Croatie, dans la Dalmatie; chez elle dans Corfou, Paxos, Ithaque, Zante, Cérigo; chez elle enfin dans les eaux du Zuyderzée comme au sein de la mer Ionienne.

La Garde impériale! elle se reconstituait plus formidable qu'elle n'avait jamais été; elle réunissait sous ses drapeaux quatre-vingt-douze mille hommes, grenadiers et chasseurs à pied, vétérans, fusiliers, tirailleurs, voltigeurs, flanqueurs, pupilles, grenadiers et chasseurs à cheval, mameluks, dragons, lanciers polonais et français, gardes d'honneur, gendarmes d'élite, artilleurs à pied et à cheval, sapeurs du génie, marins, soldats du train, ouvriers d'administration; elle avait pour chefs, outre ses colonels généraux, les Friant, les Roguet, les Michel, les Curial, les Dumoustier, les Cambronne, les Schramm, les Guyot, les Ornano, les Lefebvre-Desnoëttes, les Krasinski, les Colbert, les Durosnel, les Dulauloy, les Lepic, les Kirgener et les Gantheaume; elle se divisait en vieille, moyenne et jeune Garde, comme les *hastati*, les *principes*, les *triarii* des légions romaines; elle était fière de son passé et elle avait foi en son avenir.

L'avenir, c'était Lutzen, Dresde, Hanau; c'était Bessières, Duroc, Poniatowski succombant en héros; c'était toute l'Europe coalisée; mais c'était aussi, selon l'expression de Napoléon, « le triomphe du courage inné dans la jeunesse française ».

Toute la jeunesse était là en effet; les villes et les campagnes, les palais et les chaumières, tout était accouru sous les aigles. La plupart des combattants de la Garde impériale n'avaient pas vingt ans. Leur bravoure exalta le génie de l'Empereur, il se crut encore aux beaux jours d'Austerlitz et d'Iéna, et, comme après ces deux victoires, il remercia solennellement son armée! Il voulut que sur le mont Cenis, au sommet des Alpes, les générations à venir pussent lire sur une colonne d'airain : « L'Empereur Napoléon a ordonné l'érection de ce monument comme un témoignage de sa reconnaissance envers ses soldats de France et d'Italie. Ce monument transmettra d'âge en âge le souvenir de cette grande époque, où, en trois mois, un million d'hommes courut aux armes pour assurer l'intégrité du territoire français. »

Pourquoi tant d'héroïsme est-il impuissant à conjurer l'orage qui gronde à l'horizon? Les vainqueurs de l'Europe sont bientôt attaqués dans leurs foyers. Le moment est venu de défendre le sol de la patrie!

Oh! alors ce n'est plus la Garde impériale donnant seulement en réserve et dans les occasions décisives; elle se divise, elle se multiplie, elle prodigue son sang chaque jour, chaque heure. Ce n'est plus Napoléon empereur et roi, c'est le général de l'armée d'Italie, combattant à pied, l'épée à la main, ou lançant son cheval à travers la mitraille, pointant lui-même les canons, couchant sur la paille des bivouacs, et plus grand peut-être au déclin de sa fortune qu'à l'aurore de sa splendeur. Autour de lui tombent ses soldats, qui le saluent du cri de *Vive l'Empereur!* car le trépas n'a pas le pouvoir d'éteindre leur amour. Pareils à ces guerriers gaulois, leurs ancêtres, qui expiraient le sourire aux lèvres, ces enthousiastes de la mort ne quittaient la vie qu'en ayant au cœur le nom de leur idole!

Inutile dévouement! le grand Empire s'écroula comme s'était écroulé, quinze siècles auparavant, l'empire romain qu'il avait égalé. « Il fut détruit, dit Montesquieu, parce que toutes les nations l'attaquèrent à la fois et pénétrèrent partout. »

Le 20 avril 1814, Napoléon passait la dernière revue de sa Garde, rangée en bataille dans la cour du palais de Fontainebleau; il venait lui annoncer qu'il allait se séparer d'elle, et d'une voix ferme comme son âme s'exprima ainsi :

« Officiers, sous-officiers et soldats de ma vieille Garde,

» Je vous fais mes adieux. Depuis vingt ans, je vous ai toujours trouvés sur le chemin
» de l'honneur. Avec vous et les braves qui me sont restés fidèles, j'aurais pu entretenir la
» guerre pendant trois ans, mais la France eût été malheureuse; je devais sacrifier mon
» intérêt personnel à son bonheur : je l'ai fait. Soyez fidèles à votre nouveau roi, soyez
» soumis à vos nouveaux chefs, et n'abandonnez pas notre chère patrie. Ne plaignez pas
» mon sort; je serai heureux lorsque je saurai que vous l'êtes. J'aurais pu mourir, mais je
» veux vivre encore pour écrire les grandes choses que nous avons faites. »

Et s'adressant particulièrement au premier régiment des grenadiers à pied, comme étant celui qui, par son ancienneté, représentait le mieux la gloire de l'armée : « Je ne puis vous embrasser tous, dit-il, mais j'embrasserai votre général. » Le général Petit se jette aussitôt dans ses bras pour recueillir ce suprême témoignage de l'amour du grand capitaine. « Qu'on m'apporte l'aigle, » reprend Napoléon, et saisissant ces couleurs adorées qu'il presse sur ses lèvres : « Chère aigle, ajoute-t-il encore, que ces baisers retentissent dans le cœur de tous les braves ! »

Ses vétérans l'écoutaient, mornes et silencieux. Des larmes coulaient de leurs paupières. Quel langage eût mieux exprimé leur douleur? quelle preuve plus touchante de dévouement pouvaient-ils donner à l'Empereur, que de lui rester fidèles lorsque tant de courtisans de sa grandeur l'abandonnaient? Ils se souvinrent de ce qu'il leur avait dit peu de jours avant, le 4 avril : « Le soldat suit la fortune ou l'infortune de son général, son honneur et sa religion. » Aussi tous eussent-ils voulu l'accompagner à l'île d'Elbe.

Napoléon mit à la voile à Fréjus, qui l'avait vu débarquer à son retour d'Égypte, lorsqu'il était venu conquérir le pouvoir suprême et jeter les fondements de son vaste empire. Le 4 mai, il aborde à Porto-Ferrajo, où il arbore ce drapeau blanc coupé d'une bande rouge, semée de trois abeilles d'or, et que les pilotes de l'Adriatique appelaient le drapeau du *roi du monde*. Ses amis, les généraux Bertrand et Drouot, étaient avec lui. Un grand nombre d'officiers de France et de son ancien royaume d'Italie viennent le rejoindre dans sa retraite; enfin, ceux de ses compagnons de guerre qui avaient pu obtenir de partager son exil arrivent à leur tour, sous la conduite de Cambronne. Ils forment une nouvelle Garde, composée de grenadiers, de marins, d'artilleurs, de mameluks et de lanciers polonais.

De l'île d'Elbe, cependant, Napoléon tournait sans cesse ses regards vers cette terre où il avait si longtemps dicté des lois. Comme un aigle égaré, il cherchait, du haut des rochers, sa route vers l'aire paternelle. Quelque chose lui disait que la France l'attendait et que son armée le pleurait; ce fut assez, il résolut de revoir la patrie.

Le 26 février 1815, au soir, il monte à bord du brick *l'Inconstant*, avec les grenadiers de la vieille Garde. Officiers et soldats ignoraient où il les conduisait; ils ne cherchaient même pas à le savoir, tant ils avaient confiance en lui. Ce n'est qu'en pleine mer que Napoléon leur annonce qu'ils retournent en France, et cette nouvelle est accueillie par des acclamations enthousiastes. Deux jours après, le 1er mars, les premiers rayons du soleil éclairaient dans les eaux du golfe Juan la flottille qui portait César et sa fortune.

A peine débarquée, la Garde impériale dresse ses tentes dans un bois d'oliviers : « Beau présage ! » s'écrie Napoléon. De tous côtés, en effet, les populations se portent avec empressement au-devant de ses soldats et les reçoivent comme des libérateurs. Lui-même s'étonne de la magie de son nom et de ses proclamations : il déclare aux Français qu'ils « n'ont pas été vaincus, mais trahis »; qu'il vient « reprendre ses droits qui sont les leurs »; il leur commande « d'arborer la cocarde qu'ils portaient dans les grandes journées ». A ceux qui se flattent d'arrêter sa marche, il répond par des paroles éloquentes : « Si l'un de vous, leur dit-il, veut tuer son général, son empereur, il le peut, le voici; » et il offre sa poitrine à leurs coups; mais ils sont désarmés par sa contenance, par le prestige qu'il exerce encore, et ils ne savent plus que se prosterner à ses pieds. Partout sur son passage c'est le même délire; « l'aigle vole, comme il l'avait prédit, de clocher en clocher, jusque sur les tours de Notre-Dame. »

Le 20 mars, Napoléon rentra dans sa capitale. Le lendemain, il passa en revue l'armée réunie à Paris. A la vue du bataillon de l'île d'Elbe qui portait les anciennes aigles de la Garde, il ne put se défendre d'une profonde émotion : « Soldats, dit-il, voilà les officiers du bataillon qui m'a accompagné dans mon malheur; ils sont tous mes amis; ils étaient chers à mon cœur. Toutes les fois que je les voyais, ils me représentaient les différents régiments de l'armée. Dans mes six cents braves, il y a des hommes de tous les régiments; tous sont couverts d'honorables cicatrices. En les aimant, c'est vous tous, soldats de l'armée française, que j'aimais. »

Il s'occupa aussitôt d'incorporer ces vaillants et dévoués soldats dans la Garde impériale, qu'il réorganisa à la hâte, car il savait que les souverains de l'Europe ne lui pardonneraient pas son retour, qui les avait glacés d'effroi.

Forcé à la guerre, Napoléon y convia sa Garde, qui vainquit en Belgique dans les mêmes champs où Luxembourg et Jourdan avaient déjà donné deux victoires à la France. Mais pourquoi les aigles devaient-elles sitôt se couvrir d'un voile de deuil? Après Fleurus, pourquoi Waterloo? combat suprême, dernier soupir de la gloire impériale! « Journée incompréhensible, a dit Napoléon; concours de fatalités inouïes! Y a-t-il eu trahison! N'y a-t-il eu que du malheur? Singulière campagne! singulière défaite, où, malgré la plus horrible catastrophe, la gloire du vaincu n'a point souffert, ni celle du vainqueur augmenté. La mémoire de l'un survivra à sa défaite; la mémoire de l'autre s'ensevelira peut-être dans son triomphe. »

La Garde impériale, ou, du moins, ce qui en avait survécu, se rendit sur la Loire, et bientôt, ces soldats qui avaient conquis l'Europe, rentrèrent paisiblement dans leurs foyers. Leurs chefs cherchèrent un refuge en Turquie, en Grèce, en Amérique, partout où n'était pas la France pour laquelle ils avaient versé leur sang. Ils trouvèrent au Texas un *champ d'asile* auquel ils demandèrent le pain que la patrie leur refusait. Soldats laboureurs, comme les généraux de Rome, ils ne connaissaient que la charrue qui fût digne de remplacer l'épée. Le front incliné vers la terre, ils s'entretenaient de la France, de l'Empire et de l'Empereur.

L'Empereur! hélas! lui aussi, gémissait dans l'exil!

Aux extrémités de l'Océan, immortalisé par les chants du Camoëns, est un roc solitaire. C'est là que celui qui n'avait pu périr en soldat à Waterloo, était venu chercher cent fois plus que la mort. Souffrant, abandonné, tombé de la plus haute puissance que Dieu eût jamais donnée à un homme dans l'abîme le plus profond que le destin puisse creuser, loin de ce qu'il aimait, privé même des baisers de son fils, enfermé entre quatre parois de muraille, lui qui, pour vivre, avait besoin de l'air de toute l'Europe, il était, après avoir goûté à l'excès de toutes les félicités, en proie à l'excès de toutes les misères. Comme si l'adversité eût été, ainsi qu'il le disait lui-même, la seule chose qui manquât à sa carrière, elle l'accablait; et pour dernier couronnement de sa vie, elle lui imprimait la majesté du martyre.

Enfin, après six ans de tortures et d'agonie, Napoléon sentit que la mort allait briser les chaînes qui le rivaient à son rocher. A ce moment suprême, ses pensées sont toutes pour ses anciens lieutenants, pour sa Garde, pour son armée, pour les soldats de l'île d'Elbe et les blessés de Waterloo. « Quand je ne serai plus, dit-il à ceux qui l'entourent, chacun de vous aura le bonheur de revoir l'Europe, ses parents, ses amis. Moi, je reverrai mes

INTRODUCTION.   XV

braves dans les champs Élysées. Oui, Kléber, Desaix, Bessières, Duroc, Ney, Murat, Masséna, Berthier, tous viendront à ma rencontre; en me voyant, ils deviendront fous d'enthousiasme et de gloire. Nous causerons de nos guerres avec les Scipion, les Annibal, les César. » Et presque aussitôt le délire s'empare de son esprit, il remonte en rêve le cours de sa vie, il voit renaître ses beaux jours, il se croit à la tête de l'armée d'Italie : « Allez, courez, prenez la charge, ils sont à nous ! » Puis il appelle tous ses vétérans de l'Empire, il évoque toutes ces ombres qui sortent de leurs tombeaux à sa voix : ce sont les soldats d'Austerlitz, de Wagram et de la Moskowa, ceux de Bautzen et de Montmirail; ils défilent sous ses yeux, fantômes équipés et armés ; voilà sa Garde, voilà ses fantassins, ses cavaliers, ses artilleurs, voilà les chasseurs à cheval que commande Beauharnais, les dragons qu'il a donnés à Joséphine, les lanciers polonais qui se sont donnés à lui. A leur suite, viennent les hussards, les carabiniers, les cuirassiers de Caulaincourt montés sur des chevaux aux crinières flottantes et aux naseaux de flamme. On dirait que le vent les emporte et qu'ils vont entrer une seconde fois dans la grande redoute de Borodino. Napoléon reconnaît tous ses régiments, il les compte, et son front s'illumine d'un rayon de joie ; car aucun d'eux n'a manqué à cette revue des morts.

A la fièvre qui l'agitait succéda un long silence, qu'il n'interrompit que pour rappeler en peu de mots tout ce qui avait rempli son âme : France, Joséphine ! armée, ce furent ses dernières paroles.

Ce jour-là, 5 mai 1821, le ciel s'assombrit tout à coup, et une horrible tempête troubla l'Océan, dont la voix s'éleva plus formidable, comme pour exhaler la douleur de la nature. Ainsi, quand mourut César, un orage gronda sur Rome, et une nuit éternelle sembla menacer l'univers :

Impiaque æternam timuerunt secula noctem [1].

Les compagnons de Napoléon le revêtirent de l'uniforme de colonel des chasseurs à cheval de sa Garde, qu'il avait toujours aimé à porter, dans la bonne comme dans la mauvaise fortune, et avec lequel il avait demandé à être inhumé. Ils lui donnèrent pour linceul le manteau de Marengo, afin de l'ensevelir dans toute sa gloire. Le captif des rois descendit ainsi dans la tombe, armé de son épée et en habit de capitaine, comme si, accoutumé à son rôle d'Empereur, il avait voulu être tout prêt pour commander à d'autres armées dans l'empire éternel !

Telle fut la destinée de l'Empereur Napoléon Ier; telle fut la vie des braves qui s'y associèrent pendant quinze années. Semblables à ces monuments gigantesques que l'œil ne peut embrasser qu'à distance, ils sont mieux jugés à un demi-siècle d'intervalle. Loin de les amoindrir, le temps les a grandis davantage ; lui reste le plus puissant génie militaire qui ait jamais fait mouvoir des armées, de même qu'eux sont encore proclamés l'honneur du siècle qui les vit naître. Avides de périls, indomptables sur les champs de bataille, asservis à la

[1] *Géorgiques*, liv. Ier.

INTRODUCTION.

plus austère discipline, ils ne pensèrent qu'à la patrie et firent tout pour elle : c'est pour cela qu'ils furent si grands. Un jour, malgré leur dévouement, ils furent calomniés, répudiés, humiliés ; mais ils ne flétrirent pas leurs lauriers, ils ne proférèrent pas une plainte ; loin de là, ils pardonnèrent à l'ingratitude, et ils assistèrent en silence aux funérailles de l'Empire, de la Garde et de la Grande Armée.

Faut-il s'étonner que de pareils hommes aient laissé une trace ineffaçable de leur passage à travers l'épopée impériale, et que toutes leurs actions, dépassant constamment les bornes du possible, aient frappé l'imagination des peuples jusqu'à être reléguées au rang des légendes merveilleuses ? Faut-il s'étonner que les armées du monde entier n'aient pas voulu d'autres modèles ? que leur exemple ait exercé sur les générations qui les ont suivis une influence irrésistible ? que leur mémoire soit à jamais respectée, et qu'enfin ils se soient imposés à l'admiration de la postérité la plus reculée ? Fait unique dans les fastes militaires de vingt siècles ; étrange phénomène qui ne peut être attribué qu'à leur fidélité, à leur désintéressement, à leurs vertus guerrières, à tous les prodiges qu'ils accomplirent et qui constituent le LIVRE D'OR DE LA GARDE IMPÉRIALE : c'est elle-même qui l'a écrit.

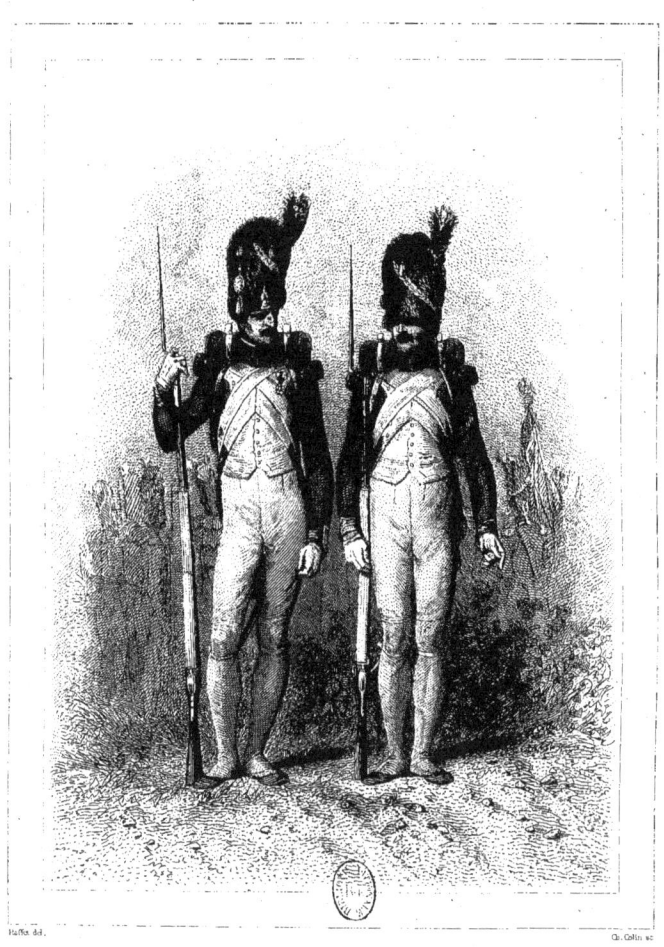

GRENADIER   CHASSEUR
A PIED.   A PIED.

GRENADIER A PIED — CHASSEUR A PIED

Si jamais deux compagnons d'armes purent échanger avec fierté ce regard fraternel que le soldat rendu à sa chaumière jette sur celui qui partagea sa gloire et ses dangers, c'est à coup sûr le grenadier à pied et le chasseur à pied de la vieille Garde impériale. Le vainqueur de Lodi et des Pyramides les associa l'un et l'autre à ses vastes desseins; l'un et l'autre aussi, quinze ans plus tard, succombèrent pour sa cause le même jour et à la même heure; et dans cet espace de temps, plus rempli de prodiges que tout un siècle, le champ de bataille les rapprocha tant de fois que l'histoire et l'admiration des hommes ne sauraient les séparer.

Ce fut le 28 novembre 1799 que furent réunis, dans l'organisation de la Garde consulaire, « une compagnie d'infanterie légère et deux bataillons de grenadiers à pied. »

La compagnie, de création toute nouvelle, était l'œuvre du général Bonaparte, qui, en l'instituant, s'était surtout proposé d'appeler à lui les intrépides fantassins des demi-brigades légères, signalés par leurs services dans sa course victorieuse à travers l'Italie. Les grenadiers, au contraire, existaient déjà; ils composaient précédemment la garde du Directoire et celle du Corps législatif. C'étaient de vieux soldats sortis des armées du Rhin et de Sambre-et-Meuse. L'ancien lieutenant de Barras au 13 vendémiaire eût pu les reconnaître presque tous, pour les avoir dirigés contre les sectionnaires rebelles lorsque la Convention lui avait confié le soin de sa défense; et ils s'étaient revus le jour où il avait renversé le pouvoir directorial pour élever sur ses débris les faisceaux consulaires. Afin de reconnaître le dévouement de ces grenadiers, le chef du gouvernement les fit entrer, avec les anciens guides à pied de l'armée d'Italie, soit dans la compagnie d'infanterie légère, sous le titre de chasseurs à pied, soit dans les deux bataillons de grenadiers.

Telle était l'infanterie de la garde des Consuls lorsque, à deux mois de là, le général Bonaparte la passa en revue au Carrousel, car il pressentait déjà qu'elle recevrait bientôt son baptême de feu. En effet, le merveilleux passage du grand Saint-Bernard allait inaugurer une nouvelle campagne.

Le 31 mai 1800, le Tésin fut franchi, et ouvrit aux grenadiers et aux chasseurs à pied les plaines de la Lombardie. Le 2 juin, ils entrèrent à Milan; le 14, ils purent mesurer du regard les champs de Marengo. Dès que la bataille fut engagée, quelle intrépidité ne déployèrent-ils pas pour repousser les charges multipliées des escadrons de Mélas, sans en être ébranlés, semblables à un bloc de granit[1] contre lequel les efforts de l'ennemi venaient se briser! Ils étaient là neuf cents braves qui arrachèrent à sa perte la division du général Monnier. Cependant l'avantage était loin de rester aux légions républicaines. Déjà, au contraire, une partie de l'armée pliait sous les masses ennemies, lorsque la présence du valeureux et infortuné Desaix permit de recommencer l'action. C'est alors que les grenadiers et les chasseurs à pied, saisissant l'instant où Kellermann déchaînait sa cavalerie sur les bataillons hongrois de Lattermann, marchèrent de nouveau au pas de charge à travers la mitraille et renversèrent tout ce qui pouvait rendre la victoire incertaine.

Beau début en vérité que celui-là, et bien fait pour donner à l'armée comme à la France une haute opinion de l'infanterie de la Garde consulaire! Le capitaine que le destin de la guerre venait encore une fois de favoriser sentait tout le prix de pareils soldats, et afin de les honorer comme ils le méritaient, il distribua lui-même, un mois après, à Paris, des armes d'honneur à ceux qui s'étaient particulièrement distingués : c'était le chef de bataillon Soulès; les grenadiers Cambon, Mirabel, Delgas, Ritter, le chasseur Carlin, le sapeur Boucher; les tambours Sayer, Antoine et Denain. Ce dernier avait eu la jambe emportée par un boulet en battant la charge à deux cents pas en avant de son régiment.

C'est ainsi qu'ils étaient tous alors, ces enfants de la République. Rien ne leur coûtait pour assurer le triomphe de la patrie. Dans sa détresse, la patrie ne pouvait reconnaître leur bravoure qu'en leur offrant des sabres, des fusils, des haches et des baguettes; mais cela suffisait! Ils aimaient ces distinctions, qui leur rappelaient qu'au temps de Miltiade et de Thémistocle, les guerriers de Marathon recevaient également des armes pour prix de leur valeur.

Lorsque le conquérant de l'Italie eut placé sur sa tête la couronne de Charlemagne, son premier soin fut de s'occuper de l'infanterie de sa Garde. Afin de la préparer à la guerre, il lui donna pour commandants en chef les généraux Soult et Davout[2]. A la grande revue qu'il passa le 8 juillet 1804, avant de se rendre au camp de Boulogne, c'étaient les grenadiers à pied qui fermaient la marche. Ils étaient précédés d'un double rang de sapeurs dont la tenue sévère contrastait avec celle des musiciens, auxquels l'éclat de leur uniforme,

---

[1] Expression de Berthier.
[2] Le premier fut placé à la tête des grenadiers, et le second à la tête des chasseurs. Ils devinrent colonels généraux de chacun de ces corps le 20 juillet 1804.

TAMBOUR MAJOR
DES GRENADIERS A PIED

le privilége de porter l'épée et peut-être aussi leur qualité de fils d'Apollon, donnaient un certain air d'importance. Mais de tout le régiment, celui qui attirait le plus les regards, c'était le géant armé qui ouvrait la marche. Capitaine à l'ancien régiment d'Austrasie, il n'avait pas cru déroger en déposant ses épaulettes pour être tambour-major des grenadiers à pied de la vieille Garde [1]. Peut-être dans son maintien y avait-il un peu de satisfaction de lui-même; mais, à coup sûr, il était plus fier encore de se trouver à la tête du plus brave et du plus magnifique des régiments de France.

A peine arrivé à Boulogne, Napoléon augmente la force des régiments de grenadiers et de chasseurs à pied, en ajoutant à chacun d'eux un bataillon de vélites. De Boulogne, grenadiers et chasseurs ne tardent pas à s'élancer au cœur de l'Allemagne; le 1ᵉʳ octobre 1805, ils franchissent le Rhin; le 21, ils entrent à Augsbourg, que la plupart avaient déjà occupé cinq ans auparavant; mais cette fois, comme ils sont les précurseurs de la Grande Armée, les quatre-vingts premiers d'entre eux portent chacun un drapeau pris à l'ennemi. Le 13 novembre, Vienne leur ouvre ses murs; quinze jours plus tard, ils donnent en pleine nuit, à la lueur des flambeaux, une fête joyeuse à *leur* Empereur; ils lui promettent de célébrer l'anniversaire de son couronnement en lui apportant les canons et les étendards de l'armée russe; et le lendemain, au coucher du soleil, ils pleurent de rage de n'avoir pu mêler le bruit de leur foudre à ce formidable *coup de tonnerre* [2] qui s'appelle Austerlitz.

Aussi avec quelle ardeur ils reviennent, l'année suivante, fouler les champs de bataille de la Germanie! Dans leur impatience, ils devancent l'Empereur à Bamberg; puis ils traversent les défilés de la Franconie et ne s'arrêtent qu'à Iéna, pour voir l'armée de Frédéric-Guillaume anéantie en un seul jour. De là, ils courent détruire à Rosbach le dernier vestige de la défaite de Soubise, et le grand Frédéric en frémit dans sa tombe; ils interrogent son ombre à Potsdam; ils renversent sous leurs pas les portes de sa capitale; ils plantent leurs tentes sur les rives de la Wartha; ils frappent du pied le sol de la vieille Lithuanie et réveillent les légions de Sobieski et de Kosciusko.

Ils vont plus loin encore. Le 8 février 1807, la neige d'Eylau ne glace pas leur ardeur, et lorsque Dorsenne, qui les guide, leur crie de faire feu à distance sur la garde du czar, ils répondent en chargeant à la baïonnette, et

---

[1] Il se nommait Sénot (Jean-Nicolas). Né à Salins (Jura), il avait été tambour-major, sous-lieutenant, lieutenant et capitaine au 8ᵉ de ligne (ancien régiment d'Austrasie). Après s'être démis de son grade, il était entré comme grenadier dans la garde du Directoire, d'où il passa dans celle des Consuls. Sa taille élevée (il avait un mètre huit cent quatre-vingt-seize millimètres) le fit nommer de nouveau tambour-major des grenadiers de la Garde; mais sa bravoure lui valut pour la seconde fois les épaulettes d'officier. Promu en 1811 au grade de lieutenant de la vieille Garde avec rang de capitaine, il fut retraité l'année suivante et se retira à Fontainebleau, où il est mort en 1837.

[2] Expression de Napoléon.

ils dégagent le corps d'armée d'Augereau. C'était la première fois qu'ils se mesuraient avec les Russes. Tantôt, animés d'un élan irrésistible, ils enfoncent les bataillons de Beningsen; tantôt, calmes et impassibles, ils leur opposent des carrés impénétrables.

A Heilsberg, à Friedland, c'étaient les mêmes hommes. En quelque lieu que les conduisît la guerre, la victoire semblait les précéder ou les suivre. Elle les porta sur ses ailes à Tolosa, à Burgos, à Madrid, qui, à leur vue, apaisa sa rébellion. Quand Madrid fut soumis, ils coururent en Allemagne pour combattre l'armée autrichienne, qui retrouva en eux, à Essling comme à Wagram, la fougue indomptable qui l'avait écrasée à Marengo.

Tant d'ennemis vaincus ne leur suffisaient pas encore. Grenadiers et chasseurs retournèrent dans la Péninsule ibérique en 1810. Napoléon, les sachant infatigables, voulait qu'ils fussent partout, tant il avait confiance en eux, tant il se reposait sur leur valeur si souvent éprouvée. Ils étaient à ses yeux ce qu'était la dixième légion pour César. C'est pourquoi, lorsqu'il vit, dans le cours de l'année 1811, l'horizon politique se charger de nuages; lorsqu'il sut que des villes et des empires fortifiaient leurs remparts et leurs citadelles, lui fortifia ses murailles vivantes; il voulut avoir trois régiments de grenadiers et deux de chasseurs à pied de la vieille Garde. Jamais ces vétérans n'avaient formé une masse d'infanterie plus compacte ni plus imposante. L'Empereur s'était plu à les choisir parmi l'élite de l'armée; et il les connaissait pour la plupart, car ils avaient affronté comme lui la mitraille d'Arcole; ils avaient vu ensemble les mameluks de Mourad dérouler leurs escadrons dans les plaines de Memphis.

Mais, hélas! le soleil d'Austerlitz ne fondra pas de ses rayons dorés les glaces de la Bérézina, les ondes du Nil n'éteindront pas l'embrasement de Moscou, le ciel de l'Italie ne réchauffera pas de son souffle tiède et embaumé les membres des Invincibles engourdis sous les neiges de Smorgoni....

Et pourtant cette expédition de 1812 avait commencé sous d'heureux présages. Les grenadiers et les chasseurs à pied avaient traversé l'Europe au milieu des transports d'admiration qu'excitait leur passage; ils étaient entrés à Wilna aux cris d'allégresse de tout un peuple; à Witepsk, au retentissement des hymnes de victoire. C'est là que Napoléon nomma un nouveau colonel de grenadiers[1]. Il avait à choisir parmi les plus anciens et les plus illustres de ses lieutenants; celui qui lui parut le plus digne de réunir les trois régiments sous ses ordres[2] fut l'intrépide Friant. Il voulut le faire reconnaître avec une solennité inaccoutumée. Toute la Garde ayant été rassemblée, il tira son épée,

---

[1] Le général Dorsenne venait de mourir à son retour d'Espagne.
[2] Chaque régiment était commandé par un major.

MUSICIEN, SAPEUR
DES GRENADIERS A PIED.

s'avança ensuite, après le ban d'usage, vers le capitaine d'Héliopolis, d'Iéna et d'Eylau, et lui donna lui-même l'accolade comme s'il l'eût fait chevalier. C'est qu'en effet l'honneur de commander à de si vaillants soldats ennoblissait ceux qui l'avaient mérité, et qu'eux aussi, comme les preux d'un autre âge, pouvaient se dire *sans peur et sans reproche*.

Dans la suite de cette campagne, si pleine de gloire et pourtant si désastreuse, aucune souffrance ne fut épargnée aux grenadiers ni aux chasseurs à pied; mais l'excès même des misères de ces braves ne fit que mieux éclater leur héroïsme. Napoléon était au milieu d'eux dès le 4 novembre, alors que le froid commença à exercer ses rigueurs; ils l'entouraient le 15 à Krasnoé, lorsqu'il passa sous les feux de l'armée de Kutusow; ils se pressaient encore à ses côtés dans leur marche sur Doubrowna, quand lui, un bâton à la main, les guidait, cherchant sous la neige les chemins disparus.

Ils arrivèrent enfin au but promis à leurs efforts, mais ce ne fut pas pour y trouver le repos. Dans la nuit du 18 novembre, les Cosaques vinrent insulter le quartier général. Les postes furent presque surpris, et même (l'histoire ne les a-t-elle pas calomniés?) ces hommes de bronze qui avaient si longtemps fait trembler l'Europe, les grenadiers et les chasseurs à pied de la vieille Garde, sentirent, dit-on, leur courage défaillir. Mais l'âme de Napoléon était plus forte que leur âme. Il jugea que le moment était venu de les préserver de l'abattement qui s'était emparé de tous les cœurs, d'entretenir en eux et d'exalter même le sentiment de leur force : il réunit autour de lui ses fidèles vétérans, et les harangua brièvement. Il ne craignit pas de leur dépeindre dans toute leur horreur les maux qui accablaient l'armée; il leur parla des périls qui la menaçaient, leur rappela les grandes actions qu'ils avaient accomplies ensemble; il leur dit que la France, que lui-même n'avaient d'espoir qu'en leur résignation; il trouva enfin des paroles touchantes pour leur exprimer l'attachement profond qu'il avait toujours eu pour eux. « Je compte sur vous, ajouta-t-il enfin; jurez de ne pas abandonner votre Empereur. »

Aussitôt des acclamations enthousiastes, des serments cent fois répétés, protestèrent du dévouement de tous ces vieux soldats, dont le courage venait d'être retrempé par cet appel fait à l'honneur du drapeau. Comme si toutes leurs souffrances se fussent évanouies sous le charme des paroles tombées des lèvres de leur idole, ils oublièrent le froid, la fatigue, la faim, resserrèrent leurs rangs et reprirent de nouvelles forces pour supporter de nouvelles et plus cruelles douleurs. Soutenus par le sentiment du devoir, ils arrivèrent jusqu'à la Bérézina. Pendant que s'opérait le passage du fleuve, l'Empereur fut étonné d'entendre un air qu'exécutait la musique des grenadiers à pied pour lui rendre les honneurs qui lui étaient dus en même temps que pour soutenir le courage de leurs compagnons d'infortune. Pressentant déjà toutes les conséquences d'un si grand désastre : « Mes amis, leur dit-il, jouez : *Veillons au salut de l'Empire!* »

C'était l'Empire, en effet, qu'il fallait sauver, à sept cents lieues de la France; c'étaient les aigles qu'il fallait préserver de toute souillure. Elles furent livrées aux flammes! La plupart de ces braves ne voulurent pas leur survivre, ils trouvèrent la mort en combattant à Borizow.

Le troisième régiment de grenadiers, d'origine hollandaise, n'avait pu résister à de si rudes épreuves : il avait succombé tout entier; mais, au mois d'avril de l'année suivante, l'infanterie de la vieille Garde, guidée par Friant, Curial et Michel, se prépara à le venger. La conduite des grenadiers et des chasseurs à pied à Lutzen, à Bautzen, à Wurschen, comme à Dresde et à Wachau, prouva qu'ils n'étaient pas dégénérés ; à Leipzig, ils suppléèrent par leur valeur à la défection des Saxons; à Hanau, ils firent repentir de Wrède et ses Bavarois d'avoir tenté de leur barrer le passage.

En 1814, les grenadiers et les chasseurs à pied se multiplièrent comme le danger, et ils eussent certainement eu la gloire de sauver la France si la France avait pu être sauvée. N'est-ce pas eux qui, dès le 24 janvier, décident la fuite des troupes de Schwarzenberg à Bar-sur-Aube et qui servent de bouclier au faible corps d'armée de Mortier? Combien sont-ils pour arrêter le torrent qui déborde? une poignée de chasseurs du deuxième régiment; mais le capitaine Heuillet les commande. A peine a-t-il pris ses dispositions pour couvrir le mouvement de retraite, qu'il est vigoureusement attaqué. Il faut abandonner la position ou se faire tuer. Heuillet rassemble sa troupe, recommande à ses chasseurs de ne pas faire feu, laisse avancer l'ennemi à bout portant, fait battre la charge, et, à la tête de cent cinquante hommes seulement, met en déroute plus de cinq mille Autrichiens.

A Brienne, grenadiers et chasseurs pénètrent dans le château, berceau militaire de Napoléon, et en chassent Blücher; à Montmirail, à Château-Thierry, à Vauchamps, ils enfoncent encore les bataillons prussiens; à Laon, à Reims, à Arcis-sur-Aube, à Saint-Dizier, partout enfin ils rivalisent de courage et d'ardeur; mais, hélas! le sang qu'ils ont si généreusement versé doit demeurer stérile.

Lorsque la fortune eut changé les destinées de la France, les grenadiers et les chasseurs à pied restèrent dévoués à l'Empereur vaincu. C'est un[1] de leurs chefs vénérés qui reçut ses derniers embrassements; c'est leur aigle qu'il pressa la dernière sur ses lèvres. Ce fut entre ces braves soldats une lutte généreuse pour l'accompagner dans son exil : leur dernier combat, digne de couronner tous les autres, fut le combat de la fidélité.

[1] Le général Petit.

Les plus favorisés, ceux qui purent suivre l'Empereur, formèrent à l'île d'Elbe le *bataillon Napoléon*[1]. Leurs camarades, moins heureux, emportèrent le secret de leur douleur dans le *corps royal des grenadiers* et celui des *chasseurs à pied de France*. Les vieux *grognards*, comme on les appelait déjà, se consolaient en cachant au fond de leur giberne l'image de l'aigle tant aimée. Une voix mystérieuse leur disait qu'ils la reverraient bientôt planant au-dessus de leurs bataillons. Le mois de mars 1815 leur rendit en effet leur Empereur. Le moment était venu enfin où la gloire des grenadiers et des chasseurs allait resplendir d'un dernier et sublime éclat.

Ligny, jour de triomphe! Waterloo, jour de deuil! vous fûtes témoins des prodiges qu'accomplirent les soldats de la vieille Garde; vous savez qu'ils ont prouvé au monde qu'ils pouvaient encore vaincre, et qu'ils lui ont appris comment un grand peuple doit mourir.

Dans cette journée mémorable où la fatalité déjoua tous les calculs du génie de la guerre, ils portèrent pendant plusieurs heures tout le poids de la bataille. Un moment, grâce à eux, l'Empereur pensa enchaîner la victoire. Une armée ennemie avait déjà succombé sous sa puissante étreinte; une seconde avait éprouvé le même sort, lorsque Blücher parut. A sa vue, les grenadiers et les chasseurs à pied s'unirent pour faire refluer ce torrent d'hommes, de chevaux et de canons qui, débordant tout à coup sur le champ de bataille, menaçait de tout engloutir. A la voix de Ney, ils s'élancent sur les masses prussiennes aux cris de *Vive l'Empereur!* Leur choc y fait une large trouée. Entraînés par les généraux Friant et Michel, ils percent la première ligne, la dépassent et enlèvent une batterie. Friant, grièvement blessé, paye le premier de son sang un si généreux effort, et le coup qui l'a frappé jette le trouble dans les rangs du premier bataillon du troisième régiment de grenadiers; le général Poret de Morvan, qui le commande, rétablit l'ordre et s'avance, suivi des autres bataillons, qui marchent au pas de charge; l'ennemi continue de plier; mais bientôt, écrasée par l'artillerie et la mousqueterie, enveloppée de feux de toutes parts, jetée au centre de la mêlée comme au milieu d'une fournaise, cette formidable colonne, impuissante à réparer les brèches que la mitraille fait dans ses rangs, se tord comme un serpent et se sépare en plusieurs tronçons.

En un instant le général Mallet, qui conduit le 3ᵉ régiment de chasseurs; les majors Cardinal, Angelet, Agnès, la plupart des commandants de compagnie, tombent parmi les morts. Les grenadiers et les chasseurs comptent plus de mille hommes hors de combat. Les vaillants débris de cette infanterie se retirent en bon ordre; leur force s'épuise, mais non leur courage. Le général

---

[1] Voir à la fin du volume la composition de ce bataillon.

Michel, colonel en second des chasseurs, sommé de mettre bas les armes, est frappé mortellement en proférant ces sublimes paroles : « La Garde meurt et ne se rend pas ! »

Les généraux Roguet, Petit et Christiani s'élancent à leur tour avec les bataillons restés en avant de la *Belle-Alliance*. Napoléon espère avec ce renfort enfin reprendre l'offensive ; mais la supériorité des forces de l'ennemi dissipe bientôt son espoir : il fait continuer le mouvement rétrograde ; grenadiers et chasseurs cèdent le terrain, pas à pas, et succombent du moins en faisant face à l'ennemi. Toute la cavalerie, toute l'artillerie prussienne et anglaise inondent le champ de bataille. Cambronne s'efforce de couvrir la retraite avec un bataillon de chasseurs ; il tombe épuisé par ses blessures.

A ce spectacle, l'Empereur est frappé de stupeur. Son front chargé de sombres pensées semble ployer sous le poids de la fatalité ; son regard fixe la terre comme pour lui demander un abîme. Et pourtant le calice n'est pas encore assez amer : il faut que le capitaine victorieux dans cinquante batailles rangées voie, au moins une fois, son armée en déroute, comme celles qu'il a si souvent dispersées.

Une partie de la cavalerie ennemie pénètre entre les bataillons de la Garde et le premier corps d'armée qui se débande. En vain Napoléon tente de les rallier : ils errent éperdus sur cet océan de cadavres et de sang, comme des naufragés emportés par la tempête. C'en est fait de l'armée et de ses généraux. Qui donc vous sauvera, Soult, Ney, Bertrand, Drouot, Corbineau, Flahaut, Labédoyère, Gourgaud, vous tous qui avez affronté cent fois la mort et qui la redoutez bien moins que l'humiliation de votre patrie ? Qui arrachera le grand Empereur au trépas qu'il ambitionne ? Ce sera le 2e régiment de grenadiers de la Garde. Le major Martenot de Cordoux ordonne à ses soldats de former un carré, au milieu duquel Napoléon se place avec les généraux qui refusent de le quitter, et cette citadelle humaine résiste à toutes les attaques jusqu'à ce que la nuit, plus clémente qu'un jour si funeste, lui ait apporté le salut en l'enveloppant de son ombre.

Ainsi périrent ces héros dont le trépas seul pouvait être plus beau que la vie. Force, valeur, prestige, tout s'évanouit dans une dernière et sanglante bataille. Mais la mort même n'est-elle pas douce à qui peut revendiquer pour sa tombe quelques rayons de l'auréole de gloire qui couronna pendant quinze ans le drapeau des grenadiers et des chasseurs à pied de la vieille Garde !

FUSILIER   FUSILIER
CHASSEUR.   GRENADIER.

FUSILIER-GRENADIER — FUSILIER-CHASSEUR

Le 14 octobre 1806, deux grandes armées étaient en présence dans les plaines d'Iéna : l'une était commandée par le vainqueur d'Austerlitz; l'autre par le roi de Prusse, qu'assistait le vieux duc de Brunswick, l'auteur du manifeste de 1792. Après plusieurs heures d'un combat opiniâtre, Napoléon, remarquant que ses ailes étaient menacées, se porta au galop aux deux extrémités du champ de bataille pour ordonner de savantes manœuvres, en attendant sa redoutable cavalerie, à laquelle il avait réservé le dénoûment de la journée. Il parcourut ainsi une vaste étendue de terrain à travers les boulets et les obus, et il arriva jusqu'aux premières lignes de sa garde. L'infanterie de ce puissant corps de réserve voyait avec douleur toutes les troupes engagées, tandis qu'elle seule restait l'arme au bras. A la vue de l'Empereur, elle témoigna son impatience par des acclamations enthousiastes; une voix même osa s'écrier : « En avant! — Qu'est-ce? dit Napoléon, jusque-là demeuré impassible; ce ne peut être qu'un jeune homme sans barbe qui se permette de préjuger ce que je dois faire; qu'il attende qu'il ait commandé dans trente batailles rangées avant de me donner des avis. » Ce cri de guerre, que Napoléon devait réprouver pour l'exemple et la discipline, s'était échappé du cœur des vélites qui venaient, ce jour-là, d'écrire la première page de l'histoire des fusiliers de la Garde.

Les vélites, jeunes gens de dix-huit ans, avaient toute la fougue de leur âge. Agiles, robustes, exercés aux longues courses et légèrement armés, ils avaient été institués le 21 janvier 1804, pour se porter, à l'exemple de ceux des anciennes légions romaines, partout où les phases de la bataille exigeaient des secours prompts et décisifs. *Velites dicuntur, quasi volantes*, dit Festus. Napoléon les avait attachés aux régiments de grenadiers et de chasseurs à pied de la vieille Garde. Il avait chargé les vétérans d'Arcole et des Pyramides de former ces novices au noble métier des armes [1].

---

[1] L'honneur de servir sous de tels maîtres n'était acquis qu'au prix d'une pension annuelle de deux cents francs, que chaque vélite payait au corps dont il faisait partie.

Le 19 septembre et le 15 décembre 1806, ces fantassins furent organisés en deux régiments, l'un de fusiliers-grenadiers, l'autre de fusiliers-chasseurs, et composèrent ce qu'on appela plus tard la *moyenne garde* [1].

Ces deux corps ne devaient pas tarder à déployer l'ardeur dont ils n'avaient pas su maîtriser l'explosion en face de l'armée de Frédéric-Guillaume. Aussi bien, l'occasion ne pouvait être plus favorable. Les Russes, qui s'étaient flattés de venger les vaincus d'Iéna, avaient été vaincus à leur tour. Loin d'être découragés par le double échec de Pultusk et de Golymin, ils venaient de forcer l'armée française à sortir de ses cantonnements, et, le 8 février 1807, la bataille d'Eylau avait appris à l'Europe le réveil de Napoléon.

Les fusiliers, qui s'étaient distingués dans cette journée mémorable, se signalèrent encore peu de jours après à Neugardt, dans la Poméranie. Les Prussiens s'étaient établis sur une hauteur, aux environs de cette ville. Ils avaient construit une redoute qu'il semblait impossible de tourner, protégée comme elle l'était par un lac profond. Un seul côté s'offrait aux coups de l'infanterie de la Garde : c'était assez pour elle. Renversant tout ce qui lui faisait obstacle, en un instant elle planta son drapeau sur la redoute, s'empara de la place, des canons, et fit trois cents prisonniers. L'Empereur appela alors les fusiliers au centre de la Grande Armée pour combattre aux journées d'Heilsberg et de Friedland : « Vous avez été dignes de vous et de moi, leur dit-il ; vous rentrerez en France couverts de tous vos lauriers. »

La France les revit au mois de novembre; mais pour les fusiliers la patrie n'était qu'où il y avait des trophées à conquérir : aussi s'empressèrent-ils de suivre Murat et Bessières en Espagne. Le 2 mai 1808, à Madrid, ils firent sentir aux révoltés le poids de leurs armes; le 14 juillet, ils vainquirent encore à Medina del Rio-Seco. Le 8 novembre, sous les yeux de Napoléon, ils culbutèrent les gardes wallonnes et espagnoles de l'armée d'Estramadure, en avant de Burgos; le 30, ils poussèrent devant eux les bataillons castillans de Somo-Sierra; le 2 décembre enfin, ils reparurent en vue de la capitale des Espagnes, et, se rappelant que ce jour était le double anniversaire du couronnement de leur Empereur et de la bataille d'Austerlitz, ils exprimèrent par leurs acclamations la joie que leur inspirait un tel souvenir.

Touché des témoignages d'amour que ces braves lui prodiguaient, Napoléon, à son tour, était pénétré pour eux d'une profonde sollicitude qui ne négligeait aucun détail de leur bien-être. « Monsieur le général Drouet, écrivait-il de son quartier général d'Aranda, faites partir deux cents fusiliers bien habillés, bien armés et ne manquant de rien. Il faut qu'ils aient tous deux paires de

---

[1] Les vélites reparurent dans la Garde en 1809, lorsque Napoléon créa ceux de Turin et de Florence pour le service du prince Borghèse et de la grande-duchesse de Toscane

souliers dans leur sac et une aux pieds, leur capote et cinquante cartouches. Ne les faites partir que bien assuré qu'ils ont tout cela. » Ainsi lui, l'héritier de Charlemagne, à quoi ne dédaignait-il pas de songer entre deux victoires? aux souliers de sa Garde! Qui pourrait s'étonner que les soldats l'aient adoré, quand il ne vivait que pour eux, quand il veillait à tous leurs besoins et qu'il les aimait comme ses enfants?

Un champ plus vaste que l'Espagne devait bientôt exercer la valeur des fusiliers de la Garde. Ils quittèrent la Péninsule, où ils firent le serment de ne revenir qu'après avoir ajouté des noms glorieux à ceux qu'ils avaient inscrits sur leur drapeau. Ces noms, ils les demandèrent à l'Allemagne, dont le sol leur avait déjà donné des victoires. Donawerth et Ratisbonne leur ouvrirent leurs portes. Les troupes autrichiennes, qui étaient venues à leur rencontre, « au bruit des chansons et des fifres »[1], ne purent soustraire à l'humiliation la reine de leurs cités. Elles abandonnèrent Vienne, mais non sans avoir préparé la destruction des ponts du Danube, qu'il fallut franchir devant cent mille hommes; fait merveilleux de courage et d'audace qui devait surpasser les prodiges de la triple journée de Fribourg. Ainsi que Turenne et Condé sur le Rhin, Napoléon et Masséna combattirent pendant trois jours, sur les rives du grand fleuve de la Germanie, une armée supérieure en nombre, comme l'était celle des Impériaux près de deux siècles auparavant. Malgré les efforts désespérés de l'ennemi, malgré cinq attaques successives, les fusiliers restèrent maîtres du village d'Essling. Mais pourquoi le deuil devait-il voiler une si belle victoire! Dans cette mêlée furieuse, la France perdit l'un de ses héros les plus admirés.... Lannes, guerrier immortel! aux fusiliers de la Garde était réservé le douloureux honneur de relever ton corps sanglant, et de te faire une civière vénérée avec des branches de chêne, afin de couronner une dernière fois ton front du symbole de la gloire et de la vertu!

Le canon gronda de nouveau le 6 juillet 1809, dans les plaines de Wagram. Les fusiliers y firent des prodiges de valeur. Lorsqu'ils s'aperçurent que Macdonald fléchissait sous les masses ennemies, ils s'élancèrent sur le centre de l'armée autrichienne, et la chassèrent de toutes ses positions. De là, ils poursuivirent l'aile droite de l'archiduc Charles, se ruèrent sur le corps de Kollovrath, et s'unirent, comme à Essling, aux tirailleurs, pour l'accabler et lui enlever son artillerie.

Essling et Wagram était les deux titres de gloire que les fusiliers avaient voulu emporter dans les plis de leurs aigles, pour les redire aux échos de la Navarre et de la Vieille-Castille.

Ces provinces, ainsi que la Biscaye et le royaume de Léon, les revirent

---

[1] *Campagne d'Autriche,* 1er bulletin.

pendant deux années. Ils défirent les guérillas dans vingt rencontres, enlevèrent Astorga à l'armée de Galice, et combattirent partout, soit avec les jeunes tirailleurs, soit avec les grenadiers ou les chasseurs de la vieille Garde.

Napoléon eut raison d'appeler les fusiliers à prendre part à la campagne de Russie. Lorsque ses trois cent mille hommes, exilés à huit cents lieues de la France, revinrent chercher le soleil de la patrie, ces braves donnèrent l'exemple d'un dévouement sublime : ils se souvinrent qu'en d'autres temps le capitaine qui les conduisait avait dit : « La première qualité du soldat est la constance à supporter les fatigues et les privations; la valeur n'est que la seconde. » Chez les fusiliers, l'une de ces vertus ne le cédait pas à l'autre : à Krasnoé, ils passèrent sur le corps des Russes; à la Bérézina, ils se couvrirent de gloire sous les yeux de l'Empereur, à la place où s'était arrêté, en 1708, le roi Charles XII marchant sur Moscou. Comme si le doigt de la fatalité eût gravé son empreinte maudite sur tous les événements de cette guerre, ils entrèrent avec Napoléon dans le même château de Smorgoni où le vaincu de Pultawa avait entendu une voix lui prédire qu'il reviendrait du fond de l'Ukraine sans drapeau, sans canon, sans armée.

Si tant de souffrances et les faits d'armes accomplis en Saxe en 1813 n'avaient suffi pour éterniser la mémoire des fusiliers de la Garde, à elle seule la campagne de France les aurait rendus immortels. Aux journées de Bar-sur-Aube, de Brienne, de Château-Thierry, de Vauchamps, de Craone, de Fère-Champenoise, ils acquirent de nouveaux titres à la reconnaissance de la France; ils vinrent enfin brûler leur dernière cartouche sous les murs de Paris [1].

Quand l'aigle, naguère victorieuse, eut pris son vol vers d'autres cieux, pour ne pas voir l'étranger foulant le sol de la patrie, les fusiliers de la Garde lui restèrent fidèles. Les uns la suivirent jusqu'aux pieds des rochers où elle avait porté son aire; les autres, incorporés dans les régiments de grenadiers et de chasseurs royaux de France, attendirent silencieusement son retour. Elle ne trompa pas leur espérance, et revint pour les couvrir de son aile avant de s'abattre au champ de mort de Waterloo. C'est là qu'ils tombèrent pour la plupart; c'est là qu'ils apparurent à l'ennemi sous l'uniforme de la vieille Garde, dans les rangs de laquelle leur passé leur donnait le droit de combattre et de mourir !

---

[1] Les fusiliers furent licenciés par suite de l'ordonnance du 12 mai 1814.

TIRAILLEUR. VOLTIGEUR.

TIRAILLEUR — VOLTIGEUR

VALLADOLID, ville de la Vieille-Castille qui vit naître Philippe II et mourir Christophe Colomb, fut le berceau des voltigeurs et des tirailleurs. Napoléon aimait à dater ses décrets des capitales ou des places qu'il avait conquises. Tour à tour législateur, général, ami des lettres, il en signait un à Berlin, en 1805, sur la justice; un autre à Varsovie, en 1807, sur le remplacement militaire; un troisième à Erfurt, au mois d'octobre 1808, pour accorder la croix d'honneur aux poëtes Gœthe et Wieland. Reprenant ensuite son rôle de prédilection, il arrêtait, le 16 janvier 1809, à quelques lieues de Madrid, la formation d'un régiment de *tirailleurs-grenadiers* et d'un régiment de *tirailleurs-chasseurs*, les premiers de ceux qui, après avoir reçu différentes dénominations, *conscrits-grenadiers*, *conscrits-chasseurs*, etc., finirent par ne conserver que le titre de *tirailleurs* et de *voltigeurs*, et constituèrent la jeune Garde [1].

Cette troupe était destinée à un tout autre emploi que l'infanterie de la vieille et de la moyenne Garde. Napoléon voulait avec raison que la solidité inébranlable des grenadiers à pied, l'assurance éprouvée des fusiliers, fussent doublées de l'ardeur et de l'impétuosité qui feraient de l'ensemble de ces bataillons une force compacte et irrésistible.

Le décret du 16 janvier 1809 spécifiait que les nouveaux régiments seraient « composés de conscrits pris parmi les plus robustes et les plus lettrés [2] dans tous les départements, et qu'ils seraient traités comme les soldats de la ligne. »

Le lendemain, Napoléon quittait l'Espagne pour les plaines germaniques, qu'il avait déjà tant de fois parcourues. Il ne fit que traverser la France, y créa, les 29 et 31 mars, d'autres régiments d'infanterie de jeune Garde, et il en augmenta encore le nombre le 25 avril, à Ratisbonne.

Mais déjà les régiments précédemment formés étaient présents à l'armée

---

[1] La dénomination de tirailleurs et de voltigeurs fut donnée à ces régiments par décret du 30 décembre 1810.

[2] Pour atténuer les exigences du décret sous ce rapport, nous ajouterons que tout conscrit était réputé lettré dès qu'il savait lire et écrire.

d'Allemagne. Le 27 avril, ils franchissaient l'Inn ; le 8 mai, ils bivouaquaient dans les ruines du château de Diernstein, pleines du souvenir de Richard Cœur-de-lion. Le 12, ils voyaient capituler Vienne; le 22, ils culbutaient à Essling, sous la conduite de Curial, les grenadiers de l'archiduc Charles; ils se préparaient ensuite à Schœnbrünn [1] et dans l'île de Lobau à la grande bataille de Wagram, où ils soutinrent le corps d'armée de Macdonald et enfoncèrent le centre de l'ennemi. Telles furent les premières armes de ces régiments, qui, dans cette rapide campagne, combattirent toujours à côté des fusiliers de la Garde, à la fois leurs maîtres et leurs émules.

Ils rivalisèrent encore avec eux l'année suivante, lorsqu'il fallut s'élancer au cœur de l'Espagne pour expulser de la Biscaye et de la Navarre les guérillas de Mendizabal et de Mina. On les vit, guidés par le général Roguet, enlever aux débris de ces bandes le village d'Yanguas, sur le Cidacos, les poursuivre dans les montagnes de Soria, les atteindre à Frenillo de Rio-Tiro et les tailler en pièces. Le 18 novembre, ils continuèrent leurs excursions contre les guérillas d'Amor, qu'ils chassèrent de San-Domingo. C'était la première fois que les partisans espagnols se mesuraient avec ces nouveaux fantassins, qu'à leur intrépidité ils prirent pour les chasseurs de la vieille Garde.

En 1811, cette jeune infanterie combattit, sous Roguet et Dumoustier, l'armée galicienne, qu'elle contraignit d'évacuer Astorga. Elle remonta ensuite dans les Asturies pour disperser de nouvelles bandes au col de Pajares. Tranquille désormais, elle attendit à Oviédo et au camp de Grado que l'Empereur la soumît à de plus rudes épreuves. Ce temps n'était pas éloigné.

Tandis que deux de leurs régiments [2] restent dans la Péninsule, où leur est réservé l'honneur de faire lever le siége du château de Burgos, que défend Dubreton avec dix-huit cents braves, les autres corps ont passé le Niémen. Le 28 juin 1812, ils entrent à Wilna. De là, ils marchent sur Gloubokoé, Ostrowno, Witepsk, et vont le 14 août célébrer la fête de l'Empereur à Siniaki. Peu de jours après Smolensk leur ouvre ses portes, et lorsque la présence de Napoléon dans cette place a cessé de la protéger, ils sont là pour tenir tête aux Cosaques de Platow et de Wintzingerode ; ils contemplent, en passant sur le champ de bataille de la Moskowa, la grande redoute où dorment les cuirassiers de Caulaincourt; ils vont enfin camper au palais impérial des czars.

Quand Napoléon eut résolu de reprendre avec son armée le chemin de la

---

[1] C'est là que Napoléon décréta, le 9 juin 1809, qu'une compagnie d'artillerie serait attachée à la brigade des tirailleurs et des conscrits.

[2] Le 3e de tirailleurs et le 7e de voltigeurs, ce dernier formé du régiment des gardes nationales de la Garde.

patrie, ce fut à eux qu'il confia le soin de couvrir la marche des convois de blessés et de malades, d'artillerie et de munitions, qui arrivaient de Smolensk.

La destruction du Kremlin fut le signal du départ des voltigeurs et des tirailleurs, qui se mirent en marche le 23 octobre, sous les ordres de Mortier. Ils prirent la route de Kalougha et combattirent à Welischewo, à Dorogobuj; ils écrasèrent à Putkowa les bataillons de Miloradowitch, qui espéraient les couper à Krasnoé. Pendant trois jours il fallut renouveler ces prodiges pour ouvrir un passage au 1er et au 3e corps restés en arrière. Le 17 novembre au matin, Davout s'avançait sur Krasnoé, bravant la canonnade de Miloradowitch; à Katowa, il vit déboucher le corps de Gallitzin, tandis que trois autres corps se présentaient en avant de Woskresenia. L'infanterie de la jeune Garde, ayant l'Empereur à sa tête, se massa en face de ce village; Davout prit position à gauche : le combat fut terrible et désespéré, mais il fut court. Aucune attaque de l'ennemi ne put ébranler les voltigeurs ni les tirailleurs. Davout passa entre leurs rangs éclaircis aussi en sûreté qu'entre des remparts.

Napoléon gagna Liady avec les corps qu'il avait sous la main. Les Russes crurent le moment favorable : ils redoublèrent d'efforts pour s'emparer de Krasnoé. Le 1er régiment de voltigeurs, auquel il ne restait plus que quatre cents hommes, se massa en arrière du même village de Woskresenia et les arrêta. Longtemps exposée au feu de la mousqueterie et de la mitraille, cette poignée de braves fut deux fois enveloppée et chargée sur toutes ses faces. Au bruit du canon et de la fusillade se mêlaient parfois les cris de *Vive l'Empereur!* car eux non plus ne savaient pas mourir autrement qu'en invoquant son nom. Après trois heures de combat, le Ciel, touché de leur courage, leur envoya un secours inespéré; mais ils n'étaient plus que soixante-quatre, tous couverts de blessures.

Arrivés à Doubrowna le 18 novembre, les voltigeurs et les tirailleurs firent, comme la vieille Garde, le serment de ne pas abandonner *leur* Empereur. D'Orcha, où ils franchirent le Dniéper, jusqu'à la Bérézina, jusqu'à Wilna même, leur marche fut une sanglante et glorieuse hécatombe; mais leurs pertes allaient bientôt être réparées.

A peine de retour dans sa capitale, Napoléon augmenta l'infanterie de la jeune Garde de douze régiments de tirailleurs et voltigeurs [1]. Les 12e et 13e furent envoyés en Belgique; les autres se disposèrent à combattre l'Europe coalisée en Allemagne. Le 22 avril 1813, ceux-ci sont passés en revue par l'Empereur, à Mayence; le 25, ils sont à Erfurt; le 30, ils montrent à Napoléon, dans un premier engagement, qu'il peut compter sur leur valeur.

---

[1] Un seul exemple suffit pour donner une idée de la rapidité avec laquelle ces corps furent organisés : le 10e régiment de voltigeurs, dont la formation fut décrétée le 3 avril 1813, partit le 15 pour Mayence.

Lutzen et Kaya ! c'est là que Russes et Prussiens les attendent. Le second de ces villages est tombé au pouvoir de l'ennemi. En cet instant critique, Napoléon juge qu'il est temps d'employer sa réserve, qu'il a placée en seconde ligne devant Lutzen : il fait avancer seize bataillons de la jeune Garde, sous Dumoustier, et il commande à Mortier de les mener sur Kaya pour s'en emparer, pendant que l'infanterie de la vieille Garde et l'artillerie seconderont ce mouvement. Aussitôt la jeune Garde se précipite; Mortier est à sa tête, mais il disparaît dans la mêlée, son cheval est tué sous lui. Dumoustier est renversé à son tour. Le combat est opiniâtre et sanglant. Tirailleurs et voltigeurs luttent contre les gardes russe et prussienne réunies; enfin ils emportent le village à la baïonnette, culbutent l'ennemi, le chassent de Kaya, et le poursuivent au pas de charge. « Mes jeunes soldats ! s'écria Napoléon; l'honneur et le courage leur sortaient par tous les pores! Depuis que je commande les armées françaises, je n'ai jamais vu plus de bravoure et de dévouement. »

Les voltigeurs et les tirailleurs firent une entrée triomphale dans les murs de Dresde, que les souverains coalisés venaient d'évacuer; ils passèrent l'Elbe et se dirigèrent sur Bautzen et Wurschen, où ils avaient encore à vaincre.

Après un armistice trop long pour leur impatience, c'est à Dresde que les voltigeurs et les tirailleurs donnent rendez-vous à leurs adversaires. On sait comment ils reçurent le choc des bataillons qui un instant auparavant couronnaient à une lieue de distance toutes les collines de la vieille capitale saxonne, qu'écrasait une pluie d'obus et de boulets. Déjà les colonnes ennemies s'étaient élancées, précédées chacune de cinquante pièces d'artillerie; déjà la furie du combat avait envahi la dernière enceinte. Russes, Prussiens et Autrichiens, trahissant leurs espérances, combattaient aux cris de *Paris! Paris!* tant ils se croyaient sûrs de vaincre. Un dernier effort, et ils allaient faire irruption par la porte de Plauen; mais soudain cette porte s'ouvre et livre passage aux tirailleurs et aux voltigeurs, entraînés par Dumoustier. Les bataillons de la Garde, commandés par Cambronne et Tindal, se précipitent sur leurs pas. Le feu des murs crénelés soutient leur sortie. L'ennemi recule épouvanté; ses pièces sont enlevées au pas de course, et les canonniers tués sur les affûts. Dumoustier et Tindal tombent blessés; mille morts les vengent. A cet élan irrésistible, Schwarzenberg a reconnu la jeune Garde. « L'Empereur est dans Dresde, dit-il; le moment favorable pour enlever la place est perdu. »

Après cette bataille, les voltigeurs et les tirailleurs restent à Pirna jusqu'à ce que Napoléon leur ordonne de se replier sur Wachau, où ils se distinguent encore le 16 octobre sous Mortier et Oudinot. Ils courent ensuite sous les murs de Leipzig pour prêter main-forte au valeureux Poniatowski contre les attaques réitérées des Autrichiens; ils combattent avec héroïsme sous ses yeux, afin de partager la gloire de sa dernière heure. Les tirailleurs et les voltigeurs se retirent sur Erfurt, les uns soutenant l'avant-garde de l'armée, les autres veillant à la sûreté de l'arrière-garde. Le 30 octobre ils passent sur le corps des Bavarois à Hanau, et le 2 novembre ils aperçoivent les dômes rougeâtres de Mayence. Pour eux est terminée la campagne de 1813 !

Si quelques mois ont vu ramener l'infanterie de la jeune Garde des bords de l'Oder aux rives du Rhin, partout Napoléon a été témoin des glorieux faits d'armes qu'ont accomplis ces conscrits si jeunes d'années, mais déjà vieux de blessures et de gloire. Il est revenu à Paris le cœur plein de reconnaissance envers eux ; il apprécie tous les services qu'ils lui ont rendus ; il sait qu'ils peuvent lui en rendre de plus grands encore, au moment où plus d'un million d'hommes s'apprêtent à fondre sur tous les points de l'Empire.

C'est alors que douze autres régiments de la jeune Garde furent organisés, ce qui en porta le nombre à trente-huit, moitié voltigeurs, moitié tirailleurs. « Ces douze régiments, dit le décret, seront composés de volontaires âgés de plus de vingt ans et de moins de cinquante. On y admettra des jeunes gens de *seize à vingt ans,* s'ils ont la taille de cinq pieds et une forte constitution.

» Ces volontaires contracteront l'engagement de servir *jusqu'à ce que l'ennemi ait été chassé du territoire.* »

C'était pour une cause aussi sainte que la France se levait tout entière. On se serait cru encore en 1792, alors que, pour répondre au manifeste du duc de Brunswick, tout citoyen se faisait soldat. Jamais la Grèce n'avait déployé plus d'enthousiasme aux beaux jours de Marathon et de Salamine ; jamais Rome ne s'était montrée plus grande, quand, par la bouche de ses patriciens, elle proclamait la République en danger.

Les nouveaux régiments furent organisés en moins de quinze jours, tant la présence de l'ennemi sur les frontières avait exalté les instincts guerriers de la nation. L'éducation militaire de tous ces volontaires se fit rapidement, par les soins d'excellents instructeurs choisis parmi les régiments de flanqueurs et dans le bataillon de Fontainebleau [1] ; elle allait d'ailleurs se compléter à l'école du canon, qui, en France, forme plus vite encore les cœurs magnanimes.

Combien de faits non moins glorieux cette infanterie n'a-t-elle pas inscrits dans ses fastes pendant cette prodigieuse campagne de 1814! Alertes, fiers, résolus, se riant des fatigues et narguant la mort, voltigeurs et tirailleurs allaient au combat comme à une fête ; quand ils s'avançaient par bataillons, le fusil sur l'épaule, leur pas était ferme, leurs cœurs battaient de joie, leurs regards s'enflammaient d'espérance. On voyait que c'était la jeunesse de la

---

[1] Le régiment de flanqueurs-grenadiers existait dans la Garde depuis le 4 septembre 1811, et celui de flanqueurs-chasseurs depuis le 25 mars 1813 ; l'un et l'autre firent les campagnes de Saxe et de France.

France qui passait, et la victoire semblait sourire à leurs dix-huit ans. De la Rothière à Champaubert, de Montmirail à Château-Thierry, de Vauchamps à Mormant, aucun sacrifice ne leur coûta pour soutenir l'honneur du drapeau. A Craone, le capitaine Magnan, du 13° régiment de tirailleurs, atteint d'un biscaïen au bas-ventre, n'en continua pas moins de combattre toute la journée ¹. De son côté, le 14° régiment de voltigeurs laissa trente officiers parmi les morts. D'autres que ces braves eussent été troublés en se voyant tout à coup privés de direction au milieu d'un champ de carnage; mais ils savaient suppléer à l'absence de leurs chefs, ou plutôt ils en avaient toujours un pour les guider : c'était la volonté de vaincre.

Au retour de l'île d'Elbe, ces vaillants soldats s'associèrent encore à la fortune de Napoléon, qui les organisa en seize régiments. Ces corps se composèrent principalement des anciens combattants de la jeune Garde, qui ne formaient qu'un seul vœu : vaincre ou mourir.

Ils vainquirent à Fleurus; ils moururent à Waterloo. Tous n'étaient pas là pourtant. Les uns réprimaient, avec Lamarque, l'insurrection vendéenne à la Roche-Servières; les autres défendaient encore Soissons contre les alliés, ou couraient le 30 juin au camp de la Villette et au village des Vertus, pour y relever l'aigle impériale et combattre une dernière fois sous son égide. L'officier qui les commandait ², quoique atteint de deux coups de feu, songeait moins à ses souffrances qu'à celles de ses braves. Ayant aperçu un de ses soldats, blessé comme lui, qui continuait à tirer sur l'ennemi, il l'encourageait de son exemple et de ses paroles.

« Ah! mon colonel, répondit celui-ci, cette fois ils sont trop! » et il tomba frappé à mort.

Ce fut le dernier mot, on peut dire le dernier trait d'héroïsme de l'infanterie de la jeune Garde.

---

¹ Aujourd'hui maréchal de France; il fut nommé officier de la Légion d'honneur pour sa conduite dans cette affaire.

² Lepaige-Dorsenne, colonel du 5° régiment de tirailleurs; il eut le bras gauche emporté dans cette affaire.

SAPEUR   CANONNIER
DU GÉNIE   A PIED

CANONNIER A PIED — SAPEUR DU GÉNIE

Frédéric et Dugommier! tel fut le premier mot d'ordre donné à la garnison de Paris par le vainqueur des Pyramides le jour même où il fut investi de la dignité consulaire.

Dans un si puissant génie, rien ne saurait être l'œuvre du hasard, et jusqu'aux faits les moins importants, tous ont leur raison d'être. Quel était donc, dans l'esprit du Premier Consul, le sens de cette association de deux capitaines également illustres à des titres divers, du souverain si habile dans l'art de gouverner et du guerrier républicain qui avait donné l'essor à sa gloire naissante? L'un ne marquait-il pas le but que son regard entrevoyait déjà dans les brumes de l'avenir? L'autre ne lui rappelait-il pas son point de départ? Frédéric, c'était le trône; Dugommier, c'était Toulon [1] : c'est-à-dire un souvenir de son origine, en même temps qu'un témoignage de reconnaissance envers cette artillerie qui avait été le berceau de sa fortune, et qui ne cessa jamais de solliciter sa pensée.

C'est d'elle encore, c'est de l'artillerie de sa garde qu'il s'occupait en 1808, pendant son séjour à Bordeaux, où l'avaient appelé les événements qui agitaient l'Espagne. Par un décret daté de cette ville le 12 avril, il créa six compagnies de canonniers à pied qu'il plaça sous les ordres du major Drouot [2], et qui, formant corps avec l'artillerie à cheval de la Garde, eurent les mêmes destinées. Au commencement de septembre, quatre de ces compagnies furent envoyées en Espagne. Deux mois après, elles occupaient Burgos, patrie du Cid *Campeador*; et, devant Madrid, le 2 décembre de la même année, la voix de leurs canons apprit aux échos de la Nouvelle-Castille comment elles célébraient l'anniversaire d'Austerlitz.

Quand la cinquième coalition rappela Napoléon en Allemagne, il y reparut avec ses canonniers à pied, qui contribuèrent puissamment au succès des journées d'Essling, d'Enzersdorf et de Wagram. Les trophées qu'ils venaient de conquérir sur les bords du Danube, ils les reportèrent aussitôt dans la

---

[1] On sait que Napoléon légua cent mille francs aux descendants du général Dugommier, ancien commandant en chef de l'armée de Toulon.

[2] Le nombre des compagnies d'artillerie à cheval fut dès lors réduit à quatre.

Péninsule ibérique, où Bessières et Dorsenne les conduisirent à de nouvelles victoires.

Mais déjà Napoléon songeait à ajouter à sa Garde un corps que sa spécialité mît dans l'avenir en contact fréquent avec les canonniers à pied. Le feu avait pris une nuit au château de Saint-Cloud, pendant qu'il y habitait, et, sans le dévouement du grand maréchal du palais Duroc, cet événement aurait pu avoir les conséquences les plus funestes. Ce fut alors que, pour prévenir le retour d'un semblable danger, Napoléon organisa une garde composée de sapeurs du génie qui fut appelée *chambre de veille*. Le 16 juillet 1810, un décret daté de Rambouillet la convertit en une compagnie « destinée au service des pompes dans les résidences impériales »; elle fut placée sous les ordres du général du génie Kirgener.

Soldat éprouvé, Kirgener avait servi depuis 1793 sous Jourdan, Scherer, Kléber, Hoche et Moreau; il avait passé sa vie à assiéger toutes les places fortes du Nord, du Rhin et d'Allemagne; aussi, sous son commandement, la compagnie de sapeurs du génie ne tarda pas à élargir ses attributions et à revêtir un caractère tout militaire.

Le sapeur et le canonnier à pied offraient, du reste, plus d'un rapport l'un avec l'autre. L'expression de leur visage était grave et leur maintien sévère. Ils apportaient la même impassibilité dans tous les détails de leurs fonctions, le même scrupule dans l'accomplissement de leurs devoirs. A leur flegme, à leur tenue, à leur langage, on devinait aisément qu'ils appartenaient à l'artillerie et au génie, ces deux corps savants par excellence.

L'un et l'autre accoururent en 1812 sur le Niémen. Dans la marche victorieuse qui fut d'un si heureux présage pour l'armée, au début de la campagne, les canonniers à pied trouvèrent l'occasion de se signaler à la grande bataille de la Moskowa; et les sapeurs, dans l'antique capitale des czars, que dévorait la torche incendiaire de Rostopchin. Jusqu'au dernier jour de la retraite, ils rivalisèrent de dévouement et de courage. Ils s'unirent à Mojaïsk pour arrêter les Cosaques de Platow; à Smolensk, pour pratiquer des mines sous les remparts qu'ils firent voler en éclats; à Krasnoé, pour frayer un chemin aux pièces d'artillerie; à Studzianka, enfin, par vingt-huit degrés de froid, ils passèrent des heures entières dans l'eau glacée de la Bérézina pour construire des ponts et sauver les débris de l'armée. Dans ces cruelles épreuves, on les relevait tous les quarts d'heure, afin de les arracher eux-mêmes à une mort certaine; mais la plupart refusaient le repos pour ne pas interrompre leur œuvre de salut. Émules des héros des Thermopyles, comme eux ils semblaient dire : « Nous irons souper chez les morts. » C'est que la nature les avait doués d'une âme assez forte pour supporter toutes les souffrances; partout ils conservèrent une sérénité qui étonna les plus anciens soldats de la Garde.

Un sapeur avait eu la tête fendue par un obus; le chirurgien qui le pansait lui révèle que la cervelle est à découvert. : « Qu'importe, répond-il, pourvu que je continue à servir mon pays! » Un canonnier qui avait eu les jambes emportées à la Moskowa, était relégué dans les convois d'ambulance à la suite de l'armée. Arrivé à Borisow, il demanda à rejoindre ses camarades : « J'ai, s'écria-t-il, des bras et de bons yeux; c'est tout ce qu'il faut pour pointer ma pièce. »

Napoléon, qui connaissait si bien l'importance du rôle réservé aux bouches à feu en présence des masses armées qu'il allait rencontrer sur les champs de bataille, augmenta en 1813 l'artillerie à pied de la vieille Garde, et forma en outre quatorze compagnies d'artillerie de jeune Garde; il éleva aussi l'effectif de la compagnie de sapeurs du génie : car la campagne prochaine, disait-il, devait s'ouvrir avec des forces doubles de celles qui avaient combattu l'année précédente, et il s'était promis de revenir livrer bataille aux Russes entre l'Elbe et l'Oder.

Lutzen, Bautzen et Wurschen furent des triomphes pour les canonniers à pied et les sapeurs. Mais la journée qui suivit la dernière victoire fut fatale aux sapeurs de la Garde, comme aux canonniers, comme à l'armée entière. C'était le 22 mai. Un corps de cavalerie ennemi s'était avancé dans la plaine de Reichenbach. Napoléon, remarquant une éminence d'où il pourrait embrasser le champ de bataille, s'y rendit au grand trot, à travers un nuage de poussière. Mortier, colonel général de l'artillerie de la Garde, Duroc, Caulaincourt et Kirgener l'accompagnaient. L'action venait de finir; les coalisés étaient en fuite, quand, par une fatalité déplorable, un de leurs derniers boulets vient frapper un arbre près de l'Empereur, ricoche sur les officiers de sa suite, tue Kirgener et atteint Duroc d'un coup mortel. On s'empresse autour des deux victimes; on veut cacher à Napoléon la triste vérité; lui-même ne peut y croire; mais, hélas! l'événement n'est que trop certain : « Duroc! Kirgener! s'écrie-t-il; cela n'est pas possible, ils étaient tout à l'heure auprès de moi. » Ce malheur l'accable; il rentre dans le carré de sa Garde, il y passe le reste de la journée, dans sa tente, assis à l'écart, la tête dans ses mains et gardant le plus morne silence. « Pauvre homme, disaient les vieux grenadiers touchés de ses larmes, il a perdu deux de ses enfants! » Drouot s'approche et lui demande des ordres pour l'artillerie. « A demain tout », répond-il. Ce furent les seules paroles qui s'échappèrent de son cœur oppressé.

La guerre dévorait tout, généraux, officiers, vieux et jeunes soldats, la gloire du passé et l'espérance de l'avenir. Cependant il fallait la poursuivre. Dresde valut une triple victoire aux canonniers de la Garde; Wachau leur en donna une autre. Dans cette journée du 16 octobre, quand ils se virent attaqués par la cavalerie ennemie, qui leur fermait toute chance de salut, ils disposèrent leurs pièces en carré, et en un instant ils couchèrent les escadrons autrichiens sur le champ de bataille.

Ces faits d'armes, les canonniers les renouvelèrent à Leipzig; mais, malgré leur valeur, l'armée française, qui occupait cette place depuis le 18 octobre 1806, se vit réduite à en sortir, sept ans plus tard, le même jour et presque à la même heure, comme si la destinée eût choisi cet anniversaire pour exercer de douloureuses représailles. Les canonniers à pied voulurent, du moins, prendre une éclatante revanche à Hanau, et jeter sur le sol ennemi les derniers boulets de la France.

L'armée austro-bavaroise, forte de quarante mille hommes et couverte par quatre-vingts bouches à feu, pensait avoir facilement raison de troupes rompues, exténuées, hors d'haleine, et elle se flattait de leur barrer le passage. L'Empereur s'offrit le premier à ses coups, avec une avant-garde de dix mille hommes. L'artillerie de la Garde le suivait de près. Aussitôt Drouot met les pièces en batterie. A travers les nuages de fumée qu'elles vomissaient, les Bavarois crurent apercevoir au loin le gros de l'armée française, et, voulant la prévenir, ils déchaînèrent sur les canonniers une nuée de chevaux qui les enveloppèrent de toutes parts. D'autres que ces vaillants soldats eussent été ébranlés d'un si rude choc; mais eux, conservant leur sang-froid accoutumé, s'armèrent du sabre et de la carabine et se défendirent héroïquement, sans reculer, comme s'ils avaient été rivés à leurs affûts. Drouot, l'épée à la main, leur donnait l'exemple; *le plus sage de l'armée,* ainsi que l'appelait Napoléon, en était dans ce moment le plus intrépide; pendant plus d'une heure, il résista avec ses canonniers aux attaques les plus furieuses. L'Empereur, il est vrai, était là, les regardant, les encourageant, heureux et fier des brèches qu'ils faisaient dans les rangs ennemis. A peine son attention fut-elle détournée par un obus qui tomba près de lui pendant qu'il s'entretenait avec Caulaincourt. Celui-ci, sans interrompre la conversation, se plaça entre le danger et l'Empereur. Autour d'eux, on respirait à peine. Seuls, Napoléon et son lieutenant paraissaient indifférents à ce qui se passait. Heureusement, le projectile s'enfonça dans la terre. On aurait dit que les bombes et la mitraille, tous ces terribles instruments de carnage, avaient peur du grand capitaine et venaient mourir à ses pieds. Pourtant la bataille était brûlante : le bruit du canon retentissait, répété par les échos lointains, les boulets agitaient la cime des arbres, les rameaux hachés éclataient avec fracas. Jamais l'air n'avait été sillonné d'éclairs plus ardents; jamais si épouvantables coups de tonnerre n'avaient rempli la voûte céleste, jamais les canonniers ne s'étaient montrés si redoutables; il était facile de voir qu'ils avaient juré d'ouvrir à l'armée le chemin de la patrie.

A l'heure où il fallut défendre cette patrie elle-même [1], combien de prodiges nouveaux n'accomplirent-ils pas avec les sapeurs! combien d'actions héroïques les immortalisèrent, depuis les plaines de la Champagne jusqu'aux remparts de la cité parisienne, qui s'étonna que la voix de leurs canons cessât d'être la messagère de la victoire! L'adversité les trouva plus sublimes encore qu'ils n'avaient été au temps de leur splendeur. Dans la Garde, où tous les régiments étaient renommés pour leur attachement à l'Empereur, ils s'étaient fait une réputation exceptionnelle de dévouement. Ce que les hommes appellent les dernières limites du sacrifice était pour eux l'expression toute simple et toute naturelle de leur amour pour Napoléon. Aussi les retrouva-t-il à ses côtés à l'île d'Elbe, dont il nomma leur chef Drouot gouverneur; et quand le flot qui les avait emportés les eut rendus à la patrie, canonniers et sapeurs, à la voix de leur capitaine, volèrent aux champs de la Belgique. C'est là que devait succomber leur valeur, mais non leur gloire, dont le souvenir est impérissable.

Sur le rocher aride où l'exilèrent les vaincus de vingt années, que de fois le vaincu d'un seul jour, tournant ses regards vers la patrie, ne pensa-t-il pas aux sapeurs et aux canonniers à pied de la vieille Garde! « Si je n'avais eu que de pareils serviteurs, disait-il, je les aurais donnés pour modèles au monde entier. » Est-il un plus bel éloge? En est-il un qui résume mieux toutes les vertus de ces vétérans : bravoure, honneur et fidélité!

[1] Le 13 janvier 1814, les compagnies de sapeurs formèrent un bataillon qui couronna sa glorieuse carrière en arrêtant aux buttes Montmartre deux colonnes d'infanterie russe.

MARIN.

MARIN

Parmi les troupes d'élite dont se composait l'ancienne Garde impériale, on remarquait un corps spécial qui, pour être peu nombreux, n'en combattit pas moins pendant dix ans avec le sang-froid et la bravoure qui caractérisaient les plus vieux grenadiers. Les hommes qui y figuraient, de taille moyenne pour la plupart, avait le teint hâlé, la figure mâle, et quelque chose de particulier dans leur démarche révélait qu'ils n'étaient ni cavaliers ni fantassins. En effet, quoique servant dans l'armée de terre, ces soldats étaient accoutumés à la vie de bord; la brièveté de leur langage, la simplicité de leurs manières et jusqu'à la gravité de leur physionomie, tout trahissait en eux les enfants de l'Océan : on les appelait les marins de la Garde.

Créés le 17 septembre 1803, au moment où Napoléon pensait à opérer une descente en Angleterre, les marins avaient été organisés pour servir sur mer auprès de l'Empereur, pour manœuvrer son navire dans les parages difficiles de la Manche, et enfin pour constituer l'équipage d'une escadrille de choix, dirigée par le héros qui rêvait la fortune de Guillaume le Conquérant.

Cette même année commença l'exécution du gigantesque projet qu'avait formé Napoléon de jeter sur les côtes de la Grande-Bretagne une armée formidable et aguerrie, dont il établit le quartier général à Boulogne. Tout en mettant sur sa tête la couronne de fer des rois lombards; tout en ajoutant à son empire les départements de Gênes, de Montenotte et des Apennins; tout en feignant de ne songer qu'à étendre pacifiquement son pouvoir, il travaillait avec une activité prodigieuse à se donner une flotte plus imposante que ce qu'il nommait ses *coquilles de noix;* il arrêtait un plan de campagne qui fut peut-être la plus audacieuse conception de son génie. Il voulut associer la Garde impériale à cette périlleuse expédition, et afin d'ouvrir une voie d'émulation aux marins qui devaient y concourir, il prit parmi eux les éléments de cinq équipages, dont il donna le commandement au capitaine de vaisseau Daugier.

A son origine, le corps des marins, dont le dépôt était caserné à l'École militaire, à Paris, comprenait, indépendamment du capitaine de vaisseau, un adjudant-major, un quartier-maître trésorier et un officier de santé, qui composaient l'état-major; chaque équipage comptait un capitaine de vaisseau ou de frégate, cinq lieutenants ou enseignes, cinq maîtres, autant de contre-maîtres et de quartiers-maîtres; cent vingt-cinq matelots de 1re, 2e, 3e et 4e classe, et un trompette ou tambour. Un tiers de cette petite troupe, qui s'élevait à 836 hommes, fut armé de sabres, un tiers de haches, un tiers de piques, en attendant que le fusil et le sabre légèrement recourbé fussent uniformément adoptés.

Les cinq équipages se formèrent à Courbevoie; ils furent ensuite dirigés sur Boulogne et le Havre, pour armer les bâtiments de la flotte sur lesquels devait s'embarquer la Garde impériale. Les canonnières qu'ils montaient firent partie des lignes d'embossage; plusieurs soutinrent de rudes combats contre la marine anglaise, et aucune d'elles ne se laissa capturer.

En 1805, la Garde ayant quitté Boulogne pour se rendre en Allemagne, un détachement de marins, commandé par le capitaine de frégate Roquebert, la suivit jusqu'à Austerlitz. Mais cette victoire fut si prompte que les marins n'eurent pas le temps d'y prendre part. Ils durent se résigner à attendre la campagne suivante pour rencontrer une occasion de se signaler. Ils ne la laissèrent pas échapper : au siége de Dantzig surtout, ils firent des prodiges de valeur, se portant, se multipliant partout où il y avait un danger à courir. Ils passèrent avec une audace incroyable sous le feu de la citadelle de Graudentz, en conduisant sur la Vistule des bateaux chargés de canons, de poudre et de boulets, et ce fut avec leur concours que Rapp emporta le fort de Pillau.

Ils contribuèrent encore à la prise de Stralsund, et débarquèrent, avec Brune, sur la plage de Rugen. Rappelés en France par le traité de Tilsitt, ils passèrent, eux aussi, sous les arcs de triomphe que la ville de Paris éleva, en 1807, à la Grande Armée, et ils eurent la gloire d'attacher une couronne d'or à leur aigle, car ils étaient de ceux pour qui le poëte Arnault chantait alors, avec Méhul et toute la France enthousiaste :

> Que l'on suspende à leurs drapeaux
> Ce prix de leurs nobles services;
> Placés sur le front des héros,
> Ils cacheraient leurs cicatrices.

Mais déjà l'Espagne les réclamait. A peine arrivés au cœur de la Péninsule, ils eurent à réprimer la révolte de Madrid. Le 2 mai 1808, ils pénétrèrent dans l'hôpital de cette place et protégèrent contre la fureur des insurgés les Français qui y étaient malades. Quatre cents d'entre eux passèrent ensuite au deuxième corps d'observation de la Gironde, en marche sur Cadix, sous les ordres du général Dupont. Peu de temps après, à la désastreuse affaire de Baylen, leur conduite fut héroïque. Ayant vainement essayé de défendre le Guadalquivir, ils exécutèrent trois charges vigoureuses à la baïonnette pour percer les lignes ennemies; ils s'apprêtaient à tenter un nouvel et suprême effort, lorsqu'ils apprirent que tout sacrifice était inutile. Compris dans la capitulation du 22 juillet, ils furent jetés sur des pontons et envoyés dans l'île de Cabrera, où tant de braves que le champ de bataille avait épargnés devaient trouver la mort au milieu des privations et des tortures.

Le décret du 27 mars 1809 réorganisa le corps des marins en un seul équipage. A cette époque, ils revenaient d'Espagne pour se porter sur le Danube, LE MEILLEUR DES GÉNÉRAUX DE L'AUTRICHE, ainsi que l'appelait Napoléon. A Essling, l'ennemi ayant profité d'une crue du fleuve pour lancer contre nos ponts des radeaux et des barques remplis de pierres, ils surent, à force de dévouement et d'habileté, rendre ces entreprises stériles et favoriser le passage de l'armée française. Lorsque des pluies torrentielles et le débordement du Danube eurent séparé les différents corps d'armée, et qu'il fallut regagner la rive droite pour franchir de nouveau le fleuve, le 30 juin, les marins improvisèrent un pont de pilotis. Ils escortèrent, puis firent débarquer les vaillantes troupes de Davout et d'Oudinot, futurs auxiliaires de la victoire de Wagram. Aussi ne furent-ils pas oubliés dans la proclamation que Napoléon fit mettre à l'ordre du jour : « Le corps de l'artillerie, les pontonniers et les marins ont puissamment contribué au succès des journées d'Enzersdorf et de Wagram. L'Empereur leur en témoigne en particulier sa satisfaction. »

L'Espagne revit les marins de la Garde en 1810. C'était le moment où le duc de Bellune faisait le siége de Cadix. Le 10 mars, un épouvantable ouragan, qui pendant trois jours rendit la mer furieuse, jeta à la côte quatre vaisseaux de haut bord anglais et espagnols de 80 canons. On n'apercevait, jusqu'à l'embouchure du Guadalquivir, que des débris de bâtiments et des cadavres voguant au gré des flots. En présence d'un pareil désastre, les marins, ne consultant que l'humanité et ne voyant dans leurs ennemis que des malheureux luttant contre la mort, sauvèrent la vie à trois cents naufragés.

Cependant deux mille prisonniers de guerre français, dont faisaient partie les marins de Baylen, étaient en rade de Cadix à bord de deux pontons espagnols, la *Castille* et l'*Argonaute*. La prise du fort de Matagorda par le duc de Bellune allait faciliter leur délivrance. Au mois de mai, à la faveur de la nuit, les deux pontons coupèrent leurs câbles, et, malgré la violence de la canonnade des bâtiments espagnols qui les gardaient, vinrent en dérive à la côte occupée par l'armée française. C'était un spectacle touchant que celui de ces intrépides soldats, s'efforçant de rendre tant d'infortunés à la liberté et déployant le plus grand courage pour sauver ceux de leurs camarades qui s'étaient jetés à la nage et que la mort poursuivait jusqu'au rivage. L'ennemi fit en effet pleuvoir une grêle de mitraille sur les pontons et y mit le feu, qui fut trois fois éteint par ces braves. A la fin, cependant, une bombe éclata sur la *Castille,* la consuma entièrement ; mais il était trop tard, le ciel avait couronné le dévouement des marins de la Garde. Ceux des prisonniers français qui n'avaient pu s'échapper furent transportés à Mahon et de là en Angleterre ; les autres, plus heureux, prirent part aux opérations militaires du centre de l'Espagne.

Deux mille guérillas venaient de se rassembler à Almazan, sur le Duero, dans la province de Soria. Le colonel Baste, capitaine de vaisseau, commandant les marins de la Garde, partit de Soria le 9 juillet, à la tête d'une colonne de mille marins et ouvriers militaires ; le lendemain, la ville d'Almazan fut cernée et enlevée, après un combat acharné dans lequel l'ennemi perdit trois cents morts et eut plus de cinq cents blessés ou prisonniers.

Ces heureux résultats firent apprécier les services rendus par les marins de la Garde, et décidèrent l'Empereur à donner au corps une plus grande importance. Un décret du 16 septembre 1810 porta l'équipage à onze cent trente-six hommes, formant huit compagnies. Les trois compagnies ajoutées à celles qui existaient déjà se composèrent d'hommes d'élite, choisis à bord des vaisseaux *l'Austerlitz, le Majestueux* et *le Commerce de Paris.*

Quelques-unes de ces compagnies restèrent en Espagne ; les autres furent envoyées dans les ports de Brest, de Toulon et d'Anvers. Au mois d'août 1811, l'un des héros de l'expédition d'Égypte, le vice-amiral Gantheaume, prit le commandement du corps, dont un fort détachement eut l'honneur de faire l'expédition de Russie. Il se signala au passage du Niémen, le 24 juin 1812, et sur la Dwina. L'ennemi occupait quelques maisons sur la rive gauche de ce dernier fleuve ; le prince Eugène l'en chassa, et voulant marcher contre le général Doctorow, qui était sur la rive droite, fit des dispositions pour établir un pont. Les marins de la Garde se jetèrent à la nage pour aller enlever, sous le feu des tirailleurs russes, le bac qui était amarré à la rive opposée ; ils le ramenèrent, et conduisirent eux-mêmes les compagnies de voltigeurs au point de débarquement. Sur les bords de la Bérézina, deux de leurs compagnies se firent écraser plutôt que de tomber au pouvoir de l'ennemi.

Les débris des compagnies que de si cruels désastres avaient épargnés se réunirent, en 1813, à celles qui étaient revenues d'Espagne, et firent avec elles la campagne de Saxe. Les corps d'infanterie et d'artillerie de marine servaient alors dans l'armée de terre. Comme eux, les marins de la Garde se distinguèrent à Lutzen, à Dresde ; comme eux aussi, à Leipzig, ils défendirent jusqu'au dernier moment les approches du pont de l'Elster.

L'année 1814 fut également témoin de leur infatigable valeur. Le 1ᵉʳ février, leur ancien commandant Baste leur donnait l'exemple en mourant à la Rhothière, et le 20 mars, leur contenance héroïque sauvait à Arcis-sur-Aube la cavalerie de la Garde, qu'écrasait un ennemi dix fois supérieur en nombre.

Ce que la Garde, ce que l'armée entière ne put accomplir, le salut de la France, était au-dessus des forces des marins; ils furent licenciés à Fontainebleau. Tous auraient voulu suivre Napoléon à l'île d'Elbe, mais il ne fut donné qu'au plus petit nombre de l'y accompagner. Là ils formèrent une compagnie qui coopéra puissamment au retour de l'Empereur.

Le 26 février 1815, Napoléon était à bord du brick de guerre *l'Inconstant*, et le 1ᵉʳ mars il débarquait au golfe Juan, d'où il réveillait l'armée par sa fameuse proclamation : « Soldats, nous n'avons pas été vaincus!... »

Les marins firent partie du *bataillon sacré* qui escorta l'Empereur jusqu'à Paris. Un décret du 19 mai les organisa en un équipage et les plaça sous les ordres de Taillade, l'un des officiers qui avaient ramené Napoléon de l'exil. Moins d'un mois après, il marchait avec la Garde. Ils furent du nombre des troupes qui enlevèrent la position de Charleroi, et qui, après s'être couvertes de gloire à Fleurus et à Ligny, furent encore dignes d'elles à Waterloo.

L'équipage eut le bonheur de rapporter son drapeau. S'étant reformé à l'École militaire, il voulut combattre une dernière fois dans la plaine des Vertus, avant de se rendre à l'armée de la Loire [1].

L'antiquité a élevé des statues à ce soldat de Marathon qui, privé de ses bras, combattait encore en saisissant avec ses dents une barque ennemie. Le *Cynégyre* de l'épopée impériale, c'est le marin de la Garde. Quoique mutilé, quoique épuisé par dix ans de guerre, quand il vit sombrer le navire de la France, il s'y attacha avec désespoir, et ne pouvant le disputer à l'abîme, il s'ensevelit glorieusement avec lui.

---

[1] Licencié une première fois le 14 avril 1814, et rétabli le 8 avril 1815, l'équipage de marins fut supprimé le 4 septembre suivant.

PUPILLE GRENADIER
3e RÉGIMENT

PUPILLE — GRENADIER

(JEUNE GARDE)   (HOLLANDAIS)

Qui eût dit, lorsque la redoutable infanterie du prince d'Orange se mesurait avec les piquiers de Louis XIV, lorsque Luxembourg enfonçait les bataillons des Provinces-Unies à Leuze, à Steinkerque, à Nerwinde, qu'un jour viendrait où la France et la Hollande réuniraient leurs armées sous un seul et même drapeau?

Il était donné à Napoléon d'accomplir bien d'autres prodiges. A l'époque la plus florissante de son règne, en 1810, les riches contrées qu'arrosent le Wahal, l'Escaut, l'Ems et l'Yssel, et qui avaient pendant quatre années reconnu la paternelle souveraineté de Louis-Bonaparte, furent à leur tour annexées au grand Empire, auquel elles donnèrent neuf départements, deux divisions militaires, une puissante marine et une armée des plus vaillantes.

Afin de faire honneur aux troupes de son frère, Napoléon incorpora dans les chasseurs et les grenadiers de sa propre Garde deux des compagnies de Gardes du corps à pied. Des deux autres, ainsi que du régiment de grenadiers de la Garde hollandaise, il forma un régiment de grenadiers qui fut classé dans la vieille Garde Impériale et reçut la même organisation que celui qui y figurait déjà [1].

Le moment n'était pas éloigné où les deux régiments allaient combattre à côté l'un de l'autre. Partis de Versailles au printemps de 1812, sous la conduite de Tindal, leur colonel et leur compatriote, les grenadiers hollandais traversèrent l'Allemagne et ne s'arrêtèrent qu'aux rives de la Wilia. Ils entrèrent à Wilna, où le soleil de juin fêta leur bienvenue; ils virent s'écrouler Smolensk, ce boulevard de l'empire des czars; ils assistèrent, eux aussi, à la grande bataille sous les murs de Moscou; ils protégèrent l'armée dans sa retraite, et, le 15 novembre, ils poussèrent les Russes devant eux

---

[1] Il porta le n° 2 de l'arme des grenadiers à pied en vertu du décret du 13 septembre 1810, daté de Saint-Cloud, puis le n° 3 le 18 mai 1811, par suite de la création d'un semblable régiment français qui prit le rang qu'il occupait.

à Krasnoé. Le lendemain, ils creusèrent un sillon dans les rangs moscovites pour se frayer un passage jusqu'à Katowa.

Le froid exerçait ses plus cruelles rigueurs. Les grenadiers hollandais comprenaient bien qu'un trépas inévitable les attendait, mais ils n'exhalaient ni plainte ni murmure. L'un d'eux, qui avait couché toute une nuit dans la neige, s'approchait lentement d'un bivouac devant lequel passait l'Empereur; il venait pour y réchauffer ses membres roidis; mais il y était à peine qu'il tombait mort. Napoléon fut ému d'une si rare abnégation : « Les braves gens! s'écria-t-il, pas un mot, pas un cri; ils sont déjà Français; voilà bien les grenadiers de ma Garde! » Les derniers d'entre eux recueillirent un reste de force pour aller mourir à la Bérézina.

Le corps n'existait déjà plus de fait lorsque la dissolution en fut prononcée le 15 février 1813; mais sa valeur devait renaître dans d'autres bataillons de même origine, qui l'avaient suivi en France et dont l'histoire est plus curieuse que celle de bien des régiments qui eurent une destinée plus longue et plus éclatante : ce sont les PUPILLES.

A l'époque où Louis Bonaparte régnait en Hollande, quelques compagnies de vélites royaux, organisées en 1809, servaient à recruter l'infanterie de son armée. Ces vélites se recrutaient eux-mêmes à l'aide d'un autre corps formé en 1808, et composé d'enfants d'officiers, de sous-officiers et de soldats morts au service, ainsi que d'enfants trouvés élevés dans les hospices : de là le nom de *pupilles* (*pupillus*, orphelin) qui leur était donné.

Les pupilles étaient adoptés par le gouvernement à l'âge de sept ans, souvent même plus tôt; ils recevaient une instruction militaire, et passaient dans les vélites lorsqu'ils avaient atteint leur seizième année. Ils étaient alors traités comme des soldats; seulement ils avaient des fusils plus légers et plus courts; deux ans après, ils prenaient du service dans l'armée.

C'était là une belle et utile institution; elle ouvrait de bonne heure une carrière honorable à des créatures déshéritées de toutes les faveurs de la fortune, et les arrachait à la misère, à l'oisiveté, au vagabondage; elle les relevait à leurs propres yeux par le sentiment du devoir et ce légitime orgueil qui font la force du soldat [1].

---

[1] Dans le principe, les bienfaits de cette institution devaient s'étendre à tous les âges, jusqu'à l'adolescence. Les pupilles étaient divisés en quatre classes, la première comprenant les enfants au-dessous de trois ans, et la seconde les enfants de trois à sept ans, les uns et les autres destinés à être placés dans un établissement formé à Utrecht (décret du 29 juillet 1808); mais ce projet ne fut exécuté qu'à l'égard des enfants de sept ans. Le roi Louis fit l'abandon de son palais de la Haye pour y réunir ceux que les maisons de charité et d'orphelins y envoyaient, ou qui étaient présentés par leurs parents. La seule condition d'admission était une bonne constitution. Il y avait à la Haye mille quatre cent sept enfants, chacun d'eux entretenu moyennant une masse de cent vingt-cinq florins par an (267 fr. 85 c.) qui était mise à la disposition du ministre de la guerre.

Lors de la réunion de la Hollande à l'empire français, les vélites et les pupilles ne formèrent plus qu'un seul corps, qui fut caserné à Versailles avec les grenadiers hollandais, chargés de son administration. Napoléon, encore incertain du parti qu'il pourrait en tirer, le fit venir à Paris pour le passer en revue. C'était le 24 mars 1811. Une foule avide de voir ces bataillons de Lilliputiens se pressait aux abords du Carrousel. A midi, tous les régiments d'infanterie de la Garde étaient rangés en bataille dans la cour des Tuileries, lorsque les PETITS HOLLANDAIS, comme on les appelait alors, débouchèrent en bon ordre par le guichet du pont Royal. En tête du régiment marchaient un peloton de sapeurs sans barbe, puis un tambour-major à l'avenant, précédant les tambours, les fifres et une musique au grand complet, moins la grosse caisse, qu'aucun des exécutants n'aurait sans doute pu porter. L'état-major et les compagnies de fantassins au port d'armes suivaient immédiatement, composant leur visage et prenant l'air le plus grave au moment où ils défilaient devant l'Empereur et la vieille garde.

Leur tenue un peu germanique, leur marche régulière, l'ensemble de leurs mouvements, étonnèrent tout le monde. A leur tournure martiale on les aurait pris volontiers pour une troupe aguerrie, et Napoléon lui-même, qui avait eu d'abord l'intention de les affecter à la marine, fut tellement frappé de la précision de leurs manœuvres, qu'il renonça subitement à son projet. « Ce corps ne passera pas au service de mer, dit-il au ministre Decrès, présent à la revue; il fera partie de ma jeune Garde. » Et voulant tout aussitôt placer les pupilles sous la tutelle des grenadiers du 2ᵉ régiment : « Soldats, ajouta-t-il, c'est en combattant que leurs pères sont morts, vous leur en tiendrez lieu; qu'ils trouvent en vous un exemple et un appui. En vous imitant, ils seront braves; en écoutant vos avis, ils deviendront les premiers soldats du monde. »

Des acclamations enthousiastes répondirent à ces paroles, et les héros de cette solennité achevèrent de défiler en tête de la vieille Garde.

Six jours après, le 30 mars, le corps prit officiellement le nom de *pupilles de la Garde*, ce qui n'empêcha pas le vulgaire de les appeler de préférence la *garde du roi de Rome*, parce que, disait-on, le commandement en était réservé dans l'avenir au fils de l'Empereur, dont les yeux s'ouvraient à peine au jour. Deux décrets des 30 août et 19 octobre émancipèrent le régiment en arrêtant qu'il s'administrerait lui-même, et l'organisèrent provisoirement en neuf bataillons. Cette infanterie, qui fut placée sous les ordres du colonel Bardin et répartie dans diverses garnisons, telles que Versailles, Boulogne-sur-Mer, Brest, le Havre, Caen, Dieppe, etc., ne comptait pas moins de huit mille hommes[1] presque tous Hollandais, Belges, Allemands, Italiens, tirés des hospices de France,

---

[1] Napoléon décida, le 12 décembre 1811, que le régiment ne recevrait que des jeunes gens de plus de seize ans et ayant quatre pieds neuf pouces.

de Hambourg, des Pays-Bas et de Rome. L'organisation du corps devint définitive le 3 février 1812. Un simple guidon aux couleurs nationales lui tenait lieu de drapeau, car un nouveau régiment ne pouvait recevoir son aigle que des mains de Napoléon, qui ne l'accordait que lorsqu'elle avait été conquise sur le champ de bataille.

Une année ne s'était pas écoulée, que ces jeunes soldats donnaient quatre de leurs bataillons pour concourir à former de nouveaux régiments de jeune Garde. On sait comment se conduisirent deux de leurs bataillons [1] à Lutzen, et c'est dans leur carré que Mortier et son état-major trouvèrent un abri inviolable contre la cavalerie ennemie.

Dans le même temps, le quatrième bataillon de pupilles combattait en Hollande, à Vanloo, Utrecht, Harlem. Quelques mois plus tard, quand le moment fut venu de défendre la capitale de l'Empire, ils accoururent de Versailles, le 30 mars 1814, sous les murs de Paris, et versèrent bravement leur sang à la barrière de Clichy. Moncey, qui faisait la guerre depuis quarante-six ans, était émerveillé de leur courage : « Mon bâton de maréchal leur tourne la tête, disait-il; ils se feront tous tuer. » Ils avaient en effet choisi une position découverte des plus périlleuses. L'un d'eux, atteint d'une balle en pleine poitrine, sortait des rangs : « Où vas-tu? » lui demanda son lieutenant. « Je ne veux pas que mes camarades me voient mourir, » répondit-il, et à peine a-t-il parlé qu'il expire.

Tel fut ce régiment jusqu'au 15 juin 1814, époque où les pupilles furent rendus à leur patrie respective. Les nations, les religions, les idiomes, tout s'y trouvait confondu. Corps étrange, qui, par ses éléments hétérogènes, ne ressemblait à aucun autre, et dans lequel l'harmonie régnait difficilement. Les Hollandais, en qualité d'anciens, prétendaient dominer; les Italiens leur opposaient une indocilité mutine et les Allemands leur flegme imperturbable; les Français, ne comprenant rien au langage des uns et des autres, s'en vengeaient à leur manière, à force de malices et de railleries. C'était un chaos, une Babel inextricable, un heureux mélange pourtant de l'espièglerie de l'écolier et de l'aplomb du soldat. Régiment en miniature, fantassins nés à peine, héros imberbes dont la giberne cachait parfois des toupies, des osselets et des billes, mais devant l'ennemi ne renfermait que des cartouches. Les jours de bataille, toutes les rivalités s'évanouissaient : Français, Italiens, Allemands, Belges, Hollandais, n'avaient plus qu'une patrie; les pupilles cessaient d'être des enfants, ou s'ils l'étaient encore, c'étaient des enfants sublimes.

[1] Les 1er et 7e, qui formèrent le 7e régiment de tirailleurs.

GRENADIER À CHEVAL
(PORTE-ÉTENDARD).

GRENADIER A CHEVAL

Au combat de Leuze, en 1691, des espèces de géants, montés sur des chevaux de haute taille, fondirent avec impétuosité sur les escadrons de Guillaume d'Orange et, aussitôt qu'ils parurent, répandirent partout la terreur et la mort. Ils se conduisirent si bien dans cette journée, et Louis XIV fut si satisfait des cinq étendards qu'ils prirent à l'ennemi, que, se souvenant qu'ils n'en avaient pas encore, il leur en donna un tout brodé d'or portant pour devise : *Undique terror, undique lethum.* Ces cavaliers, qu'à la vigueur de leurs coups on reconnut plus tard sur les champs de bataille de Nerwinde, de Ramillies et de Fontenoy, étaient des grenadiers à cheval. Ils existaient depuis une vingtaine d'années et composaient une compagnie de la maison militaire. Le grand roi tenait en haute estime cette compagnie, qu'il avait créée et dont il s'était fait le capitaine; aussi écrivait-il à son ministre Louvois : « Je ne veux pas un seul grenadier qui ne soit grand, fort, brave et portant moustache. »

A la moustache près, les grenadiers à cheval de la Garde impériale offraient beaucoup de ressemblance avec ceux de la vieille monarchie. Pour la stature, c'étaient les plus beaux hommes de la cavalerie française; pour la force, on les avait vus à la journée de Castiglione manœuvrer en se jouant les plus grosses pièces de canon; pour la bravoure, leur passé répondait d'eux et défiait les plus intrépides. La plupart sortaient des rangs de l'ancienne garde du Directoire et de celle du Corps législatif, mais surtout des guides si fameux de l'armée d'Italie. Ils venaient d'être organisés en deux escadrons, peu de jours après le 18 brumaire, lorsque le Premier Consul les passa en revue au Carrousel; il remarqua avec orgueil, sous ces lourds bonnets à poils, plus d'un visage qu'il avait déjà vu à Rivoli; ses yeux rencontrèrent plus d'un regard qui s'était enflammé à sa voix au pont d'Arcole.

Le parti qu'il y avait à tirer de tels hommes ne pouvait échapper au général Bonaparte. Sa pensée le reportait, comme malgré lui, dans ces contrées qu'il avait déjà remplies de son nom; il rêvait une victoire en Italie plus éclatante que toutes celles qu'il avait remportées, et, comme s'il eût prévu qu'il la devrait en grande partie à la cavalerie de la garde consulaire, il mit ses grenadiers à cheval de moitié dans ses espérances. Ils l'accompagnèrent au mois de mai 1800 jusqu'au cœur de la Lombardie et ne s'arrêtèrent qu'à Marengo. C'est là qu'ils vinrent cueillir la première de ces palmes glorieuses que leur promettaient quinze années de combats; c'est là qu'ils virent tomber Desaix, que ces mêmes Autrichiens qu'il combattait pour la dixième fois appelaient le nouveau Bayard, que les Arabes avaient surnommé le Sultan juste, et que sa patrie proclamait un héros. Desaix jugeait la bataille perdue; mais il savait aussi qu'une heure suffisait au général en chef pour en gagner une autre, et c'était dans une heure seulement qu'il devait mourir. Les grenadiers à cheval le vengèrent, du moins. Pendant que toute la cavalerie de Kellermann se déployait sur la gauche de l'ennemi, ils se ruèrent sur la droite, tête baissée; ils pénétrèrent ainsi au milieu de l'infanterie autrichienne, la dispersèrent et firent prisonniers 6,000 grenadiers hongrois avec leur général. Aussi, le soir de la bataille, le vainqueur, s'étant retiré dans une des cabanes construites au milieu des vignes pour les garder, se promenait dans cet espace étroit et semblait absorbé dans une rêverie profonde, lorsque Bessières entra : « La garde que vous commandez, dit Bonaparte, s'est couverte de gloire; elle ne pouvait donner mieux à propos. » Et comme s'il eût été frappé plus que jamais de l'importance qu'avait eue la charge décisive de la cavalerie française, on l'entendit réciter ces vers de la *Mort de César* :

> « J'ai servi, commandé, vaincu quarante années ;
> Du monde, entre mes mains, j'ai vu les destinées,
> Et j'ai toujours connu qu'en tout événement
> Le destin des États dépendait d'un moment. »

Après une si belle victoire, les grenadiers à cheval de la Garde consulaire avaient le droit de reprendre le chemin de la patrie pour occuper, quatre ans plus tard, leur place dans la Garde impériale. Déjà, le 8 mars 1802, leurs deux escadrons s'étaient convertis en un régiment. Au mois de septembre 1805, quatre compagnies de jeunes vélites vinrent s'y ajouter. C'était un insigne honneur que de se former au noble métier des armes sous les yeux de pareils maîtres et d'être admis dans un régiment qui devait encore ajouter à l'éclat de sa renommée.

Une nouvelle campagne est ouverte : « La guerre de la troisième coalition est commencée, dit Napoléon à ses soldats, votre Empereur est au milieu de vous. » Les grenadiers à cheval passent le Rhin le 1er octobre 1805 pour aller, dans la Moravie, au-devant des aigles unies de Hapsbourg et de Romanoff; dix jours après, Augsbourg leur ouvre ses portes, et le 28, Napoléon contemple avec eux, sur les hauteurs d'Ulm capitulée, les débris de l'armée autrichienne.

De si éclatants résultats ne sont cependant que le prélude de succès plus grands encore. Le soleil d'Austerlitz luit à l'horizon. Les grenadiers à cheval veulent renouveler les prodiges de Marengo. Au plus fort de l'action, un bataillon du 4ᵉ régiment de ligne est chargé et culbuté par la cavalerie de la garde impériale russe. Voilà bien les ennemis qu'ils convoitent, voilà ceux avec lesquels ils brûlent d'en venir aux mains. Ils s'élancent, et en un instant leurs adversaires sont écrasés. Ce n'est pas assez pour eux de secourir la vaillante infanterie française; leurs camarades de la Garde, les chasseurs et les mameluks sont aux prises avec les chevaliers-gardes du czar, commandés par le prince Repnin. Déjà triomphe cette élite de la cavalerie moscovite; en vain le cimeterre des mameluks sème la mort dans ses rangs, en vain les chasseurs combattent héroïquement : leur colonel Morland succombe, et l'intrépide Rapp, qui les guide, est pour la première fois obligé de faire un pas en arrière. C'est le moment que les grenadiers à cheval choisissent pour fondre sur l'ennemi victorieux; ils le rompent, le mettent en fuite, s'emparent du prince Repnin, de ses officiers et de vingt-sept pièces de canon. Ceux qui se distinguèrent dans ces charges brillantes ont mérité que leurs noms soient à jamais gravés sur des tables d'airain; mais comment citer les uns sans être injuste envers les autres! Tous les grenadiers furent braves comme leur colonel Ordener, le type de la bravoure, si bouillant en 1805 qu'on l'aurait cru encore en 1773, quand il entrait dans les dragons de Boufflers. « Il faut toute ma puissance, disait l'Empereur, pour récompenser dignement tant de braves gens. »

Du reste, Napoléon n'était pas ingrat envers ses grenadiers. Pour s'en convaincre, il suffisait de voir défiler le régiment un jour de revue ou de bataille; sur la poitrine de presque tous ces redoutables cavaliers brillait l'étoile de l'honneur; beaucoup pouvaient dire avec orgueil que c'était l'Empereur lui-même qui l'y avait attachée. Cette croix avait alors d'autant plus de prix aux yeux de ceux qui la portaient que, le plus souvent, le grand capitaine l'avait prise à sa boutonnière pour les en décorer. Une si haute faveur ne s'accordait que dans des occasions solennelles, pour des services exceptionnels, des actions d'éclat, de nombreuses blessures; il est vrai que ces exemples n'étaient pas rares dans le régiment, puisque plus de soixante grenadiers ne comptaient pas moins de trente cicatrices, souvenirs ineffaçables de Lodi, de Rivoli et d'Aboukir.

Dans la campagne de 1806, les grenadiers à cheval laissèrent à la cavalerie de ligne l'honneur de graver la victoire d'Iéna sur ses drapeaux. Mais l'année suivante, à Eylau, le 8 février, chargés de contenir les masses de l'infanterie russe, ils tombèrent sur elles et en firent un épouvantable carnage. Puis, se précipitant, sans reprendre haleine, sur une batterie ennemie qui semait la mort dans nos rangs, ils sabrèrent les canonniers et s'emparèrent de leurs pièces. Une neige épaisse obscurcissait le jour. Dans leur impétuosité, les grenadiers à cheval avaient traversé le champ de bataille au milieu de la fusillade et de la mitraille, et toute voie leur était fermée pour le retour. C'est alors que le major Lepic, qui les commandait, sommé de se rendre, répondit en montrant ses soldats à l'officier ennemi : « Regarde ces figures, et dis-moi si ce sont là les visages de gens qui mettent bas les armes. » Puis s'adressant à ses escadrons : « Nous avons trois lignes d'infanterie à renverser, leur dit-il; beaucoup d'entre nous y resteront, mais dût-il n'en survivre qu'un seul, l'honneur du corps et celui de notre étendard seront sauvés. » — « En avant! en avant! » s'écrient les grenadiers. Aussitôt le major fait former sa troupe en colonne serrée par pelotons; il ordonne la charge, fond sur les trois lignes russes, les culbute l'une après l'autre, dégage en passant le corps d'armée d'Augereau, et reparaît triomphant devant l'Empereur, qui depuis plusieurs heures ignorait le sort des redoutables cavaliers de sa Garde. Comme l'avait dit Lepic, l'honneur et l'étendard du régiment furent sauvés, mais une foule de grenadiers tombèrent pour ne plus se relever; presque tous les officiers furent tués ou blessés. Un de leurs capitaines, Hippolyte Auzoui, percé de trois coups de lance, gisait à terre dans des flots de sang; ses camarades veulent l'enlever et le porter à l'ambulance : « Laissez-moi expirer à cette place, leur dit-il; où trouverai-je un plus beau lit que le champ de bataille? »

Touché de la valeur et du dévouement de ses grenadiers, Napoléon imagina pour eux des récompenses nouvelles; jusque-là, il s'était borné à décorer les blessés, il leur accorda des apanages. Les grenadiers à cheval figurèrent effectivement en majorité dans la distribution des dotations dispensées à cette époque à la Grande Armée. L'Empereur savait que le bien-être qu'il aimait à donner à ses soldats n'aurait pas le pouvoir d'énerver leur courage; il les jugeait bien quand il disait à Bessières : « Ils sont à l'épreuve de l'or et du fer. »

Après le traité de Tilsitt, les grenadiers à cheval rentrèrent en France avec Napoléon, car eux et lui étaient inséparables. Aussi se proposait-il de rejoindre ses escadrons lorsqu'il les envoya en Espagne, avec Lepic, pour combattre sous Murat et Bessières à Madrid, à Medina del Rio-Seco, à Benavente, à Léon, à Mayorga. Napoléon les retrouva en effet dans la Péninsule; mais ils ne pouvaient rester longtemps sous le ciel de la Nouvelle-Castille, alors que l'archiduc Charles rassemblait ses nombreux bataillons, qui avaient déjà envahi la Bavière.

Les grenadiers étaient impatients de revoir ces contrées où ils étaient habitués à vaincre. Le général Walther, leur colonel, vieux soldat de la République, eut la gloire de les y conduire. Après avoir vu les Autrichiens fuir à

Abensberg, après être rentrés dans Vienne, ils assistèrent pendant trois jours à la bataille d'Essling, où Napoléon, exaltant ses intrépides guerriers, déploya la valeur la plus téméraire. Deux cents pièces d'artillerie ennemie vomissaient la mort, et labouraient à chaque instant de leurs boulets le tertre d'où il suivait les péripéties de la bataille. « Retirez-vous, sire, s'écria Walther, ou je vous fais enlever par mes grenadiers! »

Cependant le débordement du Danube arrêta l'élan de l'armée pendant un mois, mais avec quelle impétuosité les grenadiers à cheval annoncèrent leur réveil, avec quelle furie ils firent expier aux ennemis de leur avoir fait attendre la victoire de Wagram et surtout de les avoir fait trembler pour les jours de leur chef adoré! Au milieu de la charge qu'ils exécutèrent, Bessières tomba : un boulet venait de tuer son cheval. A l'instant, tous ces vieux soldats pâlirent, et, comme s'ils n'eussent eu qu'une seule et même âme avec leur général, une sueur froide glaça leur visage. Heureusement, Bessières n'était que blessé; et après la bataille, Napoléon put dire dans l'enivrement du triomphe au colonel général de la cavalerie de sa Garde : « Voilà un beau boulet, il a fait pleurer mes invincibles. »

On le voit, c'est lorsqu'il fallait porter les plus terribles coups et décider une action au prix de suprêmes efforts, que Napoléon avait recours à ses grenadiers à cheval. Les escarmouches vulgaires, les combats d'homme à homme, ils les dédaignaient; mais les luttes de géants, les mêlées aventureuses, le choc d'un de leurs escadrons contre dix régiments, ou de leur seul régiment contre une armée entière, voilà ce qui les enflammait. L'Empereur savait tout ce qu'ils pouvaient faire; dans les occasions difficiles, il se contentait d'appeler leurs camarades de la cavalerie de ligne ou de celle de la Garde; mais quand le succès paraissait impossible, il interrogeait du regard ses grenadiers : cela suffisait. Tout à coup le sol s'ébranlait sous les pas des chevaux, les lions déchaînés se ruaient sans hésiter sur les masses ennemies, au milieu desquelles ils creusaient de larges sillons; la charge qu'ils exécutaient ressemblait plus à une avalanche de fer et de feu qu'à une charge de cavalerie.

Faut-il s'étonner, lorsqu'un régiment avait porté si haut sa renommée, que Napoléon se montrât d'une sévérité inflexible dans le choix des éléments qui le composaient? L'admission dans ce corps d'élite était à ses yeux une récompense parmi les récompenses; il fallait compter des prodiges de valeur pour s'en rendre digne.

Dans les années 1810 et 1811 [1], les grenadiers à cheval détachèrent quelques-unes de leurs compagnies pour suivre Bessières sur les rives du Minho; mais le moment n'était pas éloigné où tout le régiment allait se réunir pour

---

[1] Les vélites cessèrent d'être admis dans les troupes à cheval de la Garde le 1er août 1811.

prendre part à la campagne de Russie. Ils arrivèrent au mois de juin 1812 à Kowno, par un soleil si ardent que les rigueurs de l'hiver leur apparurent en rêve comme des promesses de bonheur. Ils s'émurent à Wilna de l'allégresse de tout un peuple; ils bivouaquèrent devant Smolensk en ruine; ils maudirent leur inaction à la Moskowa comme les grenadiers à pied avaient maudit la leur à Austerlitz : ils s'en vengèrent en poursuivant les vaincus à Mojaïsk; enfin ils s'arrêtèrent triomphants dans l'antique capitale des czars et ils virent le Kremlin en flammes.

Pendant que l'incendie dévorait la ville, Napoléon répandit ses grenadiers à cheval dans tous les quartiers pour porter des secours et prévenir le désordre. Il savait combien ils étaient humains, combien ils compatissaient aux malheurs dont le triste tableau se déroulait sous leurs yeux; leur réputation de probité et de désintéressement était d'ailleurs bien faite pour commander la confiance dans un pareil moment. Des richesses immenses furent placées sous l'égide de leur honneur. Un de ceux qui leur durent le salut de leur fortune offrit un plateau chargé de vaisselle d'or au lieutenant de grenadiers à cheval Bouvier-Destouches, en reconnaissance des services qu'il lui avait rendus. Le lieutenant prit le trésor qu'on exposait à sa vue, et le jetant dans la Moskowa : « Remarquez l'endroit où il est tombé, dit-il; vous le retrouverez quand l'ordre sera rétabli. » Le croira-t-on et la fatalité n'a-t-elle pas dirigé jusqu'aux moindres incidents de cette désastreuse expédition? Ce digne officier, dont les mains n'avaient pas voulu se souiller d'un bien qui lui semblait mal acquis, les perdait toutes les deux, peu de temps après, sous l'influence d'une température meurtrière. Il ne se plaignait pas cependant, car les grenadiers étaient ainsi faits, qu'ils étaient plus touchés des souffrances d'autrui que de leurs propres douleurs. N'est-ce pas eux encore qui distribuaient des vivres aux habitants qui mouraient de faim? Plusieurs de ces malheureux s'étaient réfugiés dans le palais qu'habitait Bessières au moment où les officiers de grenadiers allaient se mettre à table avec leur illustre chef. A la vue de tant de misère : « Allons chercher un dîner ailleurs, » dirent-ils tous ensemble; et ils firent asseoir à leur place la foule affamée.

Voilà, quand ils ne se battaient pas, comment se distinguaient les grenadiers à cheval de la vieille Garde! La fin de la campagne les trouva toujours dignes d'eux-mêmes, toujours résignés dans l'infortune et dévoués à leur Empereur, qu'ils protégèrent contre les Cosaques de Platow aux lieux mêmes où, la veille, le prince Eugène avait gagné la bataille de Malojaroslawez.

De retour en France, Napoléon renforça son régiment de grenadiers à cheval; un escadron de seconds grenadiers, qui prit bientôt le titre de *2ᵉ régiment de grenadiers de la jeune Garde*, fut formé au mois de janvier 1813. Les uns et les autres, après avoir été passés en revue à Erfurt le 27 avril, firent la campagne qui s'ouvrit par le combat de Weissenfels; mais, trois jours plus tard, ils pleurèrent le digne chef qu'ils aimaient tant. Celui que Napoléon appelait brave et juste, comme un autre Desaix, Bessières, que la mort avait si souvent respecté, reçut un boulet en pleine poitrine au défilé de Poserna. Ce vétéran de l'armée d'Italie, qui, depuis qu'il commandait la cavalerie de la Garde, était resté coiffé et poudré, comme au temps de la République, tombait le premier parmi tous les généraux que cette rude campagne devait moissonner. Triste pressentiment que la victoire du lendemain, à Lutzen, eut peine à dissiper !

Mais si l'orage commençait à gronder sur la tête des grenadiers comme sur la France, il en jaillissait du moins de nouveaux éclairs de gloire. A Dresde, ils firent un rempart de leurs inébranlables escadrons pour défendre la place; à Leipzig même, après la défection des Saxons, ils s'unirent aux grenadiers à pied pour reprendre Reudnitz, comme à Hanau ils s'associèrent les dragons de la Garde et les gardes d'honneur pour repousser les bataillons du Bavarois de Wrède et les uhlans de Schwarzenberg. C'est là que trouva la mort le lieutenant Guindé, le même qui, hussard en 1806, avait tué le prince de Prusse à Saalfeld, et qui avait survécu à ses blessures de Pultusk, de Saragosse et de Wagram. Car ces batailles de tous les instants faisaient de nombreuses victimes dans les rangs de ces braves.

Ce n'était rien encore; l'étranger foulait le sol de la France. Pour les grenadiers à cheval [1], pouvait-il être une cause plus sainte? A la Rothière, il leur fallut tenir en échec les forces quadruples de Schwarzenberg; à Champ-Aubert, enfoncer les carrés d'Alsusiew; à Montmirail, se jeter des hauteurs de Montcoupeau sur l'infanterie russe, dont ils anéantirent deux brigades; à Château-Thierry, imposer silence aux batteries du prince Guillaume; à Vauchamps, repousser Blücher; à Reims, se mesurer avec le corps d'armée russe de Saint-Priest; à Craone, redoubler de courage et d'audace à la voix de leur major, le général Laferrière-Lévêque [2], pour soutenir, sous une grêle de balles et de boulets, les bataillons de la jeune Garde luttant contre Wintzingerode. Les grenadiers étaient encore à Méry, Troyes, Arcis-sur-Aube; leur course à travers l'Europe ne les avait pas lassés; leur sang versé dans cent combats ne les avait pas épuisés, et le 30 mars ils trouvaient de nouvelles forces pour combattre sous les murs de la grande cité.

Tel fut, jusqu'en 1814, le grenadier à cheval, aussi ancien dans la garde que le grenadier à pied.

Les malheurs de la patrie, en désarmant les grenadiers à cheval, ne purent

---

[1] Un régiment d'éclaireurs fut réuni à celui des grenadiers le 9 décembre 1813, comme dans les principaux corps de cavalerie de la Garde.

[2] Blessé à Leipzig et à Hanau, il eut une jambe emportée dans cette affaire.

les dépouiller de leur gloire, mais ils les privèrent du titre qu'ils étaient si fiers de porter depuis le Directoire [1]. A la vérité, sous les *cuirassiers royaux de France*, l'armée reconnaissait les vieux soldats de Marengo, d'Austerlitz et de Wagram, auxquels l'Empereur rendit bientôt leur ancienne et brillante dénomination. Fidèles à leur capitaine, ils voulurent mourir pour lui, lorsqu'ils virent les destinées de la France sombrer dans le grand naufrage de Waterloo. La plupart furent tués ou blessés dans cette journée funèbre. On leur a reproché de s'être engagés trop tôt dans cette bataille. « C'est ainsi qu'on perd les empires ! » s'écria Napoléon, quoiqu'ils eussent enfoncé les carrés ennemis et pris six drapeaux.

L'Empereur avait raison; mais quand l'existence d'une nation est en péril, quand elle a besoin pour être sauvée de tous les bras et de tous les cœurs, s'il n'est pas sage, il est beau du moins, il est grand d'opposer le dévouement aveugle à l'ingratitude, et l'impatience guerrière aux lâches abandons. Cette impatience, cette fièvre des combats, constituaient le caractère particulier des grenadiers à cheval de la vieille Garde, race qui ne saurait être comparée à aucune autre, et dont Virgile aurait dit : *Genus insuperabile bello*.

[1] Licencié le 23 juillet 1814, le régiment de grenadiers fut rétabli le 8 avril 1815, et supprimé définitivement le 25 novembre suivant.

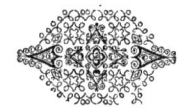

DRAGON DE L'IMPÉRATRICE.

DRAGON DE L'IMPÉRATRICE

Il faut croire que de tout temps ce fut un nom bien terrible que celui de dragon. Les poëtes de l'antiquité le donnaient à un monstre fabuleux qui vomissait des jets de flamme, et auquel leur imagination prêtait les griffes du lion, les ailes de l'aigle et la queue du serpent. La Grèce des premiers âges fit du dragon le gardien du jardin des Hespérides, le moyen âge le mit dans ses légendes, la chevalerie le prit pour le symbôle du courage; en un mot, vérité ou mensonge, le dragon se retrouve partout. La tradition l'a fait passer du domaine de la mythologie jusque dans les croyances religieuses.

Qui ne s'est plu à arrêter ses regards sur le sublime tableau de Raphaël représentant l'archange saint Michel écrasant sous ses pieds le dragon infernal? Qui n'a lu dans Schiller la ballade de saint Georges terrassant, comme Hercule, un dragon monstrueux? Qui ne connaît l'histoire du chevalier de Malte Gozon sortant victorieux d'un semblable combat? Tant il est vrai que la poésie s'est emparée du dragon pour le doter de tous les attributs de l'audace, de la force et de la valeur.

Pour avoir dépouillé les fictions de la Fable, les dragons de l'armée française n'en furent pas moins à toutes les époques des cavaliers très-redoutables; et c'est à cause de la terreur qu'ils inspirèrent dès leur origine que le maréchal de Brissac donna le premier ce nom à des arquebusiers à cheval, après les avoir vus, au milieu du seizième siècle, sous le duc de Guise, repousser les Anglais et les Impériaux aux siéges de Calais et de Thionville.

Les dragons de l'Empire ne le cédaient en rien à ceux de l'ancienne monarchie. Napoléon les aimait; il en comptait trente régiments dans la cavalerie de ligne [1], il était naturel qu'il en eût un dans sa Garde. Aussi, le 15 avril 1806, étant à Saint-Cloud, créa-t-il un régiment de dragons de trois escadrons, dont un de vélites. Il le composa de l'élite des régiments de dragons, c'est-à-dire de cavaliers qui n'avaient pas moins de douze ans de service; il leur donna pour lieutenants et capitaines des officiers de grenadiers et de chasseurs à

---

[1] Il est vrai qu'à partir de 1811, les 1er, 3e, 8e, 9e et 29e, ayant été convertis en régiments de chevau-légers, ne figurent sur l'état militaire que pour mémoire.

cheval de la Garde, et pour colonel un des membres de sa famille, vieux soldat des Pyramides, l'intrépide Arrighi. Lorsqu'ils furent au gré de ses vœux, il les passa en revue et les présenta à l'impératrice Joséphine, qui les prit sous son auguste patronage. A compter de ce jour, ils devinrent les *dragons de l'Impératrice,* dénomination que la voix du peuple consacra, et qu'ils s'appliquèrent à justifier par la sévérité de leur tenue, par leur tournure noble et élégante, mais surtout par leur attachement à leur gracieuse protectrice.

On était au mois d'octobre, une autre souveraine appelait les dragons à la Grande Armée. Des cris de guerre s'étaient fait entendre à Berlin. « On nous donne un rendez-vous d'honneur pour le 8, dit Napoléon au vice-connétable Berthier; jamais un Français n'y a manqué; mais comme il y a une belle reine qui veut être témoin des combats, soyons courtois et marchons vers la Saxe. » L'Empereur faisait allusion à la royale épouse de Frédéric-Guillaume, qui était à l'armée, vêtue d'une amazone lamée d'argent aux couleurs de l'uniforme du régiment de dragons de son nom. Un casque en acier poli, ombragé d'un panache magnifique, une cuirasse étincelante d'or et de pierreries complétaient sa parure. Elle était entourée de toute la jeunesse prussienne, elle écrivait « vingt lettres par jour pour exciter de toutes parts l'incendie. Il semble, ajoutait le premier bulletin de la Grande Armée, voir Armide, dans son égarement, mettant le feu à son propre palais. »

Aussi bien les dragons de la Garde brûlaient d'en venir aux mains avec ceux de la reine Wilhelmine, avec cette cavalerie prussienne qui passait pour invincible. En quittant l'impératrice Joséphine à Mayence, où elle avait accompagné l'Empereur, ils lui promirent la victoire; mais dans ces temps glorieux, la victoire avait des ailes et elle les devança le 14 octobre dans les champs d'Iéna.

Napoléon laissa ses lieutenants achever la conquête de la Prusse, et il conduisit ses dragons à Berlin, à Posen, à Varsovie. L'Oder, la Wartha, les déserts de la Pologne, n'avaient pu les arrêter; l'aigle impériale planait sur la Vistule, et, à l'aspect de nos escadrons, les fils de Sobieski croyaient revoir leurs légions triomphantes.

Cependant les Russes étaient accourus au secours des vaincus. Battus à Czarnowo, à Lopakzin, ils le furent encore à Golymin, à Pultusk, à la fin de décembre; ils rencontrèrent les dragons le 8 février de l'année suivante à Eylau. Ceux-ci combattirent pour la première fois sous les yeux de l'Empereur, et ils ne trompèrent pas son attente. C'est pourquoi il écrivit à Joséphine avec un sentiment d'orgueil mêlé de tristesse : « La victoire m'est restée, mais j'ai perdu bien du monde. La perte de l'ennemi, plus considérable encore, ne me console pas. » Il pleurait ses dragons, dont un grand nombre jonchaient le champ de bataille, car ils conquirent dignement leur place dans la Garde pendant toute cette campagne de 1807, où ils combattirent tantôt à pied, tantôt à cheval.

C'était un vieil usage de l'arme des dragons. Sous Louis XIV ils avaient longtemps pris rang parmi les fantassins, et Turenne lui-même s'était applaudi, dans le Palatinat, de les avoir employés à la fois comme troupe d'infanterie et de cavalerie. Au moment de l'action ils mettaient pied à terre, tenaient leurs chevaux à distance, et profitant de tous les avantages qu'offrait le terrain, ils attaquaient l'ennemi en tirailleurs, puis ils se ralliaient et sautaient en selle pour fondre sur lui en colonne serrée. Ainsi firent les dragons de la Garde dans chacun des engagements qui préludèrent à la journée de Friedland.

Le 1er décembre 1807, Napoléon augmenta son régiment de dragons de deux escadrons [1], car il pensait déjà à en envoyer une partie en Espagne, sous Murat et Bessières. En effet, les dragons franchirent les Pyrénées au commencement de l'année 1808; ils contribuèrent à étouffer la révolte du 2 mai à Madrid; ils forcèrent Burgos, Logrono, Palencia, Valladolid, Santander; ils accablèrent l'armée de Galice le 14 juillet, à Medina del Rio-Seco. « Voilà, s'écria Napoléon à la nouvelle de cette victoire, voilà une seconde bataille de Villa-Viciosa! Bessières a mis Joseph sur le trône d'Espagne. »

Les dragons ne s'arrêtèrent pas là cependant : ils poussèrent l'ennemi sur Benavente, Mayorga et Léon. Bientôt l'Empereur vint les rejoindre avec le reste du régiment. Sous les ordres d'un tel capitaine, ils voulurent se surpasser. Chasser de la Vieille-Castille l'armée d'Estramadure, camper dans l'Escurial, passer sur le ventre des Espagnols à Somo-Sierra pour reparaître en vainqueurs dans leur capitale, telle fut l'œuvre glorieuse qu'ils accomplirent en quelques jours. Laissant à peine quelques instants de repos à l'ennemi, ils l'acculèrent à la Corogne, où il trouva sa perte.

La guerre de la cinquième coalition était commencée, et l'archiduc Charles couvrait les rives du Danube avec soixante-quinze mille hommes. Les batailles d'Abensberg, d'Eckmühl, les combats de Landshut et de Ratisbonne conduisirent les dragons de la Garde sous les murs de Vienne, le 11 mai 1809. Déjà Napoléon avait ordonné d'écraser cette place sous une pluie d'obus et de mitraille, lorsqu'il apprit que l'archiduchesse Marie-Louise, fille de l'empereur François II, était retenue par une maladie au palais impérial et exposée au feu de l'artillerie française. Comme s'il eût prévu le lien qui devait l'unir à cette princesse, il fit aussitôt changer la direction des batteries. Hélas! les dragons de la Garde ne se doutaient pas alors que l'antique capitale de Marie-Thérèse abritait celle qui devait remplacer, sinon dans leur cœur, du moins sur le premier trône du monde, leur Impératrice bien-aimée!

[1] L'effectif du régiment fut alors de mille deux cent soixante-neuf hommes.

A quelques jours de là les dragons de la Garde se couvraient de gloire à Essling, et surtout le 6 juillet à Wagram, en chargeant les redoutables colonnes de l'archiduc Charles. La paix les ramena en France au mois de novembre, et, presque aussitôt, deux de leurs escadrons coururent dans la Péninsule ibérique. Ceux-là, du moins, n'eurent pas la douleur d'escorter Joséphine lorsqu'elle se retira le 16 décembre à la Malmaison, emportant dans sa retraite l'amour de tout un peuple et peut-être la fortune de la France.

Ce fut avec joie que, sous la conduite du général Saint-Sulpice, leur colonel, les dragons de la Garde revinrent en Allemagne, au mois de mars 1812, pour se porter ensuite sur les bords du Niémen. Wilna, Witepsk, reçurent leurs escadrons, qui se grossirent dans cette dernière ville des détachements arrivés d'Espagne. Ils marchèrent sur Smolensk et Moscou, ils ne trouvèrent partout que dévastation, ruines et incendie.

Le 25 septembre, un de leurs détachements ayant été envoyé en reconnaissance à quelques lieues de cette dernière ville, se trouva tout à coup enveloppé par quatre mille Cosaques et cuirassiers russes, près de Bourzowo. Quoique en présence de forces décuples, les dragons de la Garde chargèrent avec furie, et s'ouvrirent résolûment un passage. Cinquante des leurs, il est vrai, restèrent sur la place, et parmi eux les deux officiers qui les commandaient. Ils déployèrent encore la plus admirable bravoure, le 25 octobre, à Malojaroslawez. Entraînés par Bessières, Rapp et leur major Letort, ils se jetèrent sur les escadrons de Platow, qui avaient pénétré jusqu'au quartier général de Napoléon et enlevé six bouches à feu; ils les culbutèrent et leur reprirent les pièces de canon. Leur courage ne fut pas moins grand à Dorogobuj, à Orcha, à Borisow, partout où il fallut donner leur sang pour l'Empereur, partout où il fallut mourir pour sauver les débris de l'armée.

Napoléon avait vu ses dragons à l'œuvre avec un juste sentiment d'orgueil. Les croix, les dotations, l'honneur d'être de la vieille Garde, il leur avait tout donné; mais son cœur saignait quand il pensait aux vides que la désastreuse expédition de Russie avait faits dans son beau régiment : l'un de ses premiers soins fut de les combler. Le 23 janvier 1813, il ordonna la formation d'un 6ᵉ escadron de trois cents hommes, qui prirent le nom de *seconds dragons de jeune Garde*. Comme les seconds grenadiers et les seconds chasseurs à cheval [1], ces jeunes cavaliers n'eurent plus qu'une pensée, ce fut de mériter de passer dans les rangs de leurs aînés. Ils n'attendirent pas longtemps l'occasion de marcher sur leurs traces; une nouvelle campagne allait s'ouvrir.

Parti de Saint-Cloud le 15 avril, Napoléon passait, peu de jours après, la revue des dragons de sa Garde à Mayence. Le 2 mai, il restait maître du champ

---

[1] Le signe distinctif de tous ces seconds cavaliers consistait dans le défaut d'aiguillettes.

de bataille de Lutzen, et donnait une sœur à la victoire de Gustave-Adolphe. Les dragons étaient là sous Ornano, leur colonel, comme ils étaient à Bautzen, à Wurschen. L'armistice de Pleswig put seul les arrêter.

Jusqu'à la reprise des hostilités, les dragons restèrent à Dresde ; c'est là qu'ils attendirent les armées coalisées d'Autriche, de Prusse et de Russie ; c'est de là aussi qu'ils les repoussèrent aux journées des 26 et 27 août. Ils combattirent encore, jusqu'au 16 septembre, à Geyersberg, à Nollendorf, à Peterswalde, où ils s'unirent aux chevau-légers de Poniatowski, pour accabler la cavalerie prussienne. Le 17, ils se ruèrent sur les batteries ennemies, dans la plaine de Kulm, et à Wachau, le 16 octobre, ils enfoncèrent de nouveau les dragons de François II et d'Alexandre. Les cavaliers de la Garde russe et les redoutables cuirassiers autrichiens s'étaient précipités sur le village de Dœlitz, d'où ils avaient chassé les Français. A cette vue, Murat et les cuirassiers de Latour-Maubourg, les lanciers et les dragons de la Garde, commandés par le général Letort, exécutèrent une charge tellement impétueuse, que deux régiments ennemis restèrent sur le champ de bataille.

Le surlendemain, à Leipzig, les dragons déployèrent leur valeur accoutumée. Jusqu'au dernier jour de lutte, jusqu'à la dernière heure de combat, jusqu'au 30 octobre, à Hanau, ils étonnèrent les plus braves. Il est vrai que Letort était à leur tête. Quoique blessé, il n'avait pas voulu perdre une si belle occasion de conduire ses cavaliers à la victoire. Dix mille hommes enveloppaient les batteries françaises ; ils ne tardèrent pas à plier sous les coups des dragons. En vain les escadrons autrichiens et bavarois tentèrent de se rallier derrière les Cosaques de Czernichew : cette troupe, rompue elle-même, ne put reprendre l'avantage. Mais une si glorieuse journée était chèrement achetée. Il n'était pas un seul dragon qui ne fût couvert de blessures ; Letort avait eu son cheval tué sous lui, de même que le chef d'escadron Testot-Ferry, qui avait reçu, à lui seul, vingt-deux coups de sabre. C'est que jamais ces héroïques soldats n'avaient fait preuve d'une telle intrépidité. Dignes fils de ces cavaliers gaulois qui juraient de ne revoir leurs femmes et leurs enfants qu'après avoir traversé au moins deux fois les lignes de l'armée de César, ils parcoururent en tous sens le champ de bataille, jusqu'à ce que de si nobles efforts leur eussent assuré la victoire.

Comme les grenadiers à cheval et les lanciers polonais, les dragons de la Garde virent marcher à leur suite, dès le 9 décembre 1813, un régiment d'éclaireurs de quatre escadrons. Le temps des conquêtes était passé ; c'était pour la défense du territoire et pour l'honneur du drapeau qu'il fallait combattre. Aussi, éclaireurs et dragons firent-ils des prodiges.

Qu'ils furent impétueux à Lonjeau dès le 13 janvier, à Bar-sur-Aube, à Brienne, à la Rothière, à Troyes, à Champ-Aubert, où cent dragons firent mettre bas les armes à quinze cents Russes ! Comme ils écrasèrent les Prussiens, le 11 février, à Montmirail! comme ils les accablèrent pour la dixième fois le jour suivant, à Château-Thierry ! Au débouché de cette place, ils se trouvèrent tout à coup en face de huit bataillons russes formés en carrés ; ils se jetèrent sur eux, les défirent et leur prirent douze pièces de canon. C'était encore Letort qui les commandait [1]. Napoléon l'appela après la bataille, et l'embrassa devant ses escadrons enivrés de joie et d'orgueil. C'est ainsi qu'au temps de la chevalerie, le roi Henri II récompensait Tavannes, le héros de Renty, et que l'armée, non moins fière du guerrier qui méritait un tel honneur que du souverain qui savait le décerner, les confondait tous les deux dans son admiration et sa reconnaissance.

Vauchamp, Mormant, Montereau, Méry-sur-Seine, Reims, Craone, Laon, Arcis-sur-Aube, Saint-Dizier, ont aussi gardé le souvenir de la valeur des dragons de la Garde; la cité parisienne elle-même les vit, le 30 mars, combattre et mourir pour elle.

La fortune, en trahissant Napoléon, n'épargna pas ses dragons. Peu de jours après leur licenciement [2], comme eux s'éteignait dans la solitude celle qui avait été si longtemps leur ange tutélaire : c'était le 29 mai, la veille du traité de Paris. N'était-ce pas aussi trop demander à sa résignation que de lui imposer la vue de nos malheurs, le spectacle de l'Empereur tombé, de son sceptre brisé, de la France prisonnière! son âme y succomba. Tandis que Napoléon abdiquait pour l'île d'Elbe les splendeurs du trône, l'impératrice Joséphine, abreuvée de grandeurs si vite changées en déceptions amères, allait demander un éternel oubli à la tombe.

L'Empereur, à son retour de l'île d'Elbe, réorganisa ses dragons le 8 avril 1815, et la victoire leur sourit le 16 juin à Fleurus; mais elle devait bientôt leur être infidèle. Trois cents d'entre eux, vingt officiers et le vaillant Letort lui-même, restèrent sur la place. Cette fois ce fut bien le coup de la mort; les dragons ne se relevèrent pas [3].

Chaque année, le 29 mai, l'humble église de Rueil réunit dans son enceinte sacrée quelques vétérans de l'Empire. Ces hommes que l'amour et la reconnaissance ramènent périodiquement au pied du mausolée de l'impératrice Joséphine, et dont le nombre va s'éclaircissant de jour en jour, sont les derniers dragons de la Garde.

[1] Il fut nommé général de division le 13 février, et maintenu major des dragons de la Garde.
[2] Il eut lieu le 12 mai 1814, et le régiment prit la dénomination de *corps royal des dragons de France*.
[3] Le régiment fut licencié le 16 décembre 1815.

CHASSEUR À CHEVAL.

CHASSEUR A CHEVAL

(GUIDE)

N lit dans le *Mémorial de Sainte-Hélène* qu'après le passage du Mincio, au mois de mai 1796, le général Bonaparte, s'étant arrêté presque seul dans un château, se vit sur le point d'être enlevé par un détachement d'Autrichiens, et que dès ce moment des GUIDES furent chargés de garder sa personne.

Ce qui est vrai, c'est que dans l'instant où le général en chef de l'armée d'Italie établissait son quartier général à Valeggio, l'avant-garde de Beaulieu pénétra dans la place, et que si la sentinelle française eût été moins vigilante, une poignée de coureurs autrichiens eût ravi à la République l'Italie à moitié conquise, brisé le traité du Piémont, et fait prisonnier de la cour de Vienne le triomphateur de Milan.

Il ne serait pas juste cependant de rapporter à cet incident la création du corps des guides; tout au plus fit-il sentir la nécessité d'accroître leur nombre, car ils étaient déjà connus et employés aux armées depuis longtemps. Ceux de l'armée d'Italie, comprenant une compagnie à pied et une à cheval, dataient de 1793; ils s'étaient formés à l'école de Dugommier, qui avait dirigé le siége de Toulon; de Dumerbion, qui avait conquis Nice; de Scherer, qui avait vaincu à Loano : trois maîtres que leur successeur devait faire oublier, trois victoires dont l'éclat allait être éclipsé par celle de Montenotte. Les guides s'étaient distingués surtout aux batailles de Mondovi, de Lodi, de Castiglione, de Bassano et de Saint-Georges. Leur capitaine alors était Bessières, qui devait recevoir quelques années plus tard le bâton de maréchal, le titre de colonel général de la cavalerie de la Garde, en attendant le duché que lui réservait le conquérant de l'Italie, comme à ses plus illustres lieutenants, car le temps n'est pas loin où le glaive impérial

« Pour eux en écusson découpera le monde [1]. »

Au pont d'Arcole, les guides suivirent héroïquement le drapeau qu'arbora Bonaparte; à Rivoli, ils chargèrent les Autrichiens d'Alvinzy; à la Favorite,

---
[1] *Napoléon en Égypte*, poëme.

les Piémontais de Provera. Aussi, quatre jours après, le 20 janvier 1797, le vainqueur écrivit-il de Vérone au Directoire : « Je vous envoie onze drapeaux. Le citoyen Bessières, qui les porte, est un officier distingué par sa bravoure et l'honneur qu'il a de commander une compagnie de braves gens qui ont toujours vu fuir devant eux la cavalerie ennemie, et qui, par leur intrépidité, nous ont rendu dans la campagne les services les plus signalés. »

De retour en France, le général en chef rappela ses guides, et, comme s'il eût voulu lier leur destinée à la sienne, il les fit embarquer avec lui pour l'Égypte. Pendant la traversée, il leur assigna un poste pour la manœuvre, et ce ne fut pas, à coup sûr, le spectacle le moins animé du bord que celui de ces marins-cavaliers, rivalisant d'ardeur avec les matelots de l'équipage.

Le 12 juin 1798, les guides furent en vue de Malte, dont les remparts, comme ceux de Jéricho, s'abaissèrent au bruit de leurs fanfares; et c'est un fait à remarquer en passant, que le seul drapeau que les troupes débarquées aient eu la peine d'enlever aux chevaliers fut pris par le futur commandant des chasseurs à cheval, Eugène Beauharnais, que la fortune appelait à devenir prince français, fils adoptif de Napoléon et vice-roi d'Italie.

En Égypte, les guides formèrent aussi un bataillon de fantassins et un de cavaliers. Ceux-ci bravèrent les mameluks à Ramanieh, à Chebreïss et aux Pyramides; ils entrèrent victorieux au Caire, où leur général leur distribua les armes étincelantes dont la cavalerie de Mourad et d'Ibrahim avait jonché les plaines de Gizeh. Ils méritaient bien un tel honneur, car il n'en était pas un parmi eux qui n'eût son fait d'armes, son action d'éclat à raconter. Un seul trait suffit pour les faire connaître : c'était au siége du Caire. Le sous-officier des guides Charroy, envoyé pour porter un ordre au général Verdier, passe avec quatre hommes à travers le feu des Osmanlis, prend en croupe un de ses compagnons démontés, délivre un poste de la 32ᵉ demi-brigade, charge un détachement de mameluks, en tue six, fait les autres prisonniers, et ramène leurs chevaux à son général.

Lorsque le Caire se souleva, les guides combattirent sous les ordres de l'infortuné Sulkowski, aide de camp du général Bonaparte, et reçurent dans leurs bras son corps inanimé. Le Delta pacifié, ils passèrent en Asie et saluèrent le Liban, cette terre des patriarches; de là, ils allèrent planter leurs tentes devant la ville de Ptolémée, où étaient venus jadis triompher tant de héros chrétiens; mais ce bonheur ne leur était pas réservé, et ils firent expier aux vaincus du mont Thabor la résistance de la cité de Djezzar.

Impatients d'un nouvel ennemi, les guides reprirent la route du désert pour attacher un souvenir de gloire aux rivages qui retentissaient encore du désastre d'Aboukir. Après cette étonnante bataille, où, pour la première fois peut-être dans les fastes militaires, l'une des deux armées périt tout entière, ils reparurent au Caire avec le sultan Kebir [1], ce prophète invincible qui n'avait pas craint d'en sortir en annonçant d'avance sa victoire, et à qui Kléber disait : « Vous êtes grand comme le monde » ; ils l'accompagnèrent enfin pour la plupart lorsqu'il fit voile vers la France, où sa pensée ardente lui montrait déjà le sceptre de Charlemagne.

Le général Bonaparte savait trop ce que valaient ces hommes si éprouvés pour ne pas les rapprocher de lui après le 18 brumaire : ce fut pour eux qu'il institua, le 28 novembre 1799, la compagnie de chasseurs à cheval de la Garde consulaire. De là cette qualification de *guides* qui fut souvent donnée par la suite aux chasseurs, et que les rapports, les bulletins et la voix du peuple consacrèrent.

Telle était l'organisation des chasseurs à cheval de la Garde, au moment où soixante mille hommes franchirent le Saint-Bernard pour reconquérir, dans une seule bataille, l'Italie perdue ; mais cette bataille fut celle de Marengo. La valeur des légions républicaines n'avait pas encore décidé de la journée, lorsque l'armée reconnut, à travers un nuage de fumée et de poussière, les chasseurs à cheval escortant le général en chef : c'était le présage de la victoire. « Souvenez-vous, avait-il dit, que mon habitude est de coucher sur le champ de bataille. » Et en un instant la cavalerie française fondit sur les lignes autrichiennes, qui furent rompues et dispersées. Les chasseurs et les grenadiers à cheval, conduits par Bessières, voulurent avoir l'honneur de leur porter les derniers coups et d'achever leurs débris. Ce fut, comme on l'a dit depuis, une tempête, *procella equestris ;* mais une tempête intelligente et généreuse, car l'impétuosité des chasseurs ne les empêcha pas d'être humains envers les vaincus. Au plus fort de la charge, un Autrichien blessé allait être foulé aux pieds des chevaux : « Ouvrez les rangs, s'écrie Eugène Beauharnais; respect au courage malheureux ! » Ses chasseurs lui obéissent, et l'ennemi abattu est épargné.

C'était le 14 juin 1800, jour de gloire, mais aussi jour de deuil, puisqu'il lui enlevait du même coup et à la même heure deux de ses héros : Desaix, qui était accouru de l'Orient pour s'ensevelir dans un triomphe, et Kléber, qui y était resté pour tomber sous le poignard d'un fanatique.

Kléber, à qui était échu le commandement de l'armée d'Égypte, avait gardé auprès de lui les guides qui n'avaient pas suivi en France le général Bonaparte, et il s'en était applaudi le jour de la bataille d'Héliopolis. Il les aimait autant qu'il en était aimé ; aussi leur donna-t-il sa dernière pensée : « A moi, guide, je suis assassiné ! » s'écria-t-il en jetant sur l'un d'eux un regard de douleur et d'éternel adieu.

---

[1] Nom que les Égyptiens donnaient au général Bonaparte.

Sous le commandement de Menou, les guides ne s'associèrent à aucun combat sérieux. Rentrés sur le continent avec le reste de l'armée, le 20 septembre 1801, ils furent réunis à leurs camarades, les chasseurs à cheval de la Garde consulaire, qui formèrent, le 8 mars 1802, un magnifique régiment, à la suite duquel on vit marcher les mameluks.

Le 29 juillet 1804, le régiment de chasseurs à cheval fut compris dans l'organisation de la Garde impériale, et le nombre de ses escadrons porté de deux à quatre.

Au mois de septembre 1805, quatre compagnies de vélites à cheval furent attachées à ce corps pour y faire leur éducation militaire; mais c'était surtout sur les champs de bataille que les chasseurs à cheval savaient donner de grandes et utiles leçons! Le 1er octobre, ils franchissent le Rhin pour aller au-devant des Autrichiens et des Russes qui les attendent dans la Moravie; le 10, ils entrent à Augsbourg avec Bessières; le 11, ils marchent sur Burgau; le 16, au combat de Langenau, ils exécutent une charge brillante contre une division de l'armée du prince Ferdinand d'Autriche; le 20, ils sont à Ulm, et le lendemain ils se signalent à Nuremberg, où le lieutenant Desmichels, avec un peloton d'avant-garde composé de trente chasseurs, attaque et prend cinq cents hommes d'infanterie, deux drapeaux, vingt pièces de canon et leurs caissons attelés, poursuit pendant deux heures quatre cents dragons de la Tour, s'empare du colonel, de trois officiers, de cent cavaliers, et en tue plus de cent autres. Enfin ils célèbrent, eux aussi, le premier anniversaire du sacre de l'Empereur par la victoire d'Austerlitz, où, sous les ordres de leur colonel en second, Morland, qui doit mourir dans cette journée, ils s'unissent aux grenadiers à cheval pour écraser la garde impériale russe et la faire prisonnière. Dans la nuit suivante, Dahlmann, qui a succédé à Morland, parcourt avec deux escadrons tout le terrain qui entoure le champ de bataille, et ramène encore vingt canons et quinze cents prisonniers.

Comme Morland avait succombé à Austerlitz, Dalhmann succomba à Eylau... C'est que les officiers étaient peut-être encore plus prodigues de leur sang que les soldats. Et quels hommes! Il fallait qu'une balle les frappât en pleine poitrine ou qu'un boulet les arrachât de leur selle pour qu'ils restassent sur la place. L'un d'eux, à cette terrible journée d'Eylau, le lieutenant Perrier, reçoit deux coups de baïonnette et un coup de sabre, pendant que la lance d'un Cosaque le traverse d'outre en outre; il n'en continue pas moins à combattre. Un autre, le lieutenant Rabusson, est criblé de blessures à son tour; deux coups de baïonnette lui déchirent la mâchoire, deux les bras, deux les reins, trois la poitrine, trois la figure, trois autres lui labourent la tête : il sabre toujours, se riant de la mort qu'il finit par lasser, et qu'il continue à semer autour de lui.

« Donnez-moi un remède, disait Hoche, pourvu que ce ne soit pas le repos. » S'inspirant de cette belle parole, les chasseurs à cheval n'attendirent pas que leurs blessures fussent cicatrisées, ils volèrent au delà des Pyrénées pour soumettre Madrid révolté, et triompher avec Bessières à Medina del Rio-Seco. Lorsque Napoléon les rejoignit dans la Péninsule, ils s'unirent aux lanciers polonais de Krasinski, et s'élancèrent des hauteurs de Somo-Sierra à la poursuite des Espagnols, qu'ils chassèrent de la Vieille-Castille.

Non-seulement ils savaient déployer un grand courage en face de l'ennemi, mais la patience, le dévouement, l'abnégation leur paraissaient une commune vertu, ainsi qu'ils le prouvèrent le 25 décembre 1808. L'armée était alors perdue dans la chaîne de montagnes qui sépare la province de Madrid de celle de Ségovie. Les plus anciens ne se souvenaient pas d'avoir jamais eu aussi froid, même en Pologne; des ouragans de neige, soulevés par un vent effroyable, obscurcissaient la clarté du jour et empêchaient les bataillons d'avancer. Les chasseurs à cheval se formèrent en colonne serrée, occupant toute la largeur du chemin; ils mirent pied à terre, recueillirent l'Empereur dans leurs rangs, et marchèrent pêle-mêle avec leurs chevaux, foulant la neige comme eux pour frayer une route à l'infanterie, qui leur dut son salut.

Peu de jours après, quatre cents d'entre eux pénétraient dans le royaume de Léon et se ruaient à Benavente contre deux mille hommes d'élite de la cavalerie ennemie. Disons-le : assez souvent la victoire leur fut fidèle pour qu'il soit permis d'avouer qu'ils furent une fois écrasés sous le nombre. La plupart trouvèrent une mort glorieuse dans ce combat inégal, et ceux dont la mort ne voulut pas rendirent leurs armes comme savent les rendre les braves, après avoir rougi la terre de leur sang. Parmi eux était leur colonel, Lefebvre-Desnoëttes, qui devait tant regretter, quelques années plus tard, de n'avoir pas partagé dans cette journée le sort de ses vaillants compagnons d'armes.

Les chasseurs à cheval quittèrent bientôt l'Espagne pour venir camper près du Danube. Le 20 avril 1809, ils poussèrent devant eux les Autrichiens à Abensberg; le 25, ils entrèrent avec l'Empereur à Ratisbonne, et le 13 mai, dans les murs de Vienne.

Ce n'était cependant là que le prélude de ce qu'ils allaient accomplir à Wagram. Napoléon, qui en fut témoin, voulut consacrer le souvenir de leur valeur. « Les chasseurs à cheval de la Garde, écrivit-il le lendemain au quartier général de Wolkersdorff, ont chargé le jour de la bataille trois carrés d'infanterie qu'ils ont enfoncés; ils ont pris quatre pièces de canon. » Mais aussi, après la victoire, quatre-vingts chasseurs manquaient à l'appel, et aujourd'hui encore, sur le livre d'or du régiment, où ces noms restent à jamais gravés, on voit que la main du temps n'a touché qu'avec respect à leur épitaphe si glorieuse et si simple à la fois : *Tué à l'affaire de Wagram.*

Les années 1810 et 1811, les chasseurs à cheval les passèrent à guerroyer en Espagne, sous Dorsenne et Bessières, contre l'armée de Galice.

Bientôt, fatigués de ces combats qui n'allaient pas à leur taille, ils voulurent prendre leur part des maux qui accablèrent l'armée, et de la gloire dont elle se couvrit dans la campagne de Russie. Ils arrivèrent sur le Niémen au mois de juin 1812, et s'enfoncèrent dans des déserts arides dont l'horizon semblait reculer toujours. Un sable mouvant rendait leur marche presque impraticable; la chaleur était accablante. Au milieu de ces cruelles épreuves, les chasseurs à cheval restèrent à la hauteur de leur renommée; quand commença la désastreuse retraite, le froid, en glaçant leurs membres, n'attiédit pas leur courage. A Malojaroslawez, ils sauvèrent l'Empereur, qu'enveloppaient les Cosaques de Platow; ils s'illustrèrent encore à Krasnoé et à Borizow.

Après avoir réparé leurs pertes et augmenté leurs escadrons [1], ils volèrent au défilé de Poserna, où ils virent tomber parmi les morts le vaillant Bessières. Ils rencontrent de nouveau l'ennemi à Lutzen : « C'est la journée de la France, leur dit Napoléon; la patrie vous regarde! » Elle les admire encore à Würschen. C'est là que l'un d'eux, le lieutenant Lhernault, placé près de l'Empereur, a la jambe emportée par un boulet, et est jeté sous les pieds du cheval du grand capitaine; son état ne lui arrache aucune plainte : le seul cri qui s'échappe de sa bouche est celui de *Vive l'Empereur!* Mais Napoléon, à la vue d'un tel héroïsme, a peine à contenir sa douleur, et on l'entend dire avec amertume au grand maréchal du palais : « Duroc, la fortune nous en veut bien aujourd'hui. » Et le lendemain, Duroc fut frappé mortellement à son tour.

La fortune était en effet bien implacable, car les chasseurs avaient beau mettre l'ennemi en déroute à Reichenbach et à Dresde; ils avaient beau s'emparer de Rumburg, du col de Georgenthal, tailler en pièces la cavalerie saxonne à Freiburg, et fidèles à la voix de Lefebvre-Desnoëttes, qui avait brisé ses liens de captivité pour accourir à leur tête, se mesurer encore avec les coalisés à Altenburg, à Weissenfels; ils avaient beau étonner Napoléon lui-même à Leipzig, à Hanau.... Efforts inutiles! Le mot était vrai : la fortune leur en voulait.

Dans la campagne de 1814, les chasseurs à cheval se retrouvent partout. Il suffit de rappeler Langres, Bar-sur-Aube, Brienne, où Napoléon, revêtu de l'uniforme de colonel de leur régiment, cet habit de bataille qu'il aimait tant,

---

[1] Un décret du 18 janvier en porta le nombre à huit, chacun de deux cent cinquante hommes; un autre du 6 mars ajouta un 9ᵉ escadron, et les mameluks formèrent le 10ᵉ. Ce 9ᵉ escadron, jaloux de voir des régiments d'éclaireurs attachés aux corps de cavalerie de la Garde, s'appropria le titre de 2ᵉ régiment de chasseurs à cheval de la Garde ou de hussards-éclaireurs de la jeune Garde, et on ne le désigna plus que sous la dénomination de 2ᵉ régiment de chasseurs, qui fut confirmée par Napoléon le 2 mai 1815.

chargea à la tête d'un de leurs escadrons, dans l'espérance de trouver la mort; jusqu'à la dernière heure, jusque sous les murs de Paris, le 30 mars, ils combattent pour le salut de la France ; et quand ils voient qu'elle ne peut être sauvée, ils couvrent d'un voile de deuil leur aigle adorée qui doit encore une fois planer victorieusement à Fleurus, avant de s'abattre au champ funèbre de Waterloo [1].

De combien de traits de courage officiers et soldats n'ont-ils pas rempli ces dernières années !

A Hanau, le lieutenant Bugat se jette avec vingt-cinq chasseurs au centre d'un carré d'infanterie bavaroise ; il ne ramène que dix cavaliers, mais plus de soixante Bavarois sont tombés sous les coups de ces braves.

A Vauchamps, le commandant Labiffe, à la tête des escadrons de service, fait une charge brillante sur un carré de deux mille hommes qu'il enfonce et fait prisonnier.

A Arcis-sur-Aube, le lieutenant Allemant, avec dix-sept chasseurs, fait soixante-quatre prisonniers, enlève treize pontons, deux fourgons, un caisson et quatre-vingt-dix-huit chevaux.

Un élan irrésistible, une bravoure à toute épreuve, caractérisaient les chasseurs à cheval.

Ainsi furent-ils jusqu'en 1815. Que reste-t-il d'eux depuis cette époque ?

Sur les hauteurs de Sainte-Adresse, tout près des deux phares plantés sur la côte comme deux sentinelles dont les yeux observent l'Océan pendant la nuit, on voit une pyramide de marbre blanc qui domine un horizon immense. C'est un monument élevé à la mémoire de Lefebvre-Desnoëttes, enfant de Paris, colonel des chasseurs à cheval de la Garde, naufragé en 1822, à son retour des États-Unis, où il était allé labourer le champ de l'exil. Dans les jours de forte tempête, la mer vient jeter son écume au pied de cette pyramide, comme si l'une de ces vagues devait finir par y rapporter la proie que les flots ont engloutie. Mais, hélas ! le monument attend en vain un cercueil. Voilà cependant tout ce qui rappellerait aujourd'hui les chasseurs à cheval de la Garde, s'ils n'avaient laissé le souvenir de leur gloire éternelle.

---

[1] Licencié le 28 juillet 1814, le régiment prit alors le titre de corps royal des chasseurs à cheval de France ; il fut réorganisé par l'Empereur le 8 avril 1815, et supprimé le 26 octobre suivant.

MAMELUCK.

MAMELUK

E roi de Perse Darius s'étonnait de voir des Thraces, des Thébains, des Gètes et une foule d'autres étrangers dans l'armée d'Alexandre : « Je les ai vaincus! » répondit le jeune conquérant.

Napoléon eût pu tenir le même langage à l'aspect des milliers de combattants de nations différentes qui peuplaient ses bataillons, car la plupart avaient aussi courbé le front sous le pommeau de son épée victorieuse. Parmi eux se distinguaient les célèbres cavaliers qu'il avait levés sur la terre des Pharaons.

Si jamais général eut l'habileté de tirer parti des ressources d'un pays conquis, c'est assurément le héros qui arborait, en 1798, le drapeau de la République française sur la plage d'Alexandrie. Lorsqu'il avait mis à la voile pour l'Égypte, il ne s'était pas dissimulé les difficultés qu'il éprouverait à établir des communications entre la France et le théâtre de la guerre, non plus que l'impossibilité de recevoir du secours. Aussi son premier soin fut-il de réunir toutes les forces qu'il rencontra sur son passage. A peine maître de Malte, il licencia la garde du grand maître, et la fit ensuite embarquer avec lui pour former, à Ramanieh, la légion maltaise. Mais bientôt l'adjonction de ce corps à son armée fut insuffisante pour compenser les pertes qu'elle faisait chaque jour, sous la double influence de la peste et de la guerre. C'est alors qu'il conçut l'idée de demander aux peuples mêmes qu'il était venu combattre les renforts qu'il aurait en vain attendus de la République.

Des Turcs volontaires ou faits prisonniers à la bataille des Pyramides; d'autres qui avaient assisté les Français pendant le siége de Saint-Jean d'Acre et suivi l'armée dans sa retraite, afin de se soustraire à la vengeance de Djezzar-Pacha, enfin des cavaliers sortis des escadrons des beys Ibrahim et Mourad, servirent à former deux compagnies qui prirent, le 25 avril 1800, le titre de MAMELUKS ou janissaires syriens.

« Dans tout l'Orient, lit-on dans le *Mémorial de Sainte-Hélène,* les mameluks étaient des objets de vénération et de terreur : c'était une milice regardée, jusqu'à nous, comme invincible. Deux mameluks tenaient tête à trois Français, parce qu'ils étaient mieux armés, mieux montés, mieux exercés; mais cent cavaliers français ne craignaient pas cent mameluks; trois cents étaient vainqueurs d'un pareil nombre, mille en battaient quinze cents, tant est grande l'influence de la tactique, de l'ordre et des évolutions. »

Telle fut la source à laquelle le général Bonaparte puisa les éléments d'un escadron qui resta lié au service de la République pendant près de deux années, et qui suivit l'armée, lorsqu'elle revint en France, après avoir tracé la plus merveilleuse des légendes militaires depuis saint Louis.

Le vainqueur du mont Thabor, se souvenant de ses auxiliaires qui avaient combattu sous Kléber et Menou, les réunit, le 13 octobre 1801, dans un escadron qu'il attacha à la garde consulaire et dont il donna le commandement à l'un de ses aides de camp, le chef de brigade Rapp. Comme récompense de leur fidélité à l'armée française, les mameluks furent autorisés à conserver leur costume national. Dès ce moment, organisés tantôt en compagnie, tantôt en escadron, ils firent partie du régiment de chasseurs à cheval de la garde dont la vie se confondit avec la leur pendant toutes les campagnes de l'Empire.

A Austerlitz, le 4ᵉ régiment de ligne allait être écrasé par l'ennemi, lorsque les mameluks contribuèrent à le dégager, et aussitôt qu'ils eurent accompli cette œuvre de salut, ils se précipitèrent sur la garde impériale russe, au milieu de laquelle le lieutenant Renno, de Saint-Jean d'Acre, eut l'honneur de pénétrer le premier; ils portèrent le désordre dans ses rangs, firent prisonnier le prince Repnin et s'emparèrent de l'artillerie et de tous les bagages. Rapp était à leur tête, l'intrépide Rapp, qui dut la vie, dans cette journée mémorable, aux lieutenants *Chahin*, de la Géorgie, et *Habaïby-Daoud*, ancien cheik de Syrie.

En 1806, Pultusk et Golymin illustrèrent leur étendard; en 1807, ce fut Eylau, qui couvrit de gloire le lieutenant Abdallah, de Bethléhem [1].

L'année suivante, les mameluks accompagnèrent leurs frères d'armes en Espagne; et les échos de la Nouvelle-Castille retentirent de leurs joyeuses clameurs, lorsque, sous la conduite de Delaître, ils s'élancèrent, comme les lions de leurs déserts, par les portes d'Alcala et de Carrera San-Geronimo pour étouffer la révolte du 2 mai 1808 au cœur même de Madrid. La victoire les ramena avec Napoléon au sein de cette cité rebelle, mais non pas avant d'avoir ajouté à leurs trophées les palmes de Medina del Rio-Seco.

Comme ils étaient entrés deux fois dans la capitale de la Péninsule, ils

---

[1] Ce brave officier, blessé à cette bataille, comme il l'avait été à Héliopolis et à Golymin, le fut encore à Dresde, à Altenbourg où il sauva la vie au commandant des mameluks, Kirmann; enfin, à Veimar, à Hanau et à Brienne. Après avoir servi jusqu'en 1835 en Afrique, il est aujourd'hui, à l'âge de quatre-vingt-trois ans, chef d'escadron en retraite à Melun (Seine-et-Marne).

reparurent triomphants en 1809 dans celle de l'empereur François II, et ils accablèrent ses bataillons à Wagram.

Pendant les années 1810 et 1811, la Navarre, la Galice et le royaume de Léon furent de nouveau témoins de la valeur des mameluks. Ils les quittèrent cependant pour les glaces de la Bérézina, pour les plaines de l'Allemagne où ils devaient, sous leur chef Kirmann, moissonner de nouveaux lauriers; pour la France surtout, qui appelait à elle tous ses défenseurs et pour laquelle ils moururent, comme s'ils n'avaient jamais eu d'autre patrie.

Il est vrai qu'à cette époque les mameluks n'étaient plus uniquement des enfants de l'Orient. Douze années de guerre avaient réduit le nombre de ceux qui étaient originaires du Caire, de la Syrie, de la Géorgie et de la Circassie. L'Empereur s'était vu forcé alors de compléter l'escadron en mêlant quelques cavaliers des rives de la Seine à ceux qui avaient reçu le jour aux sources du Nil.

C'est que Napoléon aimait ses mameluks. Il en avait attaché un à sa personne[1] comme pour avoir constamment sous les yeux un souvenir vivant de ses plus brillantes années. Il aimait leur agilité, leur élan, leur bravoure; il aimait leur adresse à faire scintiller dans l'air leurs damas redoutables, leur habileté à manier leurs chevaux arabes qu'on aurait pris pour des gazelles quand ils passaient, rapides comme des flèches, à travers les escadrons ennemis.

D'ailleurs, leur aspect donnait à la Garde une physionomie toute particulière, en même temps qu'il rappelait à la nation des exploits qui flattaient ses instincts poétiques et chevaleresques. A voir ce turban orné d'une aigrette asiatique et du croissant oriental; ces cimeterres étincelants, ces espingoles qu'ils portaient comme des carabines; ces pistolets et ces poignards à manche d'ivoire passés dans leur ceinture; cet étendard à la hampe duquel flottait une queue de cheval noire, surmontée d'une boule de cuivre doré; à voir le riche harnachement qui parait leur monture et la selle à haut pommeau et les étriers à la turque, toutes ces chamarrures de soie et d'or, toutes ces merveilles qui semblaient faites pour des guerriers maures, on se serait cru sous le charme d'un rêve qui faisait soudain revivre les derniers Abencerrages.

[1] Roustant (Raza), de la Géorgie.

CHEVAU-LÉGER LANCIER,
POLONAIS.

LANCIER POLONAIS

LES Grecs au service du Grand Roi; les Suisses au service de France, d'Espagne, des princes d'Italie; les troupes du grand Frédéric, composées en majeure partie d'étrangers, n'étaient point passionnés pour leur cause [1].

Ces paroles de l'auguste captif de Sainte-Hélène renferment le secret du dévouement que ne cessèrent de déployer les Polonais, tout le temps qu'ils furent les compagnons d'armes des héros de la République et de l'Empire. S'ils furent de puissants auxiliaires de l'épopée impériale, si près de vingt années de sacrifices les rendirent immortels, c'est que la plus noble des passions, l'amour de la patrie, fortifia leurs bras et électrisa leur âme. Lorsqu'ils mouraient pour la France, c'étaient moins des guerriers que des fils qui s'immolaient pour leur mère absente; ils se souvenaient des outrages qu'elle avait soufferts, et, à l'ombre du drapeau sous lequel ils étaient venus se ranger, ils attendaient l'heure de la résurrection de la Pologne, toujours prête à soulever, comme Lazare, la pierre de son tombeau.

Si grande au temps de Sobieski, cette nation infortunée n'était plus, à la fin du dix-huitième siècle, que l'ombre d'elle-même. Tous les efforts de Kosciusko n'avaient pu l'arracher à sa fatale destinée. Dès lors avait commencé pour les Polonais une vie d'exil et de misère; partout ils avaient cherché une patrie pour remplacer leur patrie perdue; partout ils avaient demandé une épée pour tenter de la reconquérir. Leurs regards s'étaient tournés vers la France, qu'ils appelaient leur sœur, car ils se flattaient d'adoucir l'amertume de leur regret en foulant une terre d'honneur et de bravoure, qui du moins leur offrait l'illusion du sol natal.

Ce fut le 28 octobre 1796 qu'ils demandèrent pour la première fois à prendre rang dans les phalanges républicaines. Celui à qui ils adressèrent leurs vœux était fait pour les comprendre : il commandait en chef l'armée d'Italie, il venait de s'illustrer à Millesimo; il allait attacher son nom aux victoires d'Arcole et de

---

[1] *Mémorial de Sainte-Hélène.*

Rivoli. « Les trophées de la République française sont notre unique espérance, lui dirent-ils ; c'est par elle, c'est par ses alliés que nous reverrons peut-être avec joie ces foyers chéris que nous avons abandonnés avec des larmes [1].

Le jeune conquérant accueillit leur prière, et bientôt, grâce à lui, leurs légions purent combattre à côté des nôtres sous les murs de Rome, de Frosinone, de Terracine et de Naples. A son retour d'Égypte, il n'oublia pas les Polonais ; et, comme s'il leur eût déjà réservé un rôle dans l'avenir, il écrivit à leur général : « Dites à vos braves qu'ils sont toujours présents à ma pensée, que je compte sur eux, que j'apprécie leur dévouement pour la cause que nous défendons, et que je serai toujours leur ami. »

Par ces paroles le Premier Consul faisait pressentir qu'il saisirait une occasion favorable pour associer plus étroitement ceux qu'il aimait à la gloire des vainqueurs de Lodi. Ce jour se leva après Marengo, Austerlitz et Iéna, c'est-à-dire lorsque le héros des Pyramides eut été sacré Empereur et proclamé l'émule des trois plus grands capitaines de l'antiquité : Alexandre, dont il avait trouvé le nom écrit sur la terre des Ptolémées ; Annibal, dont il avait suivi les pas sur la cime des Alpes ; César, dont il avait réveillé les cendres jalouses sur le sol brûlant de l'Italie.

De son côté, la Pologne n'avait jamais cessé d'espérer que le drapeau de la France lui apporterait tôt ou tard dans ses plis la réalisation de ses rêves d'indépendance. Aussi lorsque l'armée française passa la Vistule, le 6 décembre 1806, à Thorn, le bateau de l'avant-garde ayant été retenu par les glaces, des pêcheurs polonais s'élancèrent pour le dégager sous le feu de l'ennemi, et firent intrépidement aborder nos bataillons. Peu de jours après, Napoléon entra à Varsovie, et tout un peuple lui révéla par ses acclamations qu'il le saluait comme son libérateur. Dans leur enthousiasme, les nobles enfants des rives de la Wartha, qui déjà à Berlin s'étaient empressés de lui offrir une garde d'honneur polonaise, voulurent qu'un escadron de patriotes volontaires fût chargé, conjointement avec ceux de la Garde impériale, de veiller à sa sûreté pendant son séjour dans leurs contrées.

Touché de ces témoignages de dévouement, Napoléon y répondit en attachant à sa personne un corps de cavalerie entièrement composé de Polonais [2]. Au printemps de 1807, il était au château de Finkenstein, près de Dantzig, où les ambassadeurs du schah de Perse et du sultan venaient déposer leurs hommages à ses pieds. C'est là qu'il prescrivit, le 6 avril, la formation d'un régiment de chevau-légers destiné à faire partie de la Garde impériale, et que les

---

[1] Général Dombrowski.
[2] A l'exception de deux majors, du capitaine instructeur et de deux adjudants, qui furent choisis parmi les officiers français de la Garde.

fils des Jagellons regardèrent comme une représentation politique et militaire de la Pologne renaissante [1].

En dix jours, l'organisation du régiment fut achevée. Napoléon avait pu d'autant mieux lui donner ses soins que son génie ne se portait pas, à ce moment, sur les champs de bataille. Une trêve de quatre mois avait succédé au canon d'Eylau.

A la reprise des hostilités, le 4 juin, l'ennemi trouva debout les chevau-légers polonais ; à la journée de Friedland ils virent combattre cette intrépide cavalerie française qu'ils brûlaient d'imiter. Quelle ne fut pas leur joie quand ils apprirent que l'Empereur avait résolu d'éprouver leur valeur en les envoyant en Espagne, avec Murat et Bessières !

De Madrid, où une partie du régiment contribua à étouffer l'insurrection du 2 mai 1808, ils marchèrent sur Tudela pour disperser les bataillons de Navarre, puis sur Mallen, Epila, Monte-Torrero, pour écraser les Aragonais ; et ils ne s'arrêtèrent que dans la province de Léon, où ils s'unirent à toute la cavalerie de la Garde pour moissonner les trophées de Medina del Rio-Seco.

Le bruit des hauts faits des chevau-légers polonais avait déjà réjoui l'Empereur. Aussi fut-ce avec orgueil qu'il passa en revue un de leurs magnifiques escadrons, au mois de juillet, à Bayonne. Sa satisfaction fut grande à l'aspect de ces cavaliers à la taille élancée, à la moustache blonde, aux yeux ardents, aux traits énergiques. Leur pétulance native justifiait bien le surnom qu'on leur avait donné de *Français du Nord ;* mais l'expression mélancolique de leur visage trahissait les regrets qu'ils s'efforçaient de refouler au fond de leur âme, et leurs regards attristés semblaient parfois se reporter, comme leur pensée, vers des contrées lointaines.

A son arrivée en Espagne, où il vint prendre le commandement de ses armées, Napoléon put juger bientôt de quel secours lui seraient ces intrépides cavaliers. Après avoir dépassé Vittoria, Burgos et Aranda, son avant-garde se trouva, le 30 novembre, en face du défilé de Somo-Sierra. Treize mille Castillans défendaient cette position redoutable, formée par des rochers abruptes et hérissée de pièces de canon. Les bataillons français qui marchaient en avant firent de vains efforts pour escalader les hauteurs de droite et de gauche, sous le double feu de l'artillerie et de la mousqueterie espagnoles. Bientôt l'Empereur parut. La cavalerie de sa Garde, dont le régiment de chevau-légers polonais tenait la tête, était derrière lui en colonne dans le défilé. Il examina quelque temps en silence la position étagée de l'ennemi, insoucieux

---

[1] L'effectif de quatre escadrons fut bientôt dépassé, bien que le décret constitutif du régiment eût spécifié que, pour y être admis, il fallait être âgé de dix-huit à quarante ans ; être propriétaire ou fils de propriétaire, et se pourvoir, à ses frais, d'un cheval, d'un habillement, d'un équipement et d'un harnachement complets.

des boulets et des balles qui pleuvaient à ses côtés. Lorsqu'il eut reconnu la difficulté d'une attaque en colonne profonde, il fit quelques pas en arrière, mit pied à terre et s'assit sur un escabeau, près d'un feu qui projetait sa flamme ardente sur son escorte. Son regard était fixe et sa tête penchée sur sa poitrine. En ce moment un des chevau-légers s'approcha du brasier pour allumer sa pipe. Peut-être la présence inattendue de cet homme fit-elle éclore dans son esprit une résolution soudaine, car il sortit tout à coup de son immobilité et commanda aux Polonais d'avancer pour s'emparer des batteries espagnoles. Aussitôt ceux-ci, conduits par le chef d'escadron Kozietulski, se mettent en devoir d'obéir. Le troisième escadron s'ébranle au cri : *En avant! Vive l'Empereur!* L'artillerie plongeante des ennemis tente d'arrêter cet élan impétueux ; mais les Polonais, renversant tout sur leur passage, enlèvent, sous une grêle de mitraille, les batteries dont ils sabrent les canonniers, et précipitent dans les ravins l'infanterie espagnole. Les autres escadrons s'élancent à leur suite, sous les ordres du colonel Krasinski, du major Dautancourt, du commandant Lubienski ; ils gravissent la montagne et achèvent, avec les chasseurs à cheval, l'œuvre que leurs camarades ont si glorieusement commencée. « Charge brillante s'il en fut, dit Napoléon, où les lanciers polonais se sont couverts de gloire, et ont montré qu'ils étaient dignes de faire partie de la Garde impériale. Canons, drapeaux, fusils, soldats, tout fut enlevé, coupé ou pris. »

Un résultat si décisif avait été chèrement acheté. Cinquante-sept chevaulégers étaient hors de combat. Un de leurs officiers, le lieutenant Niegolewski, avait reçu, à lui seul, deux coups de feu et neuf coups de sabre. « Honneur aux braves! » s'écria l'Empereur après le combat, à la vue du régiment qu'il fit mettre en bataille, et dont il salua l'étendard.

Les Polonais reparurent à Madrid, avec l'aigle victorieuse qu'ils avaient juré de ramener dans la cité rebelle. Après avoir traversé le Guadarrama, où ils s'étonnèrent de retrouver l'hiver de leurs climats, ils entrèrent dans Valladolid, et baignèrent le poitrail de leurs chevaux dans les eaux de l'Esgueva, avant de se diriger vers les contrées qu'arrose le Danube.

L'Allemagne les revit pleins d'ardeur en 1809, car l'ennemi qu'ils allaient combattre était de ceux qui leur avaient ravi leur patrie. Les victoires de Thann, d'Abensberg et d'Eckmühl les enivrèrent d'espérance, et leurs cœurs battirent de joie quand Napoléon leur annonça, le 24 avril, dans Ratisbonne, qu'avant un mois ils seraient à Vienne.

Vienne! c'était là le rêve de leur ambition. Ils étaient impatients de se venger de l'Autriche, en gravant sur le sol de son orgueilleuse capitale l'empreinte de leur passage. Ces vaincus de 1795, ces déshérités de toute patrie, voulaient être maîtres à leur tour de la patrie de leurs oppresseurs.

Napoléon tint parole. Un mois n'était pas écoulé que les chevau-légers gardaient, vigilantes sentinelles, les remparts de la cité autrichienne, en attendant qu'ils couronnassent une si prodigieuse campagne par les journées d'Essling et de Wagram.

Entre ces deux victoires, Napoléon les envoya au-devant de l'armée d'Italie, qu'ils rejoignirent sur les hauteurs du Simmering; et il put leur dire à leur retour, comme aux héros de la Piave et de Tarvis : « Vous avez glorieusement atteint le but que je vous avais marqué, je suis content de vous! »

Les chevau-légers revinrent le 5 juillet, en vue de l'île Lobau, pour prendre part à la mémorable bataille qui devait dénouer ce grand drame militaire. Au moment où ils franchirent le Danube, l'ordre admirable dans lequel ils défilèrent, l'éclat de leurs armes, l'assurance d'une victoire prochaine, le bonheur qu'ils ressentaient à se rapprocher de leurs frontières, tout les transportait d'enthousiasme. Derrière eux les édifices de la capitale autrichienne étaient couronnés de spectateurs témoins de leur marche glorieuse; et devant eux s'élevait le mont Kahlenberg, au sommet duquel ils croyaient voir apparaître, dans les vapeurs du jour, l'ombre vénérée de Sobieski leur rappelant qu'il avait autrefois sauvé cette Vienne ingrate qu'ils venaient de punir. Aussi comme le lendemain ils se montrèrent dignes de sa mémoire! A la voix de l'Empereur, ils s'élancèrent, plus rapides que l'éclair, sur les hulans de Schwarzenberg. Ceux-ci, voyant que leurs adversaires n'avaient pas de lances, jetèrent noblement les leurs pour combattre à armes égales; mais ce fut leur perte. Les chevau-légers les taillèrent en pièces, et firent prisonnier leur chef, le prince d'Auesperg. A cette fougue irrésistible, l'archiduc Charles comprit qu'il avait devant lui ses plus implacables ennemis; à cette charge audacieuse, Napoléon reconnut les intrépides cavaliers de la Péninsule.

La paix rendit les Polonais à leur garnison de Chantilly. C'est là que, pour la première fois, l'Empereur leur donna, à la fin de 1809, ces lances dont ils allaient faire un si redoutable usage en Espagne.

Pendant deux ans, ils tinrent la campagne dans les Asturies, le royaume de Léon et la Galice, sous les majors Delaître et Dautancourt. Dès leurs premiers engagements, ils reconnurent que si le fait d'armes du Somo-Sierra avait fondé d'un seul coup leur réputation, il les avait perdus dans l'esprit des Espagnols. Dans tout le nord de la Péninsule, ils ne rencontraient pas un être humain qui ne leur eût voué une haine implacable. Auprès d'eux, les terribles dragons, tout *mal notés* qu'ils fussent, étaient des régiments respectés. Pour les Polonais, il n'était pas de trahison qui ne parût loyale, il n'était pas de cruautés qui ne fussent trop douces. Toutes les fureurs de la vengeance se déchaînèrent contre eux, et il suffisait de deux mots pour enflammer de rage le cœur d'un Castillan ou d'un Aragonais. Ces mots étaient : Somo-Sierra et

Saragosse[1]; double souvenir, cher et détesté à la fois, puisque, pour les fils de la Pologne, c'était un titre de gloire et un arrêt de mort. Partout où ils passaient, les chemins ensanglantés, les fossés jonchés de cadavres mutilés, les sycomores qui balançaient dans les airs les martyrs de cette guerre acharnée, les rives de l'Èbre qui rejetaient ceux que les flots avaient engloutis, disaient quel fanatisme animait les vainqueurs et les vaincus. C'était quelque chose d'étrange que cet antagonisme de deux peuples combattant avec une telle énergie pour la même cause, l'un pour l'affranchissement de sa patrie, l'autre pour mériter de recouvrer la sienne.

Un instant, une lueur d'espérance rayonna dans le cœur des lanciers polonais de la Garde. C'était en 1812[2]. « La seconde guerre de Pologne est commencée, leur avait dit Napoléon; elle sera glorieuse pour les armes françaises comme la première. » — « Elle sera plus heureuse pour la Pologne, » pensèrent-ils; et ils volèrent vers les contrées qui les avaient vus naître.

L'ancienne capitale des ducs de Lithuanie reçut ses enfants avec des transports d'allégresse. Napoléon y entra à leur tête, et fut encore une fois témoin de l'entraînement patriotique des populations; mais il ne pouvait donner satisfaction à leurs vœux les plus chers. En 1812 comme en 1806, d'impérieuses considérations enchaînaient son cœur. « La France avant tout, » se répéta-t-il souvent à lui-même, comme si, après s'être livré un combat intérieur, il avait eu besoin de se convaincre qu'il ne devait pas immoler, même à la liberté d'un peuple, les intérêts de son pays.

Tout en faisant taire ses affections, Napoléon ne voulut pas que le dévouement des Polonais restât stérile. Étant à Wilna, il créa, le 5 juillet, un nouveau régiment de lanciers[3]; le 24 août, il ajouta au premier un escadron de Tartares lithuaniens, destinés à servir d'éclaireurs.

Comme s'il eût hésité à s'enfoncer dans des déserts arides et sauvages, l'Empereur avait prolongé son séjour en Pologne; mais les lanciers l'avaient précédé à la recherche d'un ennemi qui échappait sans cesse: enfin ils le rencontrent près d'Ostrowno, le culbutent pendant trois jours, et le poussent sur Smolensk, où ils paraissent en vainqueurs, de même qu'ils entrent le 14 septembre à Moscou, qui se crut encore au temps où leurs ancêtres victorieux lui dictaient des lois.

Ivresse éphémère! un mois plus tard il fallut fuir la capitale moscovite. Dans tout le cours de cette retraite désastreuse, où les mains glacées ne pouvaient

---

[1] Les régiments polonais de la légion de la Vistule au service de France avaient puissamment contribué à la prise de cette place.

[2] Le 6 janvier de cette année Napoléon décida qu'ils seraient armés de carabines, indépendamment de leurs lances.

[3] Ce régiment prit le n° 3 parmi ceux de la Garde, le n° 2 étant occupé par les *lanciers rouges*. Le général Koropka commanda ce corps, qui exista trop peu de temps pour venir en France.

plus tenir l'épée ni la lance ; dans ces luttes de toutes les heures, où les plus cruels ennemis étaient la terre et le ciel, les Polonais furent sublimes. Napoléon se souvenait de leur héroïsme lorsqu'il écrivait à Sainte-Hélène : « Eux seuls sauvèrent beaucoup de leurs chevaux. C'est une brave nation et qui fait d'admirables soldats[1]. » Rares soldats, en effet, que ceux dont il put dire encore : « Les Polonais ne souffraient point, » alors que l'hiver étendait sur toute son armée un suaire de glace.

De marche en marche, de souffrance en souffrance, ils arrivèrent à Wilna, où périt dans un dernier combat presque tout l'escadron de Tartares, et avec lui deux cents lanciers et dix officiers. Fils généreux, ceux-là aimèrent mieux périr que de quitter leur mère, et voyant qu'elle ne pouvait leur rendre ni l'air natal ni la liberté, ils ne lui demandèrent qu'un tombeau.

Cependant Napoléon était revenu en France ; il ne fuyait pas, comme l'ont écrit ses ennemis, il n'abandonnait pas son armée expirante : il voulait la sauver. Mais il fallait commencer par réparer les pertes qu'elle avait faites, et comme toute la Garde, les Polonais avaient été cruellement éprouvés. Il les renforça en versant dans leurs rangs le régiment de lanciers qu'il avait levé l'année précédente en Lithuanie[2], et après leur avoir à peine laissé le temps de vaincre à Lutzen, Bautzen, Wurschen, Reichenbach et Markersdorff, il leur donna un septième escadron qu'il classa dans la jeune Garde[3], car il voulait que ce fût un honneur envié et hautement mérité que de figurer parmi les vieux soldats qui depuis tant d'années parcouraient avec lui tous les champs de bataille.

Jusque-là les lanciers polonais avaient toujours combattu séparément leurs ennemis coalisés, Prussiens, Autrichiens et Russes. Aussi comme leur courage s'enflamma lorsqu'ils les trouvèrent réunis, au mois d'août, sous les murs de Dresde ! Quelle valeur ils déployèrent devant cette place et à Peterswalde, où ils firent prisonnier le colonel Blucher[4] ; à Wachau, où ils chargèrent avec les dragons de la Garde ; à Leipzig, où ils vengèrent la Pologne et son futur roi Poniatowski.

Après six années de combat, la Pologne était encore une fois frappée d'un coup mortel ; mais l'aigle impériale continuait à couvrir de ses ailes ses vaillants défenseurs, et c'est pour elle que les Polonais continuaient à prodiguer leur vie. Napoléon leur donna le 9 décembre 1813, comme aux dragons et aux grenadiers à cheval, un régiment d'éclaireurs[5], et il leur dit : « La campagne

---

[1] O'Meara, 8 novembre 1816.
[2] Décret du 22 mars 1813.
[3] Décrets du 25 juin et du 9 juillet 1813. L'effectif du régiment fut alors de 1,750 hommes.
[4] Fils du général en chef prussien.
[5] Ce régiment, composé de Polonais, reçut les débris de l'ancien escadron de Tartares lithuaniens, décimé en Russie ; il fut commandé par le major Kozietulski.

qui va s'ouvrir sera la campagne de la Garde; je compte sur vous. » C'était assez pour les Polonais. Dans la lutte désespérée que la France soutint pour s'arracher aux étreintes de ses ennemis, ils redoublèrent d'efforts pour lui laisser un dernier et impérissable souvenir de leur dévouement et de leur courage. Ce souvenir, ils l'ont gravé à Saint-Dizier, Brienne, la Rothière, Champ-Aubert, Montmirail, Montereau, Rocourt, Soissons, Craone, Reims, Béry-au-Bac, où, sous Krasinski, ils enlevèrent vingt-deux pièces de canon, cent caissons d'artillerie, et firent cinq mille prisonniers.

Enfin, quand la fortune se fut assez jouée du génie de Napoléon, quand l'ingratitude et la trahison eurent fait le vide autour de lui, combien douce fut sa joie de retrouver les Polonais parmi ses soldats les plus fidèles! Lui non plus ne voulut pas les abandonner, et il exigea que le traité de Fontainebleau rendît un solennel hommage à leur bravoure. « Les troupes polonaises de toutes armes, ajouta-t-il de sa main, auront la liberté de retourner chez elles, en conservant armes et bagages, comme un témoignage de leurs services honorables. » Mais la plupart des lanciers de la Garde préférèrent accompagner le grand Empereur vaincu dans l'humble retraite où le reléguait l'effroi qu'il inspirait encore à ses ennemis.

« Celui qui persiste à servir un maître déchu est le vainqueur du vainqueur de son maître, » a dit Shakspeare [1]. Cette pensée ne saurait mieux s'appliquer qu'aux Polonais, qui acquirent une gloire nouvelle en restant dévoués au malheur. Cent vingt d'entre eux formèrent, à l'île d'Elbe, l'*escadron Napoléon*, jusqu'au jour où l'aigle reprit son vol vers la France.

Pour reconnaître l'attachement de ses compagnons d'exil, Napoléon les fit entrer dans le régiment de lanciers qu'il rétablit à son retour [2]. Dès ce jour, Français et Polonais furent réunis sous le même étendard. Ils composèrent, avec les chasseurs à cheval, la division de l'intrépide Lefebvre-Desnoëttes à Waterloo, et ils enfoncèrent les bataillons prussiens de Bulow, ainsi que la brigade anglaise de Ponsonby. Enfin, quand leur sang eut assez rougi la terre, quand leur lance fut brisée, quand ils n'eurent plus rien à donner, l'un à la Pologne, l'autre à la France, ils jetèrent un dernier regard sur leur aigle naguère victorieuse, et ils expirèrent en prononçant le mot sacré : PATRIE!

---

[1] *Antoine et Cléopâtre.*

[2] Ils composèrent le 1er escadron de ce corps, qui, réorganisé le 8 avril 1815, fut licencié le 20 décembre à Agen. L'escadron polonais avait quitté la France le 1er octobre pour passer au service de la Russie.

LANCIER ROUGE.

LANCIER ROUGE

Au commencement du quinzième siècle, lorsque Bedfort et Glocester faisaient proclamer l'héritier de Lancastre roi de France et d'Angleterre ; lorsque le fils d'Isabeau de Bavière, victime de cette usurpation, en appelait à Dieu et à son épée, sept mille Écossais accoururent au secours du jeune prince dépossédé de sa couronne, et, après avoir chassé les spoliateurs, contribuèrent à raffermir le trône ébranlé de ses pères.

Afin de donner un témoignage de reconnaissance à ses courageux auxiliaires, Charles VII les attacha à sa personne et les autorisa à ne porter d'autre arme que la lance, qui était, disaient-ils, la plus noble, la seule digne de gentilshommes, et qui, dès ce moment, fut en grand honneur.

C'était déjà le temps, il est vrai, des tournois et des carrousels, des écuyers et des pages, de la bravoure et de la chevalerie. Il ne fallut rien moins que la mort du roi Henri II, tué en 1559 par Montgommery, dans une fête équestre, pour détrôner la longue pique frettée qui avait conquis les faveurs des hauts barons et surtout celle des dames et des *damoiselles*.

La lance reparut sous Henri IV, mais le glorieux et bien-aimé Béarnais n'ayant pas assez vécu pour en propager l'usage dans son armée, elle ne recommença à être employée que sous Louis XV, par les hulans du maréchal de Saxe, qui s'en servirent aux journées de Fontenoi et de Laufeld.

L'éclat de ces victoires était depuis longtemps éclipsé, lorsqu'en 1810, les bulletins de l'armée d'Espagne apprirent à Napoléon que le seul aspect des lances qu'il venait de donner aux chevau-légers polonais de sa Garde répandait l'épouvante parmi les insurgés dans toute la Péninsule. Plus il faisait la guerre, plus l'Empereur reconnaissait la nécessité d'avoir dans sa cavalerie légère des escadrons armés comme ceux du Don et de l'Ukraine. « La lance est la reine des armes, » avait dit Montécuculli ; et l'opinion d'un tel capitaine n'était pas de celles qu'il dédaignait.

Napoléon ajouta donc à sa Garde, le 13 septembre, *un deuxième régiment de lanciers*, qu'il composa en grande partie des hussards de la garde royale hollandaise, licenciée le même jour [1]. Les Français furent aussi admis dans ce corps, dont Napoléon pressa l'organisation, afin qu'il fût promptement en état de se montrer à la hauteur du rang qu'il lui avait assigné. Il fondait avec raison de grandes espérances sur ce régiment, dont la carrière fut aussi courte que glorieuse. Quatre années suffirent à fonder la réputation des intrépides *lanciers rouges* ; car c'est ainsi que les désignait le peuple, dont le cœur trouve toujours des noms faciles pour sa mémoire comme pour sa reconnaissance.

Le lancier rouge était en effet le soldat populaire par excellence. Son uniforme écarlate, qui lui avait valu son nouveau titre, sa tournure élégante, son air martial, son humeur enjouée, tout en lui était séduisant, tout était français. Mais ces brillantes qualités ne le satisfaisaient pas complétement, il avait voulu y joindre celles de son émule, le lancier polonais. Pour lui, le héros de Somo-Sierra et de Wagram était le type du cavalier accompli. Aussi s'efforçait-il de s'identifier avec lui, et il y était parvenu avec tant de bonheur que, sauf les couleurs plus vives de son kurtka, il eût été difficile de distinguer le lancier de France de son illustre frère d'armes. Le courage devait compléter leur ressemblance.

Les présages d'une vaste et lointaine expédition avaient éclairé d'une lueur sinistre la fin de l'année 1811 et les premiers mois de 1812. C'était au fond de la Russie que Napoléon avait résolu de porter ses pas, avec la plus formidable armée qu'eût jamais rêvé le génie des conquêtes.

Après avoir augmenté le nombre de leurs escadrons [2], les lanciers rouges de la Garde se dirigèrent vers les contrées que l'Empereur désignait à leur impatience. C'était leur première campagne; à mesure qu'ils avançaient, l'aigle leur montrait les plaines et les cités où elle avait plané victorieuse; les échos de la Moravie et de la Thuringe leur disaient les noms d'Austerlitz et d'Iéna, et les saules du Niémen, à l'ombre desquels, après une course rapide, venaient enfin se reposer leurs chevaux, tout blancs d'écume, leur rappelaient la journée de Friedland, et le traité de Tilsitt, et l'entrevue des deux empereurs, et d'augustes serments si vite oubliés, et l'apogée d'une splendeur si près de s'évanouir !

Les lanciers rouges franchirent le fleuve, sous les ordres de leur colonel, le général Colbert; ils gagnèrent à marches forcées Wilna, Gloubokoé et Witepsk, ce champ de bataille qu'avaient illustré les enfants de Paris; ils traversèrent

---

[1] Les hussards d'origine allemande passèrent dans le régiment de lanciers du grand-duc de Berg, que Napoléon avait également attaché à sa Garde par arrêté du 17 décembre 1809.

[2] Un 5ᵉ escadron fut organisé par décret du 11 mars 1812. — Un autre décret du 6 janvier précédent disposa qu'indépendamment de la lance, le régiment serait armé de carabines comme les lanciers polonais.

Smolensk et Wiazma, dont les églises aux coupoles orientales s'abîmaient dans les flammes, car le czar avait confié au démon de la destruction le salut de son empire : « Voilà donc comme ils font la guerre, s'écria Napoléon avec amertume ; ce sont toujours des Scythes ! » Ses lanciers rouges vinrent camper avec lui sur les hauteurs de Borodino ; mais le soleil du 7 septembre, qui mêla ses flots de lumière à ceux de la Moskowa, ne les convia pas à la grande bataille. Les victoires ne devaient pas sitôt réjouir leurs cœurs; il fallait qu'il les achetassent au prix d'horribles souffrances : nés au déclin de l'Empire, ils étaient, pour ainsi parler, condamnés à n'en connaître que les jours de deuil. Ces jours ne furent pourtant pas sans gloire : Mojaïsk, Krasnoé, Borisow en ont conservé le souvenir. Depuis Moscou jusqu'à la Bérézina, l'héroïsme des lanciers rouges fut au-dessus des maux qui fondirent sur eux de toutes parts.

Comme à Pavie, tout était perdu, *fors l'honneur*. Le régiment avait laissé dans les déserts de la Russie près d'un millier d'hommes et de chevaux. Néanmoins, une si désastreuse campagne n'avait pas affaibli la puissance de l'Empereur, ni abattu son courage. Son génie ne parut jamais plus éclatant, son activité plus prodigieuse. Avec les débris des vieux régiments de cavalerie rappelés d'Espagne, les dragons de la garde de Paris licenciés, les plus anciens soldats choisis parmi les cuirassiers, les chasseurs et les hussards, les volontaires qui se présentaient pour servir comme vélites, il reconstitua les cinq escadrons de lanciers rouges. Enfin les cités, les corporations lui offrirent des cavaliers montés, ce qui lui permit de porter à dix le nombre de ces escadrons, « en ayant soin, écrivit-il le 18 janvier 1843 au duc de Feltre, de composer les cinq derniers, *dits de jeune Garde*, d'hommes tirés des départements voisins de la capitale, et par conséquent du cœur de la France [1].

Il donna l'ordre d'y comprendre cinq cents cavaliers que sa « bonne ville de Paris » mettait à sa disposition. « La ville de Paris, ajouta-t-il, doit être sensible à cette marque que je lui donne de ma considération, et elle ne doit offrir que de beaux hommes, bons sujets, et qui, par leur taille et leur bonne conduite, se fassent honneur dans la Garde. »

Ils s'y firent en effet honneur dans la campagne qui s'ouvrit au mois d'avril et ramena les lanciers rouges sous le ciel de la Germanie. Lutzen, Bautzen, Wurschen, Reichenbach, Markersdorff, Gorlitz, Dresde, Nollendorff, Tœplitz, furent pour eux de grandes journées. Mais la fatalité devait épuiser contre ces braves ses traits les plus cruels ; malgré leur valeur à Leipzig et leur charge effrénée de Hanau, il leur fallut abandonner l'Allemagne pour voler au cœur même de cette France d'où Napoléon les avait tirés pour la plupart,

---

[1] Décrets des 18 janvier et 23 février 1813.

comme s'il avait prévu que le jour où le cœur de la patrie serait menacé, ils revendiqueraient les premiers l'honneur de la défendre.

A ces mêlées épouvantables, à ces batailles de tous les instants, les lanciers diminuaient de jour en jour. Les plus heureux, ceux qui avaient survécu à ces luttes gigantesques, attestaient leurs combats par le nombre de leurs cicatrices; et loin d'être épuisés par le sang qu'ils avaient versé, ils semblaint animés d'une ardeur irrésistible. De chacun d'eux, Napoléon eût pu dire, comme le roi Charles VI du connétable de Clisson : « Il grandit par ses blessures, » *per vulnera crescit!*

Les forces dont les lanciers rouges avaient besoin pour se régénérer, ils les empruntèrent au premier et au quatrième régiment de gardes d'honneur, ainsi qu'aux chevau-légers français de la garde du roi Joseph, dont la défaite de Vittoria avait brisé la couronne; ils les puisèrent surtout dans le courage que leur inspira l'amour de la patrie.

Du pont de Lesmon à Saint-Dizier, de Champ-Aubert à Arcis-sur-Aube, ils soutinrent cent combats; ceux de leurs adversaires qui échappèrent à leurs coups dans les plaines de la Lorraine ou de la Champagne, ils coururent les défier au delà des frontières, et tant qu'il resta un souffle de vie à ces cavaliers infatigables, Breda, Anvers, Gand, Liége, Courtrai, respectèrent leur étendard.

Que de traits de courage, que d'actions merveilleuses remplirent cette campagne de 1814! A eux revient l'honneur d'avoir repris à Brienne l'artillerie et le champ de bataille, un moment perdus; à Montmirail, un de leurs escadrons fit sept cents prisonniers; à Hoogstratten, ce fut mieux encore : un bataillon prussien venait d'enlever une pièce de canon, dix-huit lanciers s'élancent, culbutent le bataillon, s'emparent de son trophée et le ramènent avec deux cents ennemis.

Inutiles prodiges! Un si noble dévouement n'arrêta pas le torrent dont le cours impétueux devait emporter à la fois le trône et l'Empire!

La Restauration transforma le régiment en *corps royal des chevau-légers lanciers de France;* mais Napoléon lui rendit, le 8 avril 1815, son ancien titre, si cher et si glorieusement conquis; il y fit entrer les Polonais de l'île d'Elbe, qui eurent le pas sur les escadrons français. C'était un juste hommage rendu à la fidélité éprouvée et aux anciens services des vainqueurs de Somo-Sierra. Le lancier de France avait d'ailleurs le cœur trop noble pour que la jalousie pût y trouver place; ce que son compagnon d'armes avait fait en d'autres temps, il l'eût accompli avec la même intrépidité : l'occasion seule lui avait manqué. Il en donna bientôt une preuve éclatante. A Ligny et à Waterloo, il montra, dès le premier choc, qu'il ne le cédait à son aîné ni en courage ni dans l'art de manier son arme redoutée. Ils chargèrent ensemble la brigade anglaise de Ponsonby, et les colosses humains qu'ils laissèrent gisants sur le sol à côté du chef qui les commandait pourraient seuls dire quelles profondes blessures les précipitèrent au tombeau. Un instant, les lanciers crurent avoir ressaisi la victoire, la joie éclatait déjà sur tous les visages, l'espoir renaissait dans tous les cœurs. C'est à ce moment que le destin, envieux sans doute de ce dernier triomphe, se déchaîna contre eux dans toute sa fureur.....

L'histoire a dit le reste; mais ce qu'elle n'avait pas dit assez, ce qu'elle ne saurait trop dire, c'est la vie noblement remplie de ce soldat qui s'est endormi de l'éternel sommeil, il y a plus de quarante années, en pressant sur sa poitrine son aigle toujours glorieuse et sa lance brisée, que la mort même ne put arracher de l'étreinte de ses mains ni ravir aux baisers de ses lèvres glacées [1].

[1] Licencié le 21 juin 1814, le régiment reprit son titre le 8 avril 1815 et fut définitivement dissous le 20 décembre 1815.

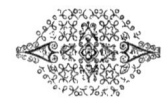

GARDE D'HONNEUR.

GARDE D'HONNEUR

Si quelque chose peut donner une juste idée de la force du sentiment national en France, c'est le dévouement dont furent animés tous les cœurs après la campagne de Russie. La patrie paraissait épuisée; l'argent, les chevaux, les hommes, tout lui manquait à la fois, et cependant elle tirait de ses entrailles de nouvelles richesses, de nouveaux escadrons, de nouvelles armées. Cent mille gardes nationaux se levaient pour sa défense, indépendamment de cent mille hommes pris sur les conscriptions antérieures, et de cent cinquante mille sur celles des années suivantes; mais, ce suprême sacrifice accompli, il semblait juste de ne plus rien attendre de ses efforts.

Napoléon connaissait mieux les ressources de la France, cette mère aux mamelles généreuses, comme la Cybèle des anciens. Il lui fallait dix mille chevaux quand il n'y avait plus de chevaux nulle part; dix mille combattants valides, jeunes et braves, quand tout ce qui était brave, jeune et valide, était déjà sous les drapeaux. Alors il fit appel aux membres de la Légion d'honneur et à leurs fils; aux fils des chevaliers, des barons, des comtes et des ducs; à tous ceux qui lui devaient leurs blasons; aux fils des vétérans qui avaient servi dans ses armées, ce qui était à ses yeux le plus beau titre de noblesse; puis encore aux fils et aux neveux des citoyens les plus imposés dans les villes des cent trente départements de l'Empire, et il leur dit : « Je veux vous ouvrir les rangs de mon armée; la patrie ne peut vous habiller, vous équiper, vous monter; ce qu'elle ne saurait faire, vous le ferez vous-mêmes; vous suppléerez à sa détresse; vous lui donnerez votre fortune, votre sang, votre vie; votre récompense sera dans le nom que vous tiendrez de moi et que la postérité redira avec orgueil : vous vous appellerez les *Gardes d'honneur*. »

La confiance de Napoléon ne fut pas trompée, et sa voix réveilla partout un écho patriotique. Quatre régiments furent créés le 5 avril 1813[1], et orga-

[1] Les colonels furent les généraux Pully, Lepic, remplacé au mois de novembre 1813 par le général de la Grange; de Ségur et de Saint-Sulpice.

nisés, le premier à Versailles, le second à Metz, le troisième à Tours et le quatrième à Lyon.

Les premiers escadrons formés se dirigèrent, le 19 juin, sur Mayence et de là sur Gotha. Napoléon, qui était à Dresde, quitta cette résidence royale pour voir à leur passage les nouveaux cavaliers qui venaient se joindre à son armée. C'étaient pour la plupart des jeunes gens de bonne famille, à la taille élégante, aux manières distinguées; beaucoup appartenaient à l'ancienne aristocratie française qui, éloignée jusque-là des champs de bataille, s'était empressée d'y envoyer ses plus illustres rejetons le jour où la patrie avait été déclarée en danger. On reconnaissait en eux les descendants de ces gentilshommes qui saluaient la mort à Fontenoi; ils étaient arrivés à la Grande Armée avec la noble impatience de renouer les traditions de gloire que leurs pères leur avaient transmises.

L'Empereur fut satisfait de l'attitude martiale et de la bonne tenue des gardes d'honneur, car il data de Mayence même, le 29 juillet, un ordre qui les fit passer dans sa Garde. Cette place réunissait, le 11 août, dix de leurs escadrons, qui se rendirent à Dresde après la victoire remportée sous les murs de la vieille capitale saxonne. Le premier régiment fut attaché aux chasseurs à cheval de la Garde, le second aux dragons, le troisième aux grenadiers, et le quatrième aux lanciers polonais.

La journée de Leipzig fit voir ce qu'il fallait attendre de la valeur de ces jeunes soldats, et celle de Hanau le révéla mieux encore. Ils accoururent, avec Sébastiani, au secours des artilleurs de la Garde, qu'enveloppait de toutes parts la cavalerie austro-bavaroise. « N'oubliez pas, leur dit l'Empereur, que sous Louis XV, ici même[1], les gardes françaises éprouvèrent un violent échec. Faites en sorte que l'ennemi ait aujourd'hui le même sort et que la France soit vengée. » A ces mots, les gardes d'honneur du 3ᵉ régiment fondent sur les hulans de Schwarzenberg, et leur impétuosité étonna Napoléon lui-même. Les cavaliers de Pompée fuyaient le champ de bataille, quand les soldats de César les frappaient au visage; les gardes d'honneur le parcouraient au contraire pour chercher de si nobles blessures.

Quelle ne fut pas leur douleur lorsqu'ils virent les frontières de la France menacées. En vain ils tentèrent d'arrêter les masses de l'infanterie russe qui les accabla dans cette place de Mayence, d'où ils étaient partis deux mois auparavant, pleins d'ardeur et de confiance, et où trois cents des leurs succombèrent pour l'honneur du drapeau.

La campagne de France n'occupe pas une moins belle place dans les fastes des gardes d'honneur. Champ-Aubert, Montmirail, Château-Thierry, Mor-

---

[1] A la bataille de Dettingen.

mant, Montereau, furent témoins de leur courage. Ils avaient détaché des escadrons partout, afin de ne manquer aucune occasion de se mesurer avec l'ennemi. A Craone, ce furent les Prussiens qu'ils délogèrent de leur position; à Laon, sous les ordres du général Defrance, ce furent les Russes, qu'ils enfoncèrent encore dans les faubourgs de Reims, en leur enlevant quatorze pièces de canon. Aussi, le lendemain, les gardes d'honneur s'étant rencontrés sur le théâtre de leur victoire avec les grenadiers à pied, auxquels ils s'apprêtaient à disputer le passage, les vétérans de la vieille Garde, s'arrêtant tout à coup, s'écrièrent : « Place, place à ces braves! ce terrain leur appartient, ils peuvent être fiers de l'avoir conquis. » Enfin les gardes d'honneur brûlèrent leur dernière cartouche le 26 mars, à Saint-Dizier, où ils firent neuf cents prisonniers.

Mais que pouvaient leurs efforts contre la destinée! L'Empire les entraîna dans sa chute [1]. Cependant, tout éphémère que fut leur existence, ils eurent le temps de livrer dix batailles et d'acquérir une réputation sans tache. Tant qu'ils furent debout, l'ennemi les redouta; quand ils tombèrent, chargés de gloire et couverts de blessures, il honora leur malheur : tant il est vrai, comme l'a dit Napoléon lui-même, qu'on respecte dans l'abaissement ceux qui se sont respectés dans la grandeur.

[1] Les gardes d'honneur furent licenciés le 24 juin 1814.

ARTILLERIE À CHEVAL.
MARÉCHAL DES LOGIS

ARTILLERIE A CHEVAL

« Ce 24 avril 1821, Longwood.

Nous léguons au fils ou au petit-fils du baron Dutheil, lieutenant général d'artillerie, ancien seigneur de Saint-André, qui a commandé l'École d'Auxonne avant la Révolution, la somme de cent mille francs, comme souvenir de reconnaissance pour les soins que ce brave général prit de nous lorsque nous étions, comme lieutenant et capitaine, sous ses ordres[1]. »

Ainsi s'exprimait dans son testament, quelques jours avant de mourir, l'auguste captif de Sainte-Hélène. Au déclin de sa vie, il aimait à faire un retour sur les commencements de sa prodigieuse carrière et à rendre un solennel hommage aux chefs illustres qui lui avaient les premiers donné l'occasion de déployer les ressources de son génie.

L'artillerie fut constamment l'objet des affections de Napoléon. Enfant, il lui dut ses premiers succès à l'École de Brienne; jeune officier, il lui demanda sa première victoire et elle planta son nom comme un drapeau sur le Petit Gibraltar; général, il l'employa avec succès au 13 vendémiaire contre les sections insurgées; commandant en chef, il put, grâce à elle, accomplir les prodiges des armées d'Italie et d'Égypte.

Le Premier Consul devait trop à ses artilleurs de Toulon, de Saint-Roch, de Montenotte et d'Aboukir, pour les oublier dans l'organisation de la Garde des consuls, à laquelle une compagnie d'artillerie légère fut attachée le 28 novembre 1799. Les éléments de cette compagnie furent empruntés aux canonniers-guides de l'armée d'Égypte et aux divers régiments de l'artillerie à cheval.

Lorsque, renouvelant les merveilles du siècle d'Annibal, le général Bonaparte gravit au mois de mai 1800 la cime des Alpes, les artilleurs de la Garde consulaire placèrent leurs pièces sur des traîneaux façonnés avec des troncs d'arbres creusés, et, s'y attelant avec leur entrain accoutumé, ils leur

[1] Il laissa une même somme aux héritiers de Dugommier, sous les ordres duquel il avait commandé l'artillerie au siége de Toulon.

frayèrent un passage au milieu des glaces et de la neige. Ils firent plus encore pour tromper la vigilance ennemie. On les vit couvrir les chemins de feuilles et d'herbe, entourer de paille les roues de leurs affûts et de leurs voitures, dissimuler leurs canons sous d'épaisses branches, et, à la faveur de la nuit, dérober ainsi leur marche aux batteries du fort de Bard, situé dans une position inexpugnable. Le ciel couronna leurs efforts; le 2 juin, ils entrèrent à Milan, et le 14, dans la plaine de Marengo, ils secondèrent les charges impétueuses de la cavalerie de la Garde.

Les cinq années qui suivirent cette victoire furent des années de paix; mais pour l'artilleur il n'était pas de repos. On aurait dit qu'il prévoyait déjà l'ère laborieuse qui allait s'ouvrir pour lui; car il faut bien le dire, de tous les corps, de tous les régiments de la Garde, il n'en était pas un qui dût, plus que l'artillerie légère, prendre une part active aux guerres de l'Empire.

Le temps passé loin des combats ne fut pas stérile pour l'artillerie de la Garde, dont Mortier fut nommé colonel général, en même temps que Davout, Soult et Bessières furent placés en cette qualité à la tête des grenadiers, des chasseurs à pied et de la cavalerie. Quelques mois après, le 8 mars 1802, l'artillerie consulaire fut réorganisée en un escadron comprenant, outre l'état-major, une compagnie à cheval, des ouvriers et employés du parc, et une compagnie du train, de cent vingt chevaux[1]. Enfin, le 29 juillet 1804, elle augmentait son effectif et devenait artillerie de la Garde impériale.

Un an plus tard, elle prenait part à la campagne de 1805. Pendant que l'infanterie de la Garde se rendait en poste en Allemagne, que la cavalerie la rejoignait à marches forcées, l'artillerie accourait sur le Danube et lançait sur Ulm des volées de boulets. Le 13 novembre, elle forçait la capitale des Césars germains. Avide de nouveaux triomphes, elle volait ensuite dans la Moravie pour dorer le bronze de ses canons au soleil d'Austerlitz.

« Il faut finir cette campagne par un coup de tonnerre ! » s'était écrié Napoléon le matin de la bataille. Secondant son impatience, les artilleurs de la Garde se multiplièrent pour se porter, selon ses ordres, partout où le péril

---

[1] Nous n'avons pas besoin de dire que le soldat du train et l'artilleur à cheval de la Garde ne sont pas plus séparés dans cette légende que dans la gravure qui les représente; on sait que jusqu'en l'an VIII les voitures d'artillerie étaient conduites par des charretiers qui, appartenant à des entreprises particulières de transports, n'étaient point retenus comme les autres soldats par le sentiment de l'honneur. Le Premier Consul réforma ce vice d'organisation : les charretiers furent militarisés.

Dans la Garde, le train prit une extension importante à mesure que s'accrut elle-même cette troupe d'élite. D'abord réduit à une compagnie, il en compta quatre en l'an XII, forma un bataillon de six compagnies le 15 avril 1806 ; un bataillon principal et un bataillon *bis* le 12 avril 1808 ; deux régiments le 10 février 1813, l'un de vieille, l'autre de jeune Garde ; enfin un escadron du 8 avril 1815 au 1ᵉʳ décembre de la même année. Ce dernier était composé d'hommes tirés de divers régiments d'artillerie et de l'ancien bataillon du train des équipages de la Garde, qui avait été supprimé en 1811, après trois années d'existence.

demandait un secours puissant et rapide. Et quand la victoire se fut fixée dans nos rangs, quand l'ennemi, cerné de toutes parts, eut cherché un refuge sur les étangs glacés de Mœnitz, vingt-quatre de leurs pièces rompirent la glace et vomirent la mort. Du sein de ces lacs immenses, on entendait s'élever les cris de plusieurs milliers d'hommes. La cavalerie autrichienne, toujours brave jusqu'à la témérité, voulut couvrir la retraite de l'infanterie moscovite; elle fondit sur l'artillerie de la Garde; mais le chef d'escadron Digeon, avec six pièces chargées à mitraille, l'anéantit en quelques instants, et les débris de cette formidable armée s'abîmèrent dans le gouffre dévorant.

L'Empereur fut satisfait de la conduite de son artillerie. Lorsqu'on lui en rendit compte : « Ces succès me sont chers, dit-il, car je n'oublie pas que c'est dans ce corps que j'ai commencé ma carrière militaire. » Les artilleurs lui présentèrent un officier d'artillerie de la garde russe, qu'ils avaient fait prisonnier et qui invoquait la mort : « J'ai perdu mes canons, s'écriait-il en pleurant; je suis indigne de vivre. » — « J'apprécie vos larmes, lui répondit Napoléon; mais on peut être battu par mon armée et avoir des titres à la gloire. » C'est ainsi que par un noble langage le conquérant savait exalter à la fois les vainqueurs et les vaincus.

La victoire était si complète que rien ne pouvait y ajouter, selon les paroles de l'envoyé de François II; la paix seule devait augmenter la gloire du vainqueur : elle fut conclue le 26 décembre. Napoléon en profita pour donner une organisation plus forte à son artillerie. Le 15 avril 1806, il en fit un régiment de trois escadrons, comprenant en outre un bataillon du train fort de mille chevaux en temps de guerre, et deux compagnies de vélites, jeunes artilleurs auxquels il ne demanda que de marcher sur les traces de leurs aînés de la vieille Garde.

Aussi bien, ces précautions n'étaient pas inutiles. Le ciel se chargeait d'orages; une quatrième coalition s'était formée. Frédéric-Guillaume venait d'envahir la Saxe, comme l'année précédente l'empereur d'Allemagne avait envahi la Bavière. La France devait répondre à la Russie par un second Austerlitz. « L'artillerie de la Garde sera placée sur la hauteur d'Iéna, » dit l'Empereur en faisant les dispositions de la bataille. C'est de là que les artilleurs virent se disperser cette armée, qui, éblouie par l'image du grand Frédéric, était venue, folle d'orgueil, au-devant de nos bataillons, et qui se trouva en un seul jour sans chef, sans drapeau, sans patrie. En vain eut-elle l'espoir que les Russes pourraient la secourir et la sauver; les artilleurs de la garde rencontrèrent ces auxiliaires à Pultusk le 28 décembre, à Hoff le 6 février 1807, et le surlendemain à Eylau, où leurs soixante bouches à feu, dirigées par le vaillant La Riboisière, soutinrent le centre de l'armée et imposèrent silence aux batteries ennemies.

Mais pour eux ce n'était rien encore; ils courent sur la basse Vistule pour canonner Dantzig; ils poursuivent les régiments du czar jusqu'à Heilsberg, et, à la voix de Napoléon, ils les poussent dans l'Alle comme ils avaient fait aux étangs de Mœnitz. C'était le 14 juin : date féconde et mémorable dans les fastes militaires de la France, elle avait vu Turenne vaincre à la bataille des Dunes en 1658, Bonaparte triompher à Marengo, et elle le couronnait encore des lauriers de Friedland [1].

A quelques lieues au nord de cette ville, au confluent de la Tilse et du Niémen, est Tilsitt, cité coquette, la perle de la Prusse. Les artilleurs s'y rendirent à la hâte pour jeter sur son fleuve au cours majestueux le pavillon impérial qui réunit Alexandre et Napoléon dans une étreinte fraternelle. Sur ce radeau mobile se décidèrent les destinées des empires, non moins changeantes que les flots qui le portaient.

Quatre jours après, le 29 juin, Napoléon, le royal descendant du grand Frédéric et l'héritier de Romanoff sortaient de Tilsitt pour voir manœuvrer l'artillerie de la Garde. Ils ne se lassèrent pas d'admirer l'air martial et la tenue sévère de ces vétérans, que le vainqueur d'Iéna aimait à montrer à ses amis comme à ses ennemis.

Des plaines de la Germanie, l'artillerie à cheval de la Garde ne tarda pas à conquérir de nouveaux titres de gloire au delà des Pyrénées. Quelques-unes de ses batteries parcoururent la Navarre et la Nouvelle-Castille. Elles balayèrent les rives de la Pisuerga, et furent victorieuses à Medina del Rio-Seco.

Cependant l'éclat de nos armes ayant été un moment obscurci, Napoléon conduisit en Espagne toute l'artillerie de sa Garde; il s'en applaudit à Burgos, au défilé de Somo-Sierra, et devant Madrid, où, le 4 décembre 1808, elle fêta la patronne des canonniers, sainte et martyre à la fois, en faisant pleuvoir une grêle de boulets sur le palais de Buen-Retiro. Car les artilleurs avaient sur sainte Barbe des idées à eux qui constituaient un culte et une religion, et ils avaient voulu l'honorer en lui donnant une victoire. Roses, Santa-Cruz, la Corogne, le Ferrol, Chavès, Oporto, furent aussi témoins de leur valeur; ils se vengèrent enfin de Talaveira à la journée d'Almonacid.

Pendant que les canons de l'artillerie de la Garde faisaient ainsi trembler le sol de l'Espagne, la plus grande partie du régiment était déjà revenue sur les bords du Danube, où Napoléon lui avait donné rendez-vous. Il vint rejoindre son artillerie le 20 avril 1809 et lui ordonna d'anéantir l'ennemi à Abensberg. Il entra avec elle dans Ratisbonne et dans Vienne, et lorsqu'il fallut forcer le passage du grand fleuve germain, elle vomit la mitraille sur les bataillons de l'archiduc Charles à Essling. Enfin, quand l'armée voulut sortir des îles du

---

[1] Il y a dans l'histoire des coïncidences heureuses : cette date est aussi celle du débarquement des Français en Algérie en 1830.

Danube, où elle s'était retranchée pendant six semaines, elle couvrit Enzersdorf de ses boulets.

Elle parut plus formidable encore à la journée de Wagram ; cent cinquante pièces de canon, amoncelées sur un seul point, labouraient la terre au loin. Alors l'Empereur ordonna à Macdonald de former une colonne d'attaque destinée à se porter sur le centre de l'ennemi. « Les carrés autrichiens doivent être foudroyés comme une forteresse ! » s'écrie-t-il. Mais la cavalerie fait de vains efforts pour les rompre ; l'œil en feu, il parcourt au galop toute la ligne et appelle les batteries de la garde. « Drouot ! Drouot ! dix mille boulets ! écrasez les masses de l'ennemi ! Il faut à tout prix soutenir la colonne. » Il dit et disparaît dans un nuage de poudre et de fumée. Aussitôt cent pièces d'artillerie sont mises en batterie. Chargées par une nuée de cavaliers, ces pièces ne peuvent plus se mouvoir ; les artilleurs sont sabrés, mais ils résistent ; la cavalerie de la Garde, les cuirassiers de Nansouty les dégagent, et après des prodiges de valeur, les Autrichiens sont contraints d'effectuer leur retraite.

Quelle ne fut pas la joie de Napoléon ! avec quel orgueil il proclama que l'artillerie de la Garde avait plus que jamais contribué à la victoire ! « Elle s'est couverte de gloire, dit-il dans le 26e bulletin. Le major d'Aboville qui la commandait a été blessé, le chef d'escadron Grenner a eu un bras emporté. Ces intrépides artilleurs ont montré toute la puissance de cette arme terrible. » Et dans la proclamation qu'il fit mettre immédiatement à l'ordre du jour, il leur témoigna « en particulier sa satisfaction. » Toute l'armée, tous les régiments de la Garde avaient été admirables ; mais le cœur de Napoléon était toujours plus sensible aux succès de ses canonniers ; l'ancien officier d'artillerie se trahissait malgré lui ; Wagram était l'écho de Toulon.

L'Espagne revit les artilleurs de la Garde, en 1810 et 1811, sous Bessières et Dorsenne ; mais la guerre, la grande guerre les rappela bientôt en Allemagne et de là en Russie. Ils firent retentir leur foudre à Mojaïsk, à la Moskowa surtout, où, sous les ordres du général Sorbier, ils eurent la gloire d'être les seuls, parmi les régiments de la Garde, qui prirent part à la victoire. C'était le 7 septembre 1812. Le temps était brumeux. Tout à coup un soleil radieux dissipa le brouillard. « C'est le soleil d'Austerlitz ! » s'écria l'Empereur. A peine avait-il parlé, que ces vieux artilleurs donnèrent le signal de la bataille ; mais ils voulurent aussi en décider le résultat. Quand toute l'armée russe fut engagée, quand le moment fut venu d'enlever la grande redoute, quand Caulaincourt et ses cuirassiers se furent précipités tête baissée au milieu du volcan qui vomissait la mort, la voix imposante de leur tonnerre remplit ces contrées, que n'avaient pas troublées de si formidables détonations depuis la journée de Pultawa.

Jusqu'à la fin de la campagne, les artilleurs se distinguèrent. L'histoire ne dira jamais ce qu'il leur fallut de courage pour résister aux attaques incessantes d'un ennemi nombreux, pour lutter contre la puissance plus terrible d'un climat meurtrier, pour sauver leurs bouches à feu. Le verglas rendait les chemins impraticables; les chevaux périssaient par milliers, les canons et les caissons restaient sans attelage. Combien d'artilleurs ne craignirent pas de s'ensevelir avec leurs pièces plutôt que de les abandonner! Que de traits de courage ne peuvent-ils pas revendiquer! A Smolensk, un artilleur est blessé à mort; son camarade vole à son secours : « Retourne à ta batterie, lui dit-il, et venge-moi. » A Studzianka, un essaim de Cosaques fond sur une pièce de canon servie par huit de ces braves. Après un combat furieux, un seul artilleur reste debout : « Rends-toi! » lui crie l'officier ennemi. — Pour toute réponse, l'artilleur saisit l'officier, l'entraîne à la bouche de son canon, y met le feu et tombe mort avec lui.

Voilà les hommes de l'Empire, voilà des dévouements qui égalent ceux des Décius!

De même que Marceau, après la prise de Verdun, ne demandait qu'un sabre pour venger sa défaite, les artilleurs de la Garde, après l'expédition de Russie, ne voulurent rien que de nouvelles armes pour relever l'honneur de leur drapeau. Napoléon tira des canons des arsenaux de Metz, de Strasbourg, d'Alexandrie et d'Anvers [1]; il augmenta le nombre des compagnies de ses artilleurs [2]. Ce n'était pas en vain. La campagne de 1813 s'ouvrait et ils devaient la remplir de leurs faits de guerre. A la journée de Lutzen, quatre-vingts de leurs bouches à feu, conduites en une seule batterie par les généraux Dulauloy, Drouot et Desvaux, mitraillèrent les corps de Wittgenstein et de Blucher. « C'est une bataille d'Égypte, dit l'Empereur; nous n'avons pas de cavalerie, mais une infanterie française avec de l'artillerie doit se suffire. » Elles se suffirent encore l'une et l'autre à Bautzen. C'était un beau spectacle. L'artillerie à cheval était échelonnée en amphithéâtre sur les hauteurs qui couronnaient le champ de bataille; les échos de la Bohême renvoyaient dans la plaine le bruit des détonations; les éclairs de la fusillade constellaient l'horizon; les eaux de la Sprée se coloraient de teintes sanglantes.

La sublime horreur de ce tableau se renouvela le lendemain à Wurschen, mais inutilement. « Ces gens-là ne me laisseront pas un clou! » s'écria l'Empereur. Ils ne lui laissèrent que le désespoir. Semblables aux Parthes qui

---

[1] Le nombre des bouches à feu servies en 1813 par le corps de l'artillerie de la jeune et de la vieille Garde, tant à pied qu'à cheval, ne dépassa jamais le chiffre de cent quatre-vingt-seize pièces réparties en vingt-six batteries. Les batteries d'artillerie à cheval furent toujours commandées par un major, de même que les batteries à pied; les unes et les autres constituaient, avec le train, les pontonniers et les canonniers vétérans le *corps d'artillerie de la Garde*, sous les ordres d'un colonel, général de division.

[2] Décrets du 24 janvier et du 13 mars.

lançaient leurs flèches mortelles en fuyant, ils lui plongèrent au cœur, en battant en retraite, la plus cruelle de toutes ses douleurs. Ils lui ravirent son ami, son compagnon d'Arcole, de Saint-Jean d'Acre, de Marengo. Duroc, l'Éphestion de cet autre Alexandre, tomba le 22 mai 1813, comme était tombé Lannes quatre ans auparavant et le même jour. Il semblait que les plus intimes compagnons d'armes du grand capitaine dussent descendre avant lui dans la tombe, pour aller préparer un sépulcre à la taille de leur Empereur.

Un armistice de deux mois arrêta l'élan de l'artillerie à cheval de la Garde. Elle se réveilla au mois d'août sous les murs de Dresde, où elle soutint pendant tout un jour l'effort de la bataille. Une de ses batteries, postée en face du quartier général des alliés, répondait mollement au feu de la batterie opposée, tant elle était découragée par l'inutilité de ses coups. « N'importe, dit l'Empereur, il faut attirer l'attention de l'ennemi de ce côté. » Aussitôt la batterie fait un feu roulant, et l'un de ses boulets va frapper un personnage dont on ne sut le nom que le lendemain. Un lévrier, resté à la place où son maître avait été blessé, portait écrit sur son collier : « *J'appartiens au général Moreau.* » C'était en effet le vainqueur d'Hohenlinden qui était venu combattre parmi les ennemis de sa patrie, espérant qu'elle lui pardonnerait un jour, au prix d'une nouvelle victoire, comme elle avait pardonné à Turenne et à Condé.

Au triomphe de Dresde, l'artillerie à cheval de la Garde ajouta celui de Wachau ; on peut même dire celui de Leipzig, qui en fut un pour elle ; elle tira plus de vingt mille coups de canon, elle épuisa toutes ses munitions. Les braves canonniers, privés de boulets, tiraient encore à poudre, et trompant les combattants par un vain bruit, prolongeaient héroïquement la lutte.

Après avoir réparé leurs pertes dans l'arsenal d'Erfurt, les artilleurs de la Garde écrasèrent les masses austro-bavaroises à la journée de Hanau. Ce fut leur dernier exploit dans cette rude campagne, qui, si glorieuse qu'elle fût, ne saurait être comparée à celle de l'année suivante. Lorsqu'ils virent la France envahie, leur aigle humiliée, l'épée de Napoléon brisée dans ses mains, on aurait dit que l'injure faite à leur Empereur, à l'ancien lieutenant de canonniers, frappait l'artillerie tout entière ; et comme s'il eût été à eux plus qu'à tout autre régiment de l'armée, chacun des canonniers de la Garde prit la résolution de mourir ou de le venger [1]. C'est ainsi qu'à Brienne ils furent à la fois canonniers et cavaliers, tantôt se servant de leurs pièces, tantôt chargeant en escadrons. Ils furent admirables à Montereau sous les yeux de Napoléon lui-même, pointant leurs pièces, commandant le feu, s'offrant à tous les coups de l'ennemi ! Eux tremblaient pour ses jours, mais lui les rassurait avec cette sérénité et cette confiance aveugle qui faisaient sa force : « Ne craignez rien,

---

[1] Un décret du 24 janvier 1814 ajouta à l'artillerie à cheval de la vieille Garde une compagnie de jeune Garde.

mes amis, leur disait-il, le boulet qui me tuera n'est pas encore fondu. » Il défia encore la mort à Craone, où il retrouva ses artilleurs, comme à Laon, à Reims, Arcis-sur-Aube, Saint-Dizier et sous les murs de Paris; car ils ne le quittèrent jamais. Autour d'eux, bien des cœurs défaillaient; bien des bras épuisés s'affaissaient sans défense, mais les artilleurs restaient debout comme ces colosses de la haute Égypte qui s'élèvent au milieu des cités détruites.

Du reste, la constitution physique de l'artilleur à cheval de la vieille Garde lui permettait de résister à tant d'épreuves. Aussi alerte que le chasseur à cheval, il était généralement plus robuste; son visage noirci par la fumée du canon, son regard de feu, ses traits empreints d'une mâle énergie, tout en lui révélait la passion de la poudre et des combats. Sous le rapport moral, il était cité pour la droiture de son caractère. On le disait un peu fier; mais n'avait-il pas quelque sujet de l'être, lui qui était de l'artillerie, c'est-à-dire de la première arme, et encore de l'artillerie de la Garde! Celui qui avait été si longtemps l'arbitre du monde était sorti des mêmes rangs que lui, et vingt ans avant de porter le sceptre de Charlemagne, il avait été lieutenant de bombardiers au régiment de la Fère. Voilà ce que l'artilleur ne pouvait oublier; c'est pourquoi dans la fortune, dans la gloire, dans le manteau impérial de Napoléon, il se disait qu'il y avait une part pour lui!

Est-il nécessaire d'ajouter que, dévoués à leur maître jusqu'au trépas, les artilleurs [1] le suivirent à Waterloo, où ils perdirent le brave Desvaux, leur colonel, tué à la tête d'une batterie que venait de visiter l'Empereur. Blessés à mort, eux aussi, ils s'ensevelirent dans leur drapeau comme dans un linceul, et ils se couchèrent dans les vastes sillons qu'avaient creusés leurs boulets. A ce moment, la guerre apaisa ses fureurs, et un silence éternel se fit sur leurs cendres. Ainsi, quand mourut Turenne, les généraux qui l'avaient combattu brisèrent leur épée et voulurent désormais vivre dans la retraite; le seul rival qui fût véritablement digne d'eux était descendu au tombeau!

[1] En 1815, l'artillerie à cheval, créée le 8 avril, composa quatre compagnies de vieille Garde et fut licenciée le 30 octobre.

GENDARME D'ÉLITE.

Publié par Furne fils Paris

GENDARME D'ÉLITE

L'EMPEREUR Charles-Quint demandait à François Ier de l'argent et ses gendarmes afin de combattre les Turcs. « Pour le premier point, répondit le roi-chevalier, je ne suis pas banquier; quant au second, comme ma gendarmerie est le bras qui porte mon sceptre, je ne l'expose jamais sans aller chercher la gloire avec elle. »

Au seizième siècle, les attributions de la gendarmerie étaient bien différentes de ce que le temps les a faites depuis cette époque. Ils avaient alors peu de souci de la sécurité des villes, des routes et des campagnes, aussi bien que de la police des armées, ces *gens d'armes* du moyen âge, chevaliers bannerets qui, à la guerre, voyaient marcher sous leur commandement des archers, des varlets et des *coustillers*, chargés de porter le *coutelas* avec lequel leur maître dépêchait ceux qu'il avait renversés dans la mêlée.

Charles VII s'était le premier attaché ces chevaliers d'une manière permanente et en avait formé quinze compagnies dites *gendarmes d'ordonnance*, qui furent longtemps le plus ferme appui des rois de France, particulièrement en Italie, à la bataille de Fornoue, où ils révélèrent la puissance de cette *furia francese* dont le souvenir est impérissable.

Cette noble tradition de gloire devait être recueillie et continuée, à quatre siècles d'intervalle, par la légion de gendarmerie d'élite. Instituée le 31 juillet 1801, « pour le maintien de la sûreté publique et de la police dans le lieu de résidence du gouvernement, » elle eut de droit son rang marqué dans la garde des Consuls (arrêté du 3 juin 1803). Dans le principe, elle se composa de militaires qui étaient seulement détachés des diverses légions de gendarmerie de l'intérieur, et formait deux escadrons, indépendamment de deux compagnies à pied. Les officiers furent choisis principalement parmi ceux qui avaient servi dans l'ancien *régiment de dromadaires*, revenu d'Égypte.

Telle fut l'origine de cette légion d'élite, qui fit toutes les campagnes de l'Empire et ne cessa d'être l'un des corps les plus imposants de la Garde impériale. C'était un beau spectacle que celui de ces soldats dont l'uniforme, élégant et simple à la fois, était si bien en harmonie avec la gravité de leurs fonctions. Le lourd bonnet à poil, orné d'une courte visière qui ombrageait leur front, augmentait, par un heureux à propos, l'expression un peu sévère de leur mâle physionomie. Par la taille, la tournure, le maintien, ils ressemblaient beaucoup aux grenadiers à cheval, avec lesquels on aurait pu les confondre, si le regard observateur et pénétrant des gendarmes n'eût révélé qu'ils étaient investis d'une mission de confiance. Ils étaient, en effet, chargés de veiller à la sûreté personnelle de l'Empereur et d'assurer à l'armée l'exécution de ses ordres.

Du reste, la gendarmerie d'élite ne fut pas la seule attachée à Napoléon. Bien avant la campagne de Prusse, il avait songé à rapprocher de son trône les jeunes gens qui appartenaient à d'anciennes familles de l'aristocratie française. Il créa pour eux, le 24 septembre 1806, un corps de cavalerie qui parut tout d'abord destiné à former une garde particulière : ce furent les *gendarmes d'ordonnance,* titre renouvelé d'un autre âge et d'autant mieux approprié à ces nouveaux gentilshommes, qu'ils traînaient aussi de nombreux serviteurs à leur suite, les Montmorency-Laval, les d'Alberg, les Choiseul, les d'Albuquerque, les Salm-Salm, etc. Maintenus peu de temps dans l'armée [1], les gendarmes d'ordonnance ne replièrent leur drapeau qu'après y avoir inscrit des noms glorieux dans la campagne que couronna le traité de Tilsitt.

La légion d'élite, qui n'était pas non plus restée inactive, et dont le colonel, le général Savary, avait été le héros de la victoire d'Ostrolenka, passa en Espagne en 1808 avec Napoléon, et revint l'année suivante sur les bords du Danube. Là, elle ne borna pas son rôle à la police du grand quartier général, ni à la garde et à la conduite des prisonniers; elle eut l'occasion de se distinguer dans plusieurs engagements. Elle déploya encore une rare valeur dans l'Aragon et la Navarre, en 1810 et 1811. Enfin, dans la campagne de Russie, à Orcha, ainsi qu'au passage de la Bérézina, elle favorisa la retraite de nos derniers bataillons.

Six cent quarante *gendarmes bis* ou surnuméraires augmentèrent, le 1ᵉʳ mars 1813, la force de ce corps, qui ne démentit pas son glorieux passé dans les campagnes de Saxe et de France [2].

---

[1] Les gendarmes d'ordonnance furent licenciés le 23 octobre 1807.

[2] Quoique le nombre des surnuméraires eût été réduit à cinq cent quarante le 12 décembre 1813, l'effectif de la légion d'élite à cette époque fut de mille soixante-quatorze hommes. Dissoute le 23 avril 1814, elle reparut dans les Cent-Jours, auxquels elle ne devait pas survivre.

VÉTÉRAN.

VÉTÉRAN

APRÈS une campagne de six mois, César rentrait à Rome, à la tête de son armée. Monté sur un quadrige étincelant d'or et de soie, il se dirigeait vers le Capitole pour rendre grâces aux dieux de lui avoir donné la victoire. Les sénateurs l'entouraient, empressés à lui prodiguer un concert de louanges. Le peuple, qui lui avait élevé des arcs de triomphe, poussait de joyeuses clameurs à sa vue, et jetait des fleurs sur son passage. Les licteurs avaient peine à contenir la foule, dont les flots, comme ceux de la mer sur le rivage, venaient mourir, en murmurant, aux pieds du dictateur. Tout à coup, au moment de pénétrer sur la place publique, son char s'arrête devant un homme chargé d'années, qui s'avançait à pas lents. Après avoir donné au vieillard le temps de passer, César reprit sa marche, au grand étonnement des spectateurs, qui se demandaient pourquoi le maître de l'univers, le vainqueur des Gaulois et des Germains, le conquérant de l'Ibérie, pourquoi César, enfin, avait daigné abaisser ses regards sur un mortel dont la tunique usée disait qu'il avait appartenu, dans sa jeunesse, à l'ordre militaire.

Ce malheureux était un vieux soldat qui avait autrefois combattu les Cimbres et les Teutons, Mithridate et Jugurtha; après s'être attaché, pendant vingt-cinq ans, à la fortune de Marius et de Sylla, il était devenu *vétéran;* parmi ceux que les cohortes romaines appelaient familièrement les *anciens,* il était le plus courbé par l'âge, *vetus veterum.* C'est pour cette raison que César lui avait rendu un public et solennel hommage.

Dix-huit siècles plus tard, un capitaine aussi grand que César ne montrait pas moins de sollicitude pour la vieillesse militaire : il lui octroyait des honneurs, des récompenses, des priviléges; il se plaisait à organiser lui-même, en demi-brigades, les deux cent quatre-vingt-sept comgagnies de vétérans qui s'étaient formées depuis la déclaration de guerre du 20 avril 1792; car les défenseurs de la patrie atteignaient promptement le déclin de la vie dans un temps où les années se comptaient par des victoires. A quelques-uns, il accordait, comme à Rome, des arpents de terre dans les départements du Mont-Tonnerre, de la Sarre, de Rhin-et-Moselle, du Pô, de la Stura, de la

Sesia et de la Doire; c'était une imitation de ces colonies qui devinrent, dit Cicéron, le boulevard de l'Empire[1].

Parvenu à l'apogée de sa puissance, Napoléon ne cessa d'honorer en tous lieux la carrière des armes longuement et noblement parcourue; il en donna la preuve en 1807, lorsqu'il accorda, à Varsovie, une pension au polonais Narocki, dont le seul titre à ses yeux était d'être un soldat centenaire. Il eut constamment les mêmes égards pour ceux de ses compagnons de gloire qui avaient blanchi sous l'uniforme des batailles; il les appelait, lui aussi, les *anciens* de l'armée d'Italie; il ordonnait qu'ils fussent entourés de soins et de respect. « Il faut, disait-il, les encourager à rester sous les drapeaux en leur témoignant une grande estime; il faut aussi augmenter la solde en raison des années de service; car il y a une grande injustice à ne pas mieux payer un vétéran qu'une recrue. » C'est ainsi que celui qui était devenu général à l'âge où l'on est à peine un homme, parce qu'il avait remplacé le nombre des années par la supériorité du génie, proclamait le pouvoir du temps et de l'expérience sur la perfection des armées.

A l'époque où un régiment s'achetait comme une charge, un jeune colonel, qui venait d'acquitter le prix du sien, faisait sentir à un vieil et brave officier de fortune la différence qui existait entre eux : « Je sais, répondit le vieux soldat, qu'un homme comme vous se fait avec quarante mille écus, et un homme comme moi avec quarante ans de services. »

La compagnie de vétérans de la Garde avait été créée le 28 juin 1801, « pour recevoir les officiers, sous-officiers et soldats de toutes armes de cette troupe d'élite, que leur ancienneté, leurs blessures ou leurs infirmités rendaient impropres au service actif. » Mais pour y être admis il fallait avoir été, pendant cinq ans au moins, dans la glorieuse phalange.

Dès 1804, les vétérans occupèrent, sous les ordres d'un chef de bataillon, le château de Versailles. C'est là que l'Empereur venait les voir, car il ne cachait pas son affection pour ces Nestors de l'armée, qui, avant d'être commandés par lui, avaient eu presque tous pour généraux les Soubise, les Richelieu, les Lafayette, les Rochambeau, les Dumouriez, et qui reliaient Mahon à Austerlitz par une série de triomphes.

Le service du vétéran se réduisait à quelques heures de faction tous les huit jours. Quant à ses nombreux loisirs, il les employait généralement à faire le récit de ses campagnes, et cette occupation eût suffi à remplir le reste de sa vie. Il suivait aussi, avec une rigoureuse exactitude, les manœuvres d'infanterie sur la place d'armes, approuvant ou critiquant en homme qui sait son métier; mais son suprême bonheur était de faire jouer les petits enfants, de

---

[1] Ce furent les *vétérans français des camps* établis dans les 26e et 27e divisions militaires.

leur apprendre l'exercice, de lire dans leurs yeux leurs instincts guerriers, et de tirer l'horoscope de leur fortune militaire. C'était un spectacle vraiment touchant, que celui de la vieillesse et de l'enfance se comprenant, se rapprochant, se confondant dans les premières et les plus naïves manifestations de l'amour de la patrie.

Ce qui frappait, chez le vétéran, c'était le calme et la vénérable simplicité de sa physionomie. Rien ne pouvait plus émouvoir celui qui avait senti tant de fois la terre trembler sous ses pas. Une autre particularité, c'est qu'il n'était pas un seul de ces vieux débris de la guerre qui ne fût décoré; car Napoléon savait que c'était rehausser le symbole de l'honneur que de le faire briller sur leur poitrine.

De tous les corps de la vieille Garde, il n'est peut-être que celui des vétérans qui ne compte plus aujourd'hui un seul de ses représentants. Les derniers d'entre eux ont rejoint depuis longtemps leur immortel capitaine. Respect à leur mémoire! car ces hommes furent, pendant quinze années, la plus haute expression de la grandeur militaire de la patrie : ils résumèrent toutes les splendeurs d'une magnifique épopée. Après avoir consacré leur vie à la prospérité de la France, ils donnèrent la dernière goutte de leur sang pour conjurer ses malheurs, et ils descendirent au tombeau le front ceint d'une double couronne, celle de la gloire et celle des cheveux blancs [1] !

[1] Au mois de septembre 1810, il y eut une compagnie de vétérans hollandais pour faire le service du palais d'Amsterdam; et le 12 janvier 1812, une compagnie de canonniers vétérans qui fut placée à la suite du corps d'artillerie de la Garde. Quant à la compagnie de vétérans formée en 1804, elle fut licenciée le 1er juillet 1814.

ÉTATS NOMINATIFS

DE TOUS

LES OFFICIERS DE LA GARDE IMPÉRIALE

EN 1813

AVEC L'INDICATION DES GRADES ET DES RÉGIMENTS [1]

ÉTAT-MAJOR GÉNÉRAL.

MARÉCHAUX DE L'EMPIRE, COLONELS GÉNÉRAUX.

Davout, duc d'Aüerstaedt, prince d'Eckmühl (G. A. ✤), *commandant les grenadiers à pied.*

Soult, duc de Dalmatie (G. A. ✤), *commandant les chasseurs à pied.*

Bessières, duc d'Istrie (G. A. ✤), *commandant la cavalerie.*

Mortier, duc de Trévise (G. A. ✤), *commandant l'artillerie et les marins.*

Aides de camp de l'Empereur. — Le comte Le Marois (G. ✤, G. ✤), le comte Auguste Caffarelli (G. A. ✤), le comte Rapp (G. ✤, G. ✤), le duc Charles de Plaisance (C. ✤, G. ✤), le comte de Lobau (G. ✤, G. ✤), généraux de division; le baron Guéhéneuc (O. ✤), général de brigade; le comte Durosnel (G. ✤), le comte Hogendorp (O. ✤, G. ✤), généraux de division; le chevalier Bernard ✤, colonel du génie; le baron Corbineau (C. ✤), le baron Drouot (C. ✤), le baron Flahaut (O. ✤), le baron Dejean (O. ✤), généraux de brigade.

Le baron Deriot (C. ✤), général de division, commandant les dépôts de la Garde.

ADJOINTS A L'ÉTAT-MAJOR GÉNÉRAL.

Chef d'escadron. — Le chevalier Charroy ✤.
Capitaine. — Laforest ✤.
Commandant d'armes. — Le colonel Fusy (C. ✤).
Bibliothécaire. — Lemonnier.

---

[1] L'année 1813 est celle où la Garde impériale, alors composée de 92,472 hommes, compta le plus de régiments organisés. Beaucoup de ceux que Napoléon leva dans les premiers mois de 1814 ne purent être mis au complet, par suite des événements.

ÉTATS NOMINATIFS

ADMINISTRATION GÉNÉRALE.

Inspecteur aux revues. — Le baron Félix (O. ✳).
Sous-inspecteurs aux revues. — Le chevalier Clarac (O. ✳), Sabatier (O. ✳), Lasalle ✳, Dauxon ✳, Odier ✳.
Adjoints aux inspecteurs aux revues. — Legras, Liégeard.
Commissaire ordonnateur des guerres. — Dufour (G. J. B.) (O. ✳)
Commissaires des guerres de première classe. — Toulgoët ✳, Perceval ✳, De Laneuville ✳, Astruc ✳.
Commissaires des guerres de deuxième classe. — Menoire, Clarac (Paul), Delaunay, Collibeaux.
Adjoints aux commissaires des guerres. — Dauxon jeune, Pellechet ✳, Roux, Penguilly-L'Haridon, Prunaire, Lacombe.

GRENADIERS A PIED.

ÉTAT-MAJOR.

Colonel-commandant. — Le comte Friant (G. A. ✳), général de division.
Colonel en second. — Le baron Roguet (C. ✳), général de division.
Adjudants généraux. — Le baron Boyeldieu (C. ✳), le baron Rottembourg (O. ✳), le baron Berthezène (C. ✳), généraux de brigade.
Capitaine-quartier-maître des grenadiers et fusiliers. — Le chevalier Réant ✳.
Capitaine-quartier-maître des tirailleurs. — Villeumeureux ✳.
Capitaine d'habillement des grenadiers et fusiliers. — Dingremont ✳.
Capitaine d'habillement des tirailleurs. — Chaillou ✳.

PREMIER RÉGIMENT DE GRENADIERS.

Major commandant. — Le baron Michel (C. ✳), général de brigade.
Chefs de bataillon. — Le chevalier Albert (O. ✳), Belcourt (O. ✳).
Capitaines adjudants-majors. — Tardieu ✳, Pernon ✳.
Lieutenants en premier, sous-adjudants-majors. — De Perron ✳, Foucher ✳.
Officier payeur. — Bourgeois, lieutenant en premier.
Porte-aigle. — Chauvey ✳, lieutenant en premier.
Chirurgien-major. — Colass ✳.
Aide-major. — Braise.
Capitaines. — Tailhan ✳, Moulin ✳, Chaud (O. ✳), le chevalier Mercier ✳, Bouchette (O. ✳), Montagnière ✳, Jégu ✳, Franjon.
Lieutenants en premier. — Dumont ✳, Kermorial, Brasseur ✳, Montagne, Saint-Cric, Grobert, Demontqueron, Mompez.
Lieutenants en second. — Boyer ✳, Deis, Chaumets, Demangeot, Mianné, Richard, Preugneau, Bugros, Agron, Renard, Lermondans, Brotonier de la Junctois, Besnard, Lafausse, Heecht, Thevenin.

COMPAGNIE DE VÉTÉRANS.

Chef de bataillon. — Le chevalier Charpentier (O. ✳, ✳).
Capitaine. — Magnée (O. ✳).

DES OFFICIERS DE LA GARDE IMPÉRIALE EN 1813.

Lieutenants en premier. — Rebourg ✵, Colletier ✵.
Lieutenants en second. — Boudin ✵, Parvy ✵, Lapière ✵.

DEUXIÈME RÉGIMENT DE GRENADIERS.

Major commandant. — Le baron Christiani (O. ✵).
Chefs de bataillon. — Golzio ✵, Duuring ✵.
Capitaines adjudants-majors. — Faré ✵, Crétal ✵.
Sous-adjudants-majors. — Othenin, Yung ✵, lieutenants en premier.
Officier payeur. — Philidor ✵, lieutenant en premier.
Porte-aigle. — Taurines, lieutenant en second.
Chirurgien-major. — Héron ✵.
Aide-major. — Sue.
Capitaines. — Vessilier ✵, Bounoure ✵, Ranchon (O. ✵), le baron Locqueneux (O. ✵), Godard ✵, Dubiez ✵, Dessirier ✵, la Roche-Courbon.
Lieutenants en premier. — Houarne ✵, Susini, Tarayre, Darquier, Courcenet, Sarranton, D'Haussy, Lac.
Lieutenants en second. — Carmier, Goulette, Delaunay, Albert, Pierson ✵, Bellanger, Goyard, Lefébure, Harlet, Bonnère ✵, Sugier, Laisné, Lanauze, Viaux ✵, Bacheville, Soulairol ✵.

RÉGIMENT DE FUSILIERS GRENADIERS.

Major commandant. — Le baron Flamand (O. ✵).
Chefs de bataillon. — Le chevalier Léglise (O. ✵), Lafargue ✵.
Capitaines adjudants-majors. — Rostein (O. ✵), Pelée ✵.
Sous-adjudants-majors. — Sénot, Pasquy ✵, lieutenants en second.
Officier payeur. — Le capitaine Goussin ✵.
Chirurgien-major. — Belloc.
Aide-major. — Olinet.
Capitaines. — Galvagny ✵, Hilaire ✵, Ribet ✵, Laborde (O. ✵), Beaurain ✵, Cretté ✵, Gabillot ✵, Geoffroy ✵.
Lieutenants en premier. — Colomb ✵, Lion (O. ✵), Bedelle ✵, Deschamps, Bernelle, Lebeau ✵, Oury, Harlet ✵.
Lieutenants en second. — Chapelle, Violette, Bernelle (J.-F.-B.), Mauriac, Feucheroux, Passot, Berthet, Marsan, Oudiette, La Pomarede, Lecomte, Bribot, Gommaux, Baston, René, Jaillard.

BATAILLON D'INSTRUCTION A FONTAINEBLEAU.

Chef de bataillon. — Le chevalier Lavigne (O. ✵).
Adjudant-major. — Prelier ✵.
Sous-adjudant-major. — Roux.
Officier payeur. — Férus, capitaine.
Chirurgien-major. — Macary.
Capitaines. — Jaubert ✵, Bogny, Deluze ✵, Marvis ✵.
Lieutenants en premier. — Guyot ✵, Ventelingen, Maupas ✵, Picq ✵.
Lieutenants en second. — Damour ✵, Schmidt, Thomas, Roussel ✵, Paigné, Heydkamp, Dion, Paraire.

ÉTATS NOMINATIFS

PREMIER RÉGIMENT DE TIRAILLEURS.

Major commandant. — Darriule (O. ✻).
Chefs de bataillon. — Masson ✻, Bureau ✻.
Capitaine adjudant-major. — Chicot.
Adjudants-majors. — Suvard, Labruche, lieutenants.
Officier payeur. — Reynard, sous-lieutenant.
Chirurgien-major. — Chappe (O. ✻).
Aide-major. — Vergez.
Capitaines. — Reuther ✻, Van Boecop ✻, Boulou ✻, Laurent ✻, Aloze ✻, Godeau, Louvet (N.), Caillez (Ph.).
Lieutenants. — Delâtre, Chaussière, Quinzac, Décourt, Sauclières, Galle, Dutéraille, Brunelle.
Sous-lieutenants. — Guillebon (A.), Guillebon (F.), Stal Van Hostein, Cherpitel, Wilmans, Cornuau, Fournier, Lhuillier.

DEUXIÈME RÉGIMENT DE TIRAILLEURS.

Major commandant. — Le chevalier Vionnet (O. ✻).
Chefs de bataillon. — Déthan ✻, Guillemain (O. ✻).
Capitaines adjudants-majors. — Guillaume, Bouillet.
Lieutenant adjudant-major. — Posuel de Verneaux ✻.
Officier payeur. — Bonnet, lieutenant.
Chirurgien-major. — Leroux.
Aide-major. — Lecomte.
Capitaines. — Vandragt, Morlay ✻, Déléage ✻, Jezu, Castanier ✻, Gallois ✻, Godbin, Monégier-Sorbier.
Lieutenants. — Grandchamp, Desroches, Hugot, Grossardi, Beaujeu, Roud, Lantbier.
Sous-lieutenants. — Nogaret ✻, Roueh, Humbert, Olivier, Gouge, Bilfeldt, Peytavin, Huet.

TROISIÈME RÉGIMENT DE TIRAILLEURS.

Major commandant. — Le baron Poret de Morvan (O. ✻).
Chefs de bataillon. — Le baron Martenot de Cordoux (O. ✻), le baron Roidot (O. ✻).
Capitaine. — Trouette ✻.
Adjudants-majors. — De Champagny ✻, Sepiere ✻, lieutenants.
Officier payeur. — Bréart ✻, capitaine.
Chirurgien-major. — Gaultier de Claubry.
Aide-major. — Hérouart ✻.
Capitaines. — Fougères ✻, Cayroche ✻, Chevalier, Deslignières, Gailhac, Mathieu, Suberville, Gall.
Lieutenants. — Delagarde, Guyonnet, Stutzer ✻, Billaud, Cambauzel, Boisseau, Pechinot, Méhaux.
Sous-lieutenants. — Godebert, Dupuy, Perdrix ✻, Garnier, Paul, Gamara ✻, Boy ✻, Chevalier.

DES OFFICIERS DE LA GARDE IMPÉRIALE EN 1813.   97

QUATRIÈME RÉGIMENT DE TIRAILLEURS.

Major commandant. — Le chevalier Carré (O. ✻).
Chefs de bataillon. — Le chevalier Faucon (O. ✻), le chevalier Delauney ✻.
Adjudants-majors. — Levesque, Malassagne, Fays, lieutenants.
Officier payeur. — Desprez, capitaine.
Chirurgien-major. — Lagneau ✻.
Sous-aide-major. — Joly.
Capitaines. — Debonnet ✻, Pelissier, Germain ✻, Vallon, Hoste, Carrère, Bertrand, Baude.
Lieutenants. — Tourasse, Boussard, Devasseau, Maréchal, Fayolle, Besson, Guillemot, Couenon.
Sous-lieutenants. — Ricard, Leduc, Durège de Beaulieu, Bilate, Delarue-Ducan, Richard de Soultray, Roger, Canivet.

CINQUIÈME RÉGIMENT DE TIRAILLEURS.

Major commandant. — Le baron Hennequin (O. ✻).
Chef de bataillon. — Dupré ✻.
Adjudants-majors. — Haillecourt ✻, capitaine; Bourgoing, lieutenant; Brisson, lieutenant.
Officier payeur. — Roch, sous-lieutenant.
Chirurgien-major. — Poirson ✻.
Aide-major. — Danvers.
Capitaines. — De Léglise, Théry (O. ✻), Royère ✻, Thomas, Cagnat, Joubert, De Koch ✻, Favauge ✻.
Lieutenants. — Munck ✻, Goret, Scailliette ✻, Andréossy, Dausse, Cruvellier, Tilly, Martine.
Sous-lieutenants. — Fréauff, Jacquet, Richard, Junot, Lelong, Haurot, Blanquet, Pascaud.

SIXIÈME RÉGIMENT DE TIRAILLEURS.

Major commandant. — Le chevalier Trappier de Malcolm (O. ✻).
Chefs de bataillon. — Massol ✻, Daix ✻.
Adjudants-majors. — Barbet, capitaine; Nerat, Allard ✻, sous-lieutenants.
Officier payeur. — De Cutigny, sous-lieutenant.
Chirurgien-major. — Villepreux.
Aide-major. — Magnin.
Capitaines. — Courtin ✻, Lavoine ✻, Balmoissière, Egret ✻, Mamer, Fourneau, Dard ✻, Bernelle ✻.
Lieutenants. — Fitteau, Naille, Fumée, Vertray, Jardel, Chapelle, Mesnil, Tabellion.
Sous-lieutenants. — Anain, Aubert, Lebrun, Lorenzo, Lebrisoys, Marvaldi, La Croix, Maynier de la Salle.

SEPTIÈME RÉGIMENT DE TIRAILLEURS.

Major commandant. — Coucourt ✻ ✻.
Chefs de bataillon. — Magne, Van Tengnagell.
Adjudant-major. — Charlot ✻, capitaine.

13

ÉTATS NOMINATIFS

Lieutenant adjudant-major. — De Beesten.
Officier payeur. — N. . . . .
Chirurgien-major. — Marin.
Aide-major. — Souleillon.
Capitaines. — Kirchmer, Brouchon, Léger ✻, Deléchelle, Carben, Hugonnet ✻, Monhemius, Faivre ✻.
Lieutenants. — Bemffer, Ruether, Follet ✻, Werner, Sens, Bietz, Fouquet, Zentz.
Sous-lieutenants. — Clément, Valkemburg, Sutherlang, Pech, Van Krickem, Damour, Mourentz, Maigné.

HUITIÈME RÉGIMENT DE TIRAILLEURS.

Major commandant. — Bardin (D. ✻).
Chefs de bataillon. — Le chevalier Caron ✻, Michelcr ✻.
Lieutenant adjudant-major. — Morand ✻.
Sous-lieutenants sous-adjudants-majors. — Lahoussaye, Moreau.
Officier payeur. — Perret, sous-lieutenant.
Chirurgien-major. — Léonard.
Aide-major. — Roy.
Capitaines. — Maugest, Karth, Portalès, Hébant, Delostange ✻, Varcasson, Roelants, Simonet.
Sous-lieutenants. — Vrel, Bezier, Lucoty, Lasne, Bonneville, Delimaille, Foucard, Recoulle, Dirral, Massuque, Nagan, Baillet, Bayort, Gired, Lambour, Durcet.

NEUVIÈME RÉGIMENT DE TIRAILLEURS.

Major commandant. — Le baron Lepaige-Dorsenne ✻.
Chefs de bataillon. — Le chevalier Dambly (O. ✻), le chevalier Jacquot (O. ✻).
Capitaine adjudant-major. — Gillet.
Sous-lieutenants sous-adjudants-majors. — Le chevalier Freret ✻, Spiess.
Officier payeur. — Fouchard, sous-lieutenant.
Chirurgien-major. — Fondreton.
Aide-major. — Roy.
Capitaines. — Chirac ✻, Demonchy, Lecomte, Aubert, Ricardy, Rivals, Garbouleau, Gauthier ✻.
Sous-lieutenants. — Capdeville, Bourelle, Bride, Delsal, Fournier, Taupin, Manuel, Meissonier, Allemand, Templier, Masse, Gaudin, Deschamp, Daulmery, Brochier, Dolmeta.

DIXIÈME RÉGIMENT DE TIRAILLEURS.

Major commandant. — Le chevalier Vezu ✻.
Chefs de bataillon. — Desmoulins ✻, Lours ✻.
Capitaine adjudant-major. — Porée ✻.
Sous-lieutenants sous-adjudants-majors. — Le chevalier Joly ✻, Degeilh ✻.
Officier payeur. — Levacher, sous-lieutenant.
Chirurgien-major. — Delaunay.
Aide-major. — Baudouin.
Capitaines. — Porchet ✻, Boisson ✻, Dejoly, Verdelet, Latour, Pihan, Desnonches, Mayer ✻.

DES OFFICIERS DE LA GARDE IMPÉRIALE EN 1813. 99

Sous-lieutenants. — Muler, Binquet, Racine, Brossart, Malper, Smagh, Debault, Rousselot, Lachelin, Maillet, Lambert, Chatelet, Friol, Massot, Gaillard, Loisel.

ONZIÈME RÉGIMENT DE TIRAILLEURS.

Major commandant. — Le chevalier Vautrin (O. ✻).
Chefs de bataillon. — Rozé ✻, Oirou ✻.
Capitaine adjudant-major. — Serraris ✻.
Sous-lieutenants sous-adjudants-majors. — Sauterey, Martel.
Officier payeur. — Lebourgeois, sous-lieutenant.
Chirurgien-major. — Beaumont.
Aide-major. — Colard.
Capitaines. — Joly, Bourgine, Bresson, Viteau, Siméon, Brunet, Beaumont, Tardieu.
Sous-lieutenants. — Bal, Courbien, Tante, Guils, Antoine, Chaussotte, Veiss, Marin, Mabillion, Petit, Vauquelin, Dode, Allmann, Duret, Berenger, Huas.

DOUZIÈME RÉGIMENT DE TIRAILLEURS.

Major commandant. — Le baron Mosnier (O. ✻).
Chefs de bataillon. — Ritter (O. ✻), Rullière ✻.
Capitaine adjudant-major. — Bourdon.
Sous-lieutenants sous-adjudants-majors. — Rocher, Fournel.
Officier payeur. — Delavacquerie, sous-lieutenant.
Chirurgien-major. — Goudchaux.
Aide-major. — Le Villain.
Capitaines. — Dupuis, Macé ✻, Vanesk, Genty, Lemoine, Gabillot, Grimpret ✻, Devert.
Sous-lieutenants. — Bollet, Gross, Mourot, Olivier, Gillet ✻, Chaumet, Henneguy, Collière, Buisson, Vieutems, Dourus, Humbert, Mignon, Budiu, Brochier.

TREIZIÈME RÉGIMENT DE TIRAILLEURS.

Major commandant. — Le chevalier Laurede (O. ✻).
Chefs de bataillon. — Condé ✻, Bremont (O. ✻).
Capitaine adjudant-major. — Coupenne ✻.
Sous-lieutenants sous-adjudants-majors. — Boussenard, Martin.
Officier payeur. — Vergaert, sous-lieutenant.
Chirurgien-major. — Belair.
Aide-major. — Deverines.
Capitaines. — Guigneret ✻, Blanchard, Villeminot, Rabourdin (P.) ✻, Tambon, Chausse, Rabourdin (E.), Bonnegens.
Sous-lieutenants. — Moquet, Alexandre, Bernard, Beglin, Favet, Le Roy, Moreau, Liebaud, Michel, Averos, Crolet, Pannesot, Boiteux, Christin, Guyot, Paul.

RÉGIMENT DE FLANQUEURS-GRENADIERS.

Major commandant. — Le baron Desalons (O. ✻).
Chefs de bataillon. — Mirabel ✻, Gavardie ✻.
Adjudants-majors. — Faucon ✻, capitaine; Raiffer, Greffier, sous-lieutenants.
Officier payeur. — Everaerts, sous-lieutenant.
Chirurgien-major. — Vila.

ÉTATS NOMINATIFS

Aide-major. — Marius.
Capitaines. — Oussot ✣, Levaux ✣, Epailly ✣, Vaude ✣, Lessard, Berard, Flamand, Bourdin ✣.
Sous-lieutenants. — Fernagu, Dicard, Cantagrel, Lebrun, Lafitte, Debezieux, Likler, Cabrillot, Paradis, Segrestan, Regnier, Mather, Fonbarron, Briche, Genain, Desvignes.

COMPAGNIES DES DÉPOTS.

Commandant les dépôts. — Le baron Robert (O. ✣), major.
Compagnie de grenadiers. — Bellenger ✣, capitaine; Poulmans ✣, lieutenant en premier; Borne ✣, Boisseau ✣, lieutenants en deuxième.
Compagnie de fusiliers. — Lambert ✣, capitaine; Amat, lieutenant en premier; Loffler, lieutenant en deuxième.
Compagnie de tirailleurs. — Deneuilly ✣, capitaine; Villemain, Vagnaer, lieutenants; Koeller, Pauemant, Dubois, sous-lieutenants.

CHASSEURS A PIED.

ÉTAT-MAJOR.

Colonel commandant. — Le baron Curial (C. ✣), général de division.
Colonel en second. — Le baron Dumoustier (C. ✣), général de division.
Adjudants généraux. — Le baron Duvernet (C. ✣), le baron de Rebeval (O. ✣), le baron Lanusse (O. ✣), le baron de Tindal (C. ✣), le baron Gros (C. ✣), généraux de brigade.
Capitaine quartier-maître des chasseurs et fusiliers. — Le chevalier Larrouy ✣.
Lieutenant quartier-maître des voltigeurs. — Cousin.
Capitaine d'habillement pour les chasseurs et fusiliers. — Rivière ✣.
Officier d'habillement pour les voltigeurs. — Coste ✣, lieutenant en premier.

PREMIER RÉGIMENT DE CHASSEURS.

Major commandant. — Le baron Decouz (C. ✣), général de brigade.
Chefs de bataillon. — Le chevalier Galté (O. ✣), le chevalier Boucher (O. ✣).
Capitaines adjudants-majors. — Novel ✣ . . . .
Sous-adjudants-majors. — Amiot ✣, Stinville ✣, lieutenants en premier.
Porte-aigle. — Couté ✣, lieutenant en premier.
Officier payeur. — Lefranc.
Chirurgien-major. — Cothenet ✣.
Aide-major. — Dièche.
Capitaines à la suite. — Cosne ✣, Roset ✣.
Capitaines. — Goutenoire ✣, Tabardin ✣, Bacquet ✣, Cheverry ✣, le comte Moncey ✣, Brunet, Ninet ✣, Lafitte, Villaret ✣.
Lieutenants en premier. — Aubry ✣, Gauthier ✣, Laffoley-Sorteval ✣, Deslignières, Carteret ✣, Boquet ✣, Lepage ✣, Guibal ✣, Petitjean ✣, Noël ✣.
Lieutenants en second. — Armand, Chartier, Boisseau, Dubois, Montigny, Lamasse, Joly, Buisson, Delatte, Bouzenot ✣, Seguret, Flammer, Buisson, Arbinet, Leprêtre, Dolin, Frappart, Legrand, Plumatte, Roy ✣.

DES OFFICIERS DE LA GARDE IMPÉRIALE EN 1813.

DEUXIÈME RÉGIMENT DE CHASSEURS.

Major commandant. — Le baron Deshayes (O. ✻).
Chefs de bataillon. — Le chevalier Pioch (O. ✻), le chevalier Hurel (O. ✻).
Capitaines-adjudants-majors. — Werner ✻, Isch.
Lieutenants en premier, sous-adjudants-majors. — Rebsomen ✻, Félix ✻.
Officier payeur. — Remeise ✻, capitaine.
Porte-aigle. — Beauvais ✻, lieutenant en second.
Chirurgien-major. — Galernat ✻.
Sous-aide-major. — Petit-Radel.
Capitaines. — Desvaux ✻, Roby ✻, Lamouret ✻, Peschot, Heuillet ✻, Barré, Madier, Barbier.
Lieutenants en premier. — Mounier, Challe ✻, Binet ✻, Thibaut ✻, Puchois, Penot ✻, Dequeux.
Lieutenants en second. — Paris, Duguenot, Huet, Peltier, Beaudiffler, Dubarry, Tavernier, Bastide, Cablat, Quicerne, Desmazure, Arnoux, Gabriel, Lecomte, Michaud, Vasset, Vincent.

RÉGIMENT DE FUSILIERS-CHASSEURS.

Major commandant. — Le baron Rousseau (O. ✻).
Chefs de bataillon. — Le baron Varlet (O. ✻), Dufour ✻.
Capitaines adjudants-majors. — Gillet (O. ✻), Levé ✻.
Lieutenants en premier, sous-adjudants-majors. — Bulle ✻, Rivet ✻.
Officier payeur. — Clément.
Chirurgien-major. — N. . . .
Aide-major. — Emery.
Capitaines. — Bertrand (O. ✻), Bouquet, Lecomte ✻, Agnes ✻, Bertin (O. ✻), Keller ✻, Renaudin ✻, Charpentier (O. ✻).
Lieutenants en premier. — Minal ✻, Debacq, De Stuers ✻, Dumont, Ledôme ✻, Vidal, Auguis, Richard ✻.
Lieutenants en second. — Alary ✻, Amaury, Lanclan, Chollet, Gastinel, Boucheny, Thierry, Rambour, Linden, Landais, Morand, Sillard, Pericodin, Dransard.

PREMIER RÉGIMENT DE VOLTIGEURS.

Major. — Le baron Jamin (C. ✻).
Chefs de bataillon. — Le chevalier Malet (O. ✻), Contamine ✻.
Capitaine adjudant-major. — Gentil.
Sous-adjudants-majors. — Vespa, Corbelyn.
Officier payeur. — Wangrave, sous-lieutenant.
Chirurgien-major. — Jacob ✻.
Aide-major. — Brou.
Capitaines. — Paets, Praix, Blanc, Corbel, Duparc ✻, Contret ✻, Arnould.
Lieutenants en premier. — Cuignet, Baillon, Perrin, Clément, Bories, Mallat, Borien, Dubois.
Sous-lieutenants. — Cazy ✻, Larrieu, Avit, Bondurand, Foncrose, Tonnelier, Poulet, Verrier.

DEUXIÈME RÉGIMENT DE VOLTIGEURS.

Major commandant. — Le chevalier Schramm ✻.
Chefs de bataillon. — Marthe ✻, le chevalier Galland ✻.
Capitaine adjudant-major. — Le chevalier Bosquet ✻.
Lieutenants sous-adjudants-majors. — Salomon, Favier ✻.
Officier payeur. — La Rose, lieutenant.
Chirurgien-major. — Rollin.
Aide-major. — Lassère.
Capitaines. — Le chevalier Barral ✻, le chevalier Hubart ✻, Paradis (O. ✻), Vedel ✻, Evers ✻, Boucher, Petetin.
Lieutenants. — Guillier, Lemercier, Dubreucq, Doumenjoux ✻, Hourdier, Colinet, Prieur, Perrin.
Sous-lieutenants. — Veirat, Lalou, Quivi, Lefevre, Greminy, Guillot, Fromont, Jacquet, Avi, Noirot, Vié, Lacour.

TROISIÈME RÉGIMENT DE VOLTIGEURS.

Major commandant. — Le baron Cambronne (C. ✻).
Chefs de bataillon. — Le chevalier Hanuche ✻, Roque (O. ✻).
Capitaine adjudant-major. — Bernelle ✻.
Lieutenants sous-adjudants-majors. — Thomas, Pouderoux.
Officier payeur. — Chaudelier ✻, lieutenant.
Chirurgien-major. — Tanaron.
Aide-major. — Beaulies.
Capitaines. — Vergès ✻, Reveu ✻, Rebilly ✻, Linois ✻, Prevot, Monsarrat, Duchesne, Duhesme.
Lieutenants. — Senès, Victor, Montsaldy ✻, Babut ✻, L'Héritier, Borel, Melchior, Chentier.
Sous-lieutenants. — Festy, Jacobi, Saramia, Esnault, Perrot, Constant, Helix, Lecomte.

QUATRIÈME RÉGIMENT DE VOLTIGEURS.

Major commandant. — Estève (J. B.) (O. ✻).
Chefs de bataillon. — Le chevalier Teisseire (O. ✻), Durand.
Capitaine adjudant-major. — Forestier.
Lieutenant adjudant-major. — Rival ✻.
Sous-lieutenant adjudant-major. — Phyffer.
Officier payeur. — Seux ✻, sous-lieutenant.
Chirurgien-major. — Masson.
Aide-major. — Nidart.
Capitaines. — Legrand, Knoll, Lienard ✻, Raberain, Rochard ✻, Burtz, Lafitte, Dupeyrou.
Lieutenants. — Trappier, Jouffret, Tegelaar, Cabiro, Giraud, Morel, Estève, Germay.
Sous-lieutenants. — Bordais, Vauthier, Oresve, Jorion, Clément, Marchal, Quinquant, Thau, Juliard, Chaussinot.

CINQUIÈME RÉGIMENT DE VOLTIGEURS.

Major commandant. — Le colonel Delcambre, baron de Champvert (O. ✻), puis Jacquemard (O. ✻).

DES OFFICIERS DE LA GARDE IMPÉRIALE EN 1813. 103

Chefs de bataillon. — Le chevalier Beurmann ✻, Regnier ✻.
Capitaine adjudant-major. — Mutschler.
Lieutenants sous-adjudants-majors. — Chauchar, Desmasles.
Officier payeur. — Doineau.
Chirurgien-major. — Berthet.
Aide-major. — Valentin.
Capitaines. — Bayeux ✻, Caillot ✻, Chassey ✻, Truguet, Leroux, Charrier ✻, Bun, Gaillard.
Lieutenants. — Borit, Gallery, Bernard, Menet, Langlade, Langris, Mativet, Mercier.
Sous-lieutenants. — Bert, Lacaze, Causé, Calame, Gillon, Colin, Pillot, Bilger, Grosbon.

SIXIÈME RÉGIMENT DE VOLTIGEURS.

Colonel major. — Le chevalier Castanié ✻.
Chefs de bataillon. — Leclerc ✻, Michel ✻.
Capitaine adjudant-major. — Blondon ✻.
Lieutenants sous-adjudants-majors. — Coste, Sormaitre.
Officier payeur. — Coussot, sous-lieutenant.
Chirurgien-major. — Morin.
Aide-major. — Nidard.
Capitaines. — Julien ✻, Mesenguy ✻, Cuenot, Escudier, Ducroz, Saint-Quentin, Cailliez, Hans ✻.
Lieutenants. — Berlant, de Flambard, Lefebvre, Masson, Puech, Huard, Hirsq, Boutault.
Sous-lieutenants. — Tilloy, Souillard, Delassalle, Talbottier, Chappas, Maimat, Senegas, Horcholle.

SEPTIÈME RÉGIMENT DE VOLTIGEURS.

Major commandant. — Le baron Coulouny (O. ✻).
Chefs de bataillon. — Le chevalier Jouan (O. ✻), Excousseau ✻.
Capitaine adjudant-major. — Broussouze ✻.
Lieutenants sous-adjudants-majors. — Servatius, Beissac ✻.
Officier payeur. — Piaget, sous-lieutenant.
Chirurgien-major. — Bellenand.
Aide-major. — Solin.
Capitaines. — Zevort ✻, Dupuis ✻, Maillard ✻, Gallois, de Giverville, Le Goux-Devaux, Broussot, Jorain.
Lieutenants. — De Guizelin, Meurizet, Guillaumet, Guillaume, Laurent, Heroguelle, Juchereau, Mutelot.
Sous-lieutenants. — Vinand, Morel, Lebert, Phal, Lantoine, Castillon, Daguindeau, Hurel.

HUITIÈME RÉGIMENT DE VOLTIGEURS.

Major commandant. — Secrétan (O. ✻).
Chefs de bataillon. — Le chevalier Vernadet (O. ✻), Cardinal ✻.
Capitaine adjudant-major. — Sollin ✻.
Sous-lieutenants sous-adjudants-majors. — Desbets, Bunel ✻.
Officier payeur. — Naleche.
Chirurgien-major. — Cochet.

Sous-aide-major. — Justes.

Capitaines. — Devaux, Ailhaud, Mielieff, Filiard, Perrou, Bunès, Scharp ✻, Renault.

Lieutenants. — Le Grand, Jeanneau, Querole, Humbert, Lemaire, Guilbert, Marchaux, Despaignes.

Sous-lieutenants. — Roussel-Fontenay, Lardenois, Sarracco, Gauffard, Ragot, Bonnaud, Daloz, Larcade, Ruggery.

NEUVIÈME RÉGIMENT DE VOLTIGEURS.

Major commandant. — Henrion (O. ✻)

Chefs de bataillon. — Le chevalier Deschamps (O. ✻), George ✻.

Capitaine adjudant-major. — N. . . .

Sous-lieutenants sous-adjudants-majors. — Didiot, Roveda, Fournois.

Officier payeur. — Dedé, sous-lieutenant.

Chirurgien-major. — Juville.

Aide-major. — Gulwein.

Capitaines. — Bunelle, Dedouhet, Guenard, Moulinet, Vildier ✻, Leblanc, Galmiche ✻, Paitz ✻.

Sous-lieutenants. — Dulangon, Durosnel, Suter, Denis, Paradan, Hervey, Duduy, Dumoulin, Cordier, Teuiller, Rosey, Boivin, Bonneau, Albert, Abrassard, Hurel, Bertrand, Renouf.

DIXIÈME RÉGIMENT DE VOLTIGEURS.

Major commandant. — Le chevalier Suisse ✻.

Chefs de bataillon. — Le chevalier Finat ✻, le chevalier Le Boursier ✻.

Capitaine adjudant-major. — N. . . .

Sous-lieutenants sous-adjudants-majors. — Levacher, Porte, Assezat.

Officier payeur. — Ducoroy, sous-lieutenant.

Chirurgien-major. — Prevost.

Aide-major. — Bergeron.

Capitaines. — Dacheux, Fousset, Dailly ✻, Place, Machillot, Brabanson, Dussausset, Bernardi.

Sous-lieutenants. — Condu, Marina, Defrene, Varein, Cuny, Florquin, Marengo, Folliot, Genouillac, Versey, Rousseau, Colardot, Roquet, Saugnier, Villiaume, Blondeau, Meunier, Pletynckx.

ONZIÈME RÉGIMENT DE VOLTIGEURS.

Major commandant. — Le chevalier Penguern ✻.

Chefs de bataillon. — Le chevalier Colomban ✻, Braun ✻.

Capitaine adjudant-major. — N. . . .

Sous-lieutenants sous-adjudants-majors. — Guerin, Mauduit, Mautrolet.

Officier payeur. — Malauzet, sous-lieutenant.

Chirurgien-major. — Filhol.

Sous-aide-major. — Liebaut.

Capitaines. — Coste, Flour, Gagnard, Guillain, Masset, Bonnard, Petelot, Nouveau.

Sous-lieutenants. — Brublet, Gerney, Mohy, Josse, Galabert, Lapierre, Collon, Deroubey, Maran, Eudel, Mercier, Lemelle, Rouyer, Galinet, Dok, Souillard, Dollet, Gautier.

DES OFFICIERS DE LA GARDE IMPÉRIALE EN 1813.

DOUZIÈME RÉGIMENT DE VOLTIGEURS.

Major commandant. — De Gromety ✹.
Chefs de bataillon. — Missonnier ✹, le chevalier Charraud (O. ✹).
Capitaine adjudant-major. — N. . . .
Sous-lieutenants sous-adjudants-majors. — Hamesse, Roche ✹, Van Heddegem.
Officier payeur. — Moron, sous-lieutenant.
Chirurgien-major. — Guillemot.
Sous-aide-major. — Laurent.
Capitaines. — Donny, Chassaigne, Joux, Mucheler, Houriet, Plafay, Faure, Troy.
Sous-lieutenants. — Drème, Jacquelin, Jamin, Fusset, Lerat, Colignon, Tremoulet, Fusiliers, Mortier, Souris, Castille, Lelievre, Guertin, Herment, Vingneniere, Gabet, Valin.

TREIZIÈME RÉGIMENT DE VOLTIGEURS.

Major commandant. — Le chevalier Rignon (O. ✹).
Chefs de bataillon. — Le chevalier Favre (O. ✹), Royer ✹.
Lieutenant adjudant-major. — Melissant.
Sous-lieutenants adjudants-majors. — Doucet, Desfontaines.
Officier payeur. — Noel, sous-lieutenant.
Chirurgien-major. — Dièche.
Sous-aide-major. — Tremey.
Capitaines. — Tassard, Pruvost, Bouvresse, Constant, Donnoy, Meneval, Harang, Tartarin.
Sous-lieutenants. — Watel, Salles, Giboulet, Grojean, Verzier, Ponel, Lenoir, Izarn, Moihen, Simard, Hallois, Lemaire, Moise, Philippon, Choret, Delporte.

RÉGIMENT DE FLANQUEURS-CHASSEURS.

Colonel major. — Le chevalier Pompejac (O. ✹).
Chefs de bataillon. — Le chevalier Cambour ✹, Rouillard.
Capitaine adjudant-major. — Delignac.
Lieutenants sous-adjudants-majors. — Partoureau, ...
Officier payeur. — Percheron, lieutenant.
Chirurgien-major. — Vitrac.
Aide-major. — Croserio.
Capitaines. — Hauton ✹, Saisset ✹, Allemand, Van Denheuvel ✹, Lombardeau ✹, Viaud ✹, le chevalier Saint-Martin ✹, Chantard.
Lieutenants. — Henry, Charlet, Chouveroux, Beaufrère, Lavaisse, Tibleau, Malapert ✹, Le Varlet.
Sous-lieutenants. — Hervouet, Darnaudet, Despagnes, Cootz, Valadon, Ville, Fouchet.

COMPAGNIES DE DÉPÔT.

Major commandant. Le baron Malet (O. ✹).
Compagnie de chasseurs. — N. . . ., capitaine; Kuyck, lieutenant en premier; François, lieutenant en second.
Compagnies de voltigeurs. — Le chevalier Poudavigue (O. ✹), Pissère, capitaines; Martin, Schimpf, lieutenants; Crouillebois, Ipemburg, sous-lieutenants.

Compagnie de flanqueurs. — Martin ✻, capitaine; Schlosser, lieutenant; Klein, sous-lieutenant.

RÉGIMENT DES PUPILLES.

Colonel. — Bardin, jusqu'au 8 avril 1813.
Major. — Dibbets (B. J. J.) ✻.
Capitaine quartier-maître. — Vandewoorde.
Chefs de bataillon. — Westenberg ✻, Devassy, Savarin, Lefebvre.
Capitaines adjudants-majors. — Vandenbergh ✻, Troutot ✻, Boellaard ✻, Van Bronkhorst.
Lieutenants adjudants-majors. — Sanders, Konne ✻, Vandermonde, Dolman, Spengler.
Chirurgien-major. — Lemoine.
Aides-majors. — Dubois, ...
Sous-aides-majors. — . . . . . Rochard, Dumanoir.
Capitaines. — Minvieille, Génisson ✻, Jevin, Gaugé, Dolleman, Seguin ✻, Schantz, Schiphorst, Dumesnil ✻, Michel ✻, Lacour ✻, Largillière ✻, Plée ✻, Blom, Dubattu, Vanderdussen, Stok.
Lieutenants. — Lente, Durafour ✻, Vanizac ✻, Alizou, Thiel, Rietstap, Crocs, Dehu, Luykel, Martin E., Cobrion ✻, Deschamps, Ventai, Hamers, Keiser.
Sous-lieutenants. — Buchner, Carles, Rouville, Chambon, Pujol, Vanderlugt, Charon, Bossoney, Vandyk, Gonod, Delava, Dumas, Barbette, Treuster, Barré, Barbereau, Mussy, Decloux.

GRENADIERS A CHEVAL.

ÉTAT-MAJOR.

Colonel commandant. — Le comte Walther (G. A. ✻), général de division.
Majors. — Le baron Laferrière-Lévêque (C. ✻), le baron Castex (C. ✻), généraux de brigade.
Chefs d'escadron. — Le baron Perrot (O. ✻), quartier-maître; le baron Remy (O. ✻), le chevalier Hardy (O. ✻), Morin (O. ✻), Vénière (O. ✻), Pernet (O. ✻), Delaporte (O. ✻), Juncher (O. ✻).
Capitaines adjudants-majors. — Scribe ✻, Lepot ✻.
Capitaine instructeur. — Le Maire ✻.
Capitaines adjudants d'administration. — Javary ✻, Varnout ✻, Messager ✻.
Lieutenants en premier, sous-adjudants-majors. — Dessoffy ✻, le Roy ✻, Guindé ✻, La Bachellerie ✻.
Porte-aigle. — Latartre ✻, Bertrand ✻, Manaut ✻, Dalery, lieutenants en second.
Chirurgiens-majors. — Dieche ✻, Valet ✻, Libon.
Aides-majors. — Descot, Gauthier, Thevenot.
Capitaines. — Le Clerc ✻, Berger ✻, Harembert ✻, Tueffert ✻, Schmidt ✻, Spennel ✻, Coster ✻, Tessier (O. ✻), Braun, Kister ✻, Klein ✻, Mary ✻.
Lieutenants en premier. — Bufquin ✻, Coutausse, Gaudinot ✻, Franquin ✻, Hablot ✻, Moreau ✻, Rohas ✻, Buretel ✻, Fauconnet ✻, Verrier, Phitily ✻, Barbier ✻, Barthon ✻, Richard ✻, Calvy ✻, Teysseyre ✻, Billot ✻, Lapersonne ✻, Lavergne, Lamarcq ✻, Chastel-Boinville, Bodson-Noirfontaine, Rogeaux ✻, Evrard ✻.
Lieutenants en second. — Verpillat ✻, Lignot ✻, Almacher ✻, Pannier ✻, Glauron ✻,

Lhotte, Lebreton, Barthélemy, Ogier ✻, Debergues ✻, Tandeau, Verne, Patrin ✻, Jeannet ✻, Bergeret ✻, Blachier, Pierrepont, Léonard, Desiles, Grival, Tabary, Pichenot, Jacques ✻, Gerard ✻, Ducroc de Chabannes, Gouabin ✻, Leleu ✻.

DRAGONS.

ÉTAT-MAJOR.

Colonel commandant. — Le comte d'Ornano (O. ✻, G. ✻), général de division.
Majors. — Le baron Letort (O. ✻), général de brigade ; Pinteville (O. ✻), colonel.
Chefs d'escadron. — Le chevalier Pucheu (O. ✻), Testot Ferry (O. ✻), le chevalier Pictet ✻, Clément de Ris ✻, le baron Saint-Léger (O. ✻), Canavas-Saint-Amand (O. ✻), Barry (O. ✻), instructeur.
Chef d'escadron. — Delassus ✻, quartier-maître-trésorier.
Capitaine instructeur. — Le chevalier Sachon (O. ✻).
Capitaines adjudants-majors. — Tierce ✻, Barbier ✻.
Lieutenants en premier, sous-adjudants-majors. — Lancestre ✻, Cacheleux ✻, Bloume ✻.
Lieutenants en second, sous-adjudants-majors. — Villemelle ✻, Gandolph ✻, Senet ✻.
Lieutenants en second, porte-étendard. — Hunold ✻, Landry ✻, Billon ✻, Hebert ✻.
Officier d'habillement. — Obry ✻, lieutenant en premier.
Officier des vivres. — Gibert ✻, lieutenant en second.
Officier des fourrages. — Maronnier ✻, lieutenant en second.
Chirurgiens-majors. — Raiffer ✻, Foucart ✻.
Aides-majors. — Blondy, Auvity, Huvelle, Menou.
Capitaines. — Macé ✻, Ligier ✻, Racquet (O. ✻), Bellot ✻, François (O. ✻), Chamorin ✻, de Montarby ✻, Despierres ✻, Govon, Pieffort ✻, le chevalier Chatry Lafosse ✻, Aguy ✻.
Lieutenants en premier. — Dupuis ✻, Brundsaux ✻, Pisler ✻, Jomard ✻, Dulac ✻, Robert ✻, Tiersonnier, Delapierre ✻, Déroches ✻, Landry Saint-Aubin ✻, Merelle, Adam, Vincent ✻, Deverdiere ✻, Larzillere ✻, Hérissant ✻, Costalin ✻, Hallé ✻, Deneuilly ✻, Wolbert, Dubourg ✻, Decoucy, Bourlier ✻.
Lieutenants en second. — Buchot ✻, Braconnot ✻, Carré ✻, Leblanc ✻, Fortier ✻, Berthier ✻, Frossard, Legendre de la Ferrière, d'Hanache, Letellier de Vaubadon, Kœnig, d'Hebrard ✻, Maurio ✻, Germont ✻, Monneret ✻, Reizet, Deselve ✻, Besnard, Mil, Bastien, Rousselet ✻, Stéphanopoli, Giffard, Lafitte, Chapel ✻.

CHASSEURS A CHEVAL.

ÉTAT-MAJOR.

Colonel. — Le comte Lefebvre-Desnoëttes (C. ✻, G. ✻), général de division.
Colonel commandant en second. — Le baron Guyot (C. ✻), général de division.
Majors. — Le baron Lion (O. ✻), colonel.
Chefs d'escadron. — Le chevalier Joannes (O. ✻), Rabusson (O. ✻), le chevalier Bayeux (O. ✻), Labiffe (O. ✻), Lafitte (O. ✻), Vanot ✻, Debelle, Trobriant, Guiot ✻, quartier-maître; Bellebeaux (O. ✻), Caire (O. ✻), instructeur.

Capitaine instructeur. — Spitzer.
Capitaines adjudants-majors. — Sève ✵, Assant ✵.
Lieutenants en premier sous-adjudants-majors. — Keraval ✵, Vazillier ✵, Boizeau.
Lieutenants en second sous-adjudants-majors. — Frot, Spigre ✵, Lecoq ✵, L'Hernault, Lequatre, Dachweiller.
Adjudants d'administration. — Maziau (O. ✵), capitaine; Donchery (O. ✵), lieutenant en premier.
Porte-étendard. — Perrier (O. ✵), Bayard ✵, lieutenants en premier; Allié ✵, Billard ✵, lieutenants en second.
Chirurgiens-majors. — Lachaume ✵, Ferrus ✵.
Aides-majors. — Pergot ✵, Faure, Demerlot.
Capitaines. — Parizot (O. ✵), Le Brasseur ✵, Schmidt ✵, Moysant ✵, Bro ✵, Deville ✵, Achintre ✵, Blanquefort ✵, Gay ✵, le comte Oudinot ✵, Barbanegre (O. ✵), de Kleinenberg ✵, Decoux, Rocourt, Lemercier, Larivière, Bellancourt, Pierre.
Lieutenants en premier. — Lambert (O. ✵), Viala ✵, Darmagnac ✵, Décalogne ✵, Guschteureiter, Mey de Cbales ✵, Moutard ✵, Brice ✵, Durand ✵, d'Equevilly, Lespinasse, Leroy, Girard dit Vieux, Stéphanopoli, Létang, Blot, Delor ✵, Sabatier, Dupont ✵, Cabart ✵, Bugat ✵, Rudelle ✵, Allimant ✵, Enjubault ✵, Helson ✵, Rolin ✵, Laclos, Goudmetz ✵, Sanglier, Nolette, Limbourg, Toulongeon, Foulon, Bonnet ✵, Jouannini, Jouglas, Zickel.
Lieutenants en second. — Forcioli ✵, Chapelle ✵, Osvald ✵, Beller, Brice, François, Fischer, Henneson ✵, Mathey ✵, Pigault-Lebrun, Robin ✵, Delentivi ✵, Parquin ✵, Bailleul ✵, Demange, Favre, Blandin ✵, Caillet ✵, Pescheur ✵, Jallot, Rouxelin de Formigny, Vanheulle, Macheret, Mertens, Poirot de Valcourt, Lapôtre, Renard ✵, Velay, Crucq, Buchot, Vieil, Lagouz-Duplessis ✵, Salmon, Lagaune ✵, Chiret, Miret.

MAMELUKS.

ÉTAT-MAJOR.

Commandant. — Le chevalier Kirmann (O. ✵), chef d'escadron.
Capitaine instructeur. — Abdalla ✵.
Sous-adjudant-major. — Delor, lieutenant en second.
Porte-aigle. — Fonnade ✵, lieutenant en second.
Chirurgien-major. — Bockeinhemer ✵.
Capitaines. — Renno (O. ✵), Daoud (O. ✵).
Lieutenants en premier. — Chahin (O. ✵), Elias ✵.
Lieutenants en second. — Soliman ✵, Gay ✵, Kapfer ✵, Mirza ✵.

PREMIER RÉGIMENT DE CHEVAU-LÉGERS LANCIERS.

ÉTAT-MAJOR.

Colonel. — Le comte Krasinski (C. ✵), général de brigade.
Majors. — Le baron Dautancourt (O. ✵), le prince Radziwill ✵.
Chefs d'escadron. — Le baron Kozietulski (O. ✵), le baron Chlapowski (O. ✵), le che-

DES OFFICIERS DE LA GARDE IMPÉRIALE EN 1813.   109

valier Jerzmanowski ✯, le comte Krazinski (P.) ✯, Fredro ✯, le chevalier Rostworowski aîné ✯, le chevalier Szeptycki ✯.
Quartier-maître trésorier. — Le chevalier Raulet ✯, capitaine.
Capitaine instructeur. — Petiet.
Capitaine adjudant-major. — De la Roche.
Capitaine chargé de l'habillement. — Pfeiffer.
Sous-adjudants-majors. — Ladroite ✯, lieutenant en premier; Sikorski ✯, lieutenant en second.
Sous-instructeur. — Zolkiewicz, lieutenant en second.
Porte-aigle. — Rostworowski cadet.
Chirurgiens-majors. — Girardot ✯, Maugras ✯.
Aide-major. — Gadowski.
Sous-aide-major. — Kuszanski.
Capitaines. — Zaluski (Riv.) ✯, Hempel (Stan.) ✯, Jordan ✯, Jankowski ✯, le chevalier Browski ✯, Zayonchek, Mikulowski, Coulon, Wasowicz ✯.
Lieutenants en premier. — Hempel (J.) ✯, Malinowski, Dobiecki, Balinski, Kilinski, Vandernoot, Matlaszynski, Gotarlowski jeune, Roman, Mierzeiewski ✯, Gotarlowski aîné, Zielunka ✯, Korycki, Turno, Wilczek ✯, Kielkiewicz.
Lieutenants en second. — Zawaozki, Tedwen, Wasilewski ✯, Fichnowski, Osinski, Trezinski (Clément), Lubienski, Terzeciak, Okulski, Komornicki, Horaczko, Lubanski, Decki, Kuiawski, Markiewicz, Kock, Fintowski, Smulski, Zaiaczkowski, Wiszniewki.

DEUXIÈME RÉGIMENT DE CHEVAU-LÉGERS LANCIERS.

ÉTAT-MAJOR.

Colonel. — Le baron Colbert (C. ✯), général de brigade.
Majors. — Dubois (M. J.) ✯, colonel; Le Clerc.
Chefs d'escadron. — De Tiecken ✯, Coti ✯, Thurot, Petiet, Verdière, Colesson, Mathis, Post, Scheneiter, Delastours.
Quartier-maître trésorier. — Dufour, capitaine.
Capitaine instructeur. — Van Balveren ✯.
Capitaines adjudants-majors. — Delafargue, De Stuers.
Lieutenants en premier sous-adjudants-majors. — Duranty, Brepoels, de Bellefroid, Delaizement ✯, Leutner, Reyntjes, de Groot, Duclos, Tarlé.
Porte-aigle. — Verhaagen, lieutenant en premier.
Chirurgiens-majors. — Henninge, Mergel.
Sous-aides-majors. — Stutterheim, Steenis.
Capitaines. — Werner, Le Forestier, Le Sueur, Morin, Jouet, Heshutius, Alexandre, Ziegler, Royen, Arnould, Laudet, Laborde, Landrieve, Sennepart, Salvetat, Dufour, Domergue, Lemaire, Baumetz, Berthaut.
Lieutenants en premier. — Vermaesen, Franck, Colignon, Bocher, Spies (J. Ch.), Seran, Hannemann, Van Omphal, Eschweiler, Hayot, Ubaghs, Retterich, Nettancourt, Bauman, Gisser, Geubels, Buis, Veldhuis, Willich, Bontems.
Lieutenants en second. — Ziegler, Spies (J. F.), De Jongh, Van der Linden ✯, Van Doorn, Van der Brugghen, Doyen, Breedenbach, Le Thuillier, Arnaud, Reckinger, Dejean, Gourel, Arnaud, Lannoy, Lescalier, Sourdis, Colins, Charrassin, Veron, Bidault, Cenas, Godart-

Rivocet, Barbier d'Aucourt, Platelet, Granger, Briot, Moretti, Herval, Foblant, Delaborde, Dini, de Grenanth, Alexandre (B. J.), Desfominels, Renaux, Marcilliac, Bourdeau, d'Assier, Molerat de Garsault.

PREMIER RÉGIMENT DES GARDES D'HONNEUR.

ÉTAT-MAJOR.

Colonel. — Le comte de Pully, général de division.
Colonel en second. — Picquet, général de brigade.
Majors. — De Castellane, de Mathan.
Chefs d'escadron. — D'Armanville, de Breuilpont, de Castellane (Esprit), de Freytag, de Giverville, de la Pommeraye, de La Barbée, baron de Lauriston, Moynier de Chamboran, baron de Pully (Étienne).
Capitaine instructeur. — Populus.
Capitaines quartier-maîtres. — De Riberolles, Dubois d'Armouville.
Lieutenants sous-adjudants-majors. — De Damas, de Saint-Paer, de Varin, de Vente, Gibassier, Kross, Leman, Pigault le Brun.
Capitaines. — De Beauregard, de Chambrun, de Flines, de Grandmaison, de Kerckove d'Exaerde, de la Rosière, de Noirville, Dudon d'Envals, Gabrielli, Houdouart de Thievres, Le Beau de Tresidy, Lemercier, Pison de Malbourget, de Siresme, Verges.
Lieutenants en premier. — Danjou, de Blois, de Linières, de la Genevraye, de Montjoie, de Morisel, de Sarbres, de Solignac, Doisnel, Duvooz, Fougeroux de Campigneulles, de Pestre de la Ferté.
Lieutenants en second. — Bastier de Meyda, de Baulwens, Charvet, Dasnières de Végy, d'Arjuzon, Gigault de Bellefonds, de Blois, de Bloqueville, de Rellingue, de Camiade, de Crevecœur, de Fresquienne, de Frézals-Boursault, d'Indy, de Gouy, de Grouchy, Delalonde, de la Rue, de Lesparda, de Maizet, du Petit-Val, d'Orgeval, Deformanoir, Devissery, Folleville, Glatigny, Lefèvre (Achille), Mencuret de Chamband, Pointel, Soulès, Thoinette, Vanstapel.

DEUXIÈME RÉGIMENT DES GARDES D'HONNEUR.

ÉTAT-MAJOR.

Colonel. — Le comte Lepic, puis le comte de la Grange, général de division.
Colonel en second. — Vallin, général de brigade.
Majors. — Vicomte d'Ambrugeac, comte de Panges.
Chefs d'escadron. — De Choiseul (Auguste), le baron Desaix, comte de Gentil, d'Hulst, de La Boullaye.
Capitaines instructeurs. — Nicod, Raoul.
Capitaine quartier-maître. — Guillaume.
Lieutenants sous-adjudants-majors. — N..., N...
Capitaines. — Balluet d'Estournelles, Bodson de Noirfontaine, baron d'Alberg, de Bartillat, de Breuil, de Chatenoy, de Gondrecourt, de Lauferna, de la Salle, de Puységur, Deveaux, Guichard, Maltête, Michel.
Lieutenants en premier. — Christiani, Cliffort, de Cadignan, de Champlot, de Renneville, Gaidioz, Herman, Legoux-Duplessis, Mathey.

Lieutenants en second. — Bourcier Demontureaux, Beffroy, Danoville, Cavagnari, de Beaucorps, de Charlaincourt, de Courcelles, de Flavigny, de Fourolles, de Lanoy, de Pardieux, de Pestre, de Pontois, Deshayes, de Wareede, Dudoignon, Filment, Konens, Hanotin, Herman-Hermens, Hugo, Lorin, Nervart, Nipels, Nodshon, Rendorp, Thomassin, Turkin, Vandenheuvel.

TROISIÈME RÉGIMENT DES GARDES D'HONNEUR.

ÉTAT-MAJOR.

Colonel. — Le comte de Ségur, général de brigade.
Colonel en second. — Vincent, général de brigade.
Majors. — Briançon de Belmont, baron de Saluces.
Chefs d'escadron. — Dastorg, d'Argout, comte d'Andlaw, Berthola, de Castelnaud, de la Tourette, de Villemogène, Nadaillac.
Capitaines instructeurs. — Weber, N....
Capitaine quartier-maitre. — De Chassiron.
Lieutenant adjudant-major. — Bernard.
Sous-lieutenants sous-adjudants-majors. — Nogerée, Sachi.
Capitaines. — Bernard Campagne, Bourgeois, Castera de la Rivière, Couturier, de Bellevue, de Bessy, de Bouillé, de Jumel, de Hautefeuille, de Montanes, Despictières, Duval de Beaulieu, Millet, Morgan, Noël, Vanhal.
Lieutenants en premier. — Baroux de la Charbottières, Bertholini, de Chaban, d'Hanne, de Montsorbier, de Mortarieu, de Narcé, Doro de Pontoux, du Landrau, Ginsot, Gouvello, Lacarre, Lamorine, Larderet, Lesparda, Provost (Placide), Stiennens, Vassal.
Lieutenants en second. — Anduzé, Augier de Moussac, Boissard, Bouriner, Chotard, Daiguebelle, de Bourgon, de Chabot, de Coincy, de Ferrery, de France, de Keralio, de la Paumelière, de Lonlay, de Montigny (Ph.), de Saint-Victor, Desbourdes, Dudrenay, Dumas, de Villars, du Landrau, Gaborit de la Brosse, Geras, Kergrist, Levavasseur, Mathys, Nayscandau, Nestor Fajac, Paimparé, Pellet, Réchigne Voisin, Sandré, Sapinaud, Strozzi.

QUATRIÈME RÉGIMENT DES GARDES D'HONNEUR.

ÉTAT-MAJOR.

Colonel. — Le comte de Saint-Sulpice, général de division.
Colonel en second. — Merlin, général de brigade.
Majors. — Comte de Clermont-Tonnerre, Monteil.
Chefs d'escadron. — Baqui d'Arbaud Jouques, Brouville, Saluces de la Mante.
Capitaine instructeur. — De Boissenilh.
Capitaine quartier-maitre. — Dammartin.
Lieutenant sous-adjudant-major. — De Cosnac.
Capitaines. — Boury, Colonna d'Istria, d'Alissac, de Cibenis, de Lagarde, de Montarby, de Montillet, de Rouvière, Desprémenils, de Truchy, Gruat, Lafrenaye, Morozzo.
Lieutenants en premier. — Bachelet, Bontemps Lefort, Collin, de Tocriac, Granier, Gros de Peigne, Biedmatten, Taffin Assey, Valfré Bonzo,
Lieutenants en second. — Artaud de Lestrade, Bacchiglieri, Berthier de Bissy, Caravadossi, de Bellefonds, de Bry, de Champflour, de Chazelles, de Colleville, de Cuzieu, de

Lafarge, de Marillac, de Moncalm-Gozon, de Serraval, de Sonnaz, de Tilly, de Villeneuve, Fondy, Sauvat de Champollion, Lubatte, Malledan de Freytiat, Polgé de Montalbert, Baguzzi, Robineau de Beaulieu, Rodes de Chalamat, Scaraffia, Sernini, Soldani Tadey, Verdier Latour.

GENDARMERIE D'ÉLITE.

ÉTAT-MAJOR.

Colonel. — Le comte Durosnel (G. ✻), général de division.
Colonel-major. — Le baron Henry (C. ✻), général de brigade.
Chefs d'escadron. — Le baron Meckenem (O. ✻), le baron Janin (O. ✻), Lagorsse (O. ✻), le chevalier Colin ✻, quartier-maître.
Capitaine adjudant-major. — Verjus.
Capitaines instructeurs. — Richoux ✻, Dendin.
Sous-adjudants-majors. — Lefaivre ✻, Lemirhe ✻, lieutenants en premier; Fix, lieutenant en second.
Adjudant d'administration. — Lacour, Clément, lieutenants en premier.
Lieutenants en second, porte-étendard. — Aveline ✻, Savenez.
Chirurgien-major. — Celières ✻.
Aide-major. — Durand ✻.
Sous-aide-major. — Busnel.
Lieutenants en deuxième à la suite, fourriers du palais. — Le chevalier Deschamps ✻, le chevalier Emery ✻, le chevalier Baillon ✻.

BATAILLON.

Capitaines. — Compagnon ✻, Labbé ✻, Doncœur ✻, Pidoux ✻.
Lieutenants en premier. — Pachot, Molène ✻, Perottet ✻, Cuvillier, Michel ✻, Marache ✻, Petit ✻, Barrier ✻.
Lieutenants en second. — Bigard ✻, Guillon, Gallois ✻, Petitjean ✻, Leroy ✻, Rovel ✻, Lafosse, Grollier.

ARTILLERIE.

Colonel commandant. — Le comte Dulauloy (G. ✻, G. ✻), général de division.
Commandant de l'École d'artillerie à la Fère. — Le baron d'Aboville (O. ✻), général de brigade.
Directeur du matériel. — Le baron Boulart (O. ✻), major.
Chef de l'état-major. — Le baron Lallemand ✻.
Sous-directeur du matériel. — Pion ✻.
Capitaine quartier-maître. — Bécu ✻.
Garde général du parc. — Guillon ✻, lieutenant en premier.
Adjudant d'habillement. — Duval ✻, lieutenant en premier.
Professeur de mathématiques. — Servois.

ARTILLERIE A CHEVAL.

Major commandant. — Le baron Desvaux (O. ✻), général de brigade.

DES OFFICIERS DE LA GARDE IMPÉRIALE EN 1813.

Chefs d'escadron. — Le baron Dubuart-Marin (O. ✻), major; Georges de Lemud (O. ✻), Boisselier (O. ✻).
Adjudant-major. — List ✻.
Sous-adjudants-majors. — Huet ✻, Pasquier.
Chirurgien-major. — Therin (O. ✻).
Capitaines-commandants. — Euvrard ✻, Cercelet ✻, Savarin ✻, Durbach ✻, Laporte ✻, Mancel ✻.
Capitaines en second. — Lasnon, Massias ✻, Allavene ✻, de Lasarras ✻, Le Griel, Viard.
Lieutenants en premier. — De Marcilly ✻, Molin, Delagrange ✻, de Broca, Lyautey, Coëssen.
Lieutenants en second. — Fremont, Desnoyez, Bollemont jeune, Rigal, Savoye, Hervé.

ARTILLERIE A PIED, VIEILLE GARDE.

Major commandant. — Griois ✻, colonel.
Chefs de bataillon. — Couin ✻, le baron d'Hautpoul ✻, Capelle ✻.
Adjudant-major. — Béranger ✻.
Sous-adjudants-majors. — Cornuel ✻, Mainville, Raoul.
Chirurgien-major. — Souchotte.
Aide-major. — Boileau ✻.
Capitaines-commandants. — Eggerlé ✻, Leclerc ✻, Le Français ✻, Bitsch ✻, Tardy de Montravel ✻, Maillard ✻.
Capitaines en second. — Demetz ✻, le comte de Fourcroy ✻, Ditch, Cuny ✻, Henraux ✻.
Lieutenants en premier. — Dumas-Culture ✻, Guichard ✻, Aubertin ✻, Thouvenel, Rivière ✻, Bollemont aîné ✻.
Lieutenants en second. — Bréon, Belly, Viard, Ramadou, Lanoue, Lefèvre.

ARTILLERIE A PIED, JEUNE GARDE.

Major commandant. — Henrion (O. ✻).
Chefs de bataillon. — Breux ✻, Aubert (O. ✻), Oudin (O. ✻), Faivre ✻, Renaud, Lafont, Levis.
Adjudant-major. — Hortel, capitaine.
Sous-adjudants-majors. — Charpentier, Michaux.
Capitaines-commandants. — Lafiseliere, Saint-Michel, Cailly, Romestin, Ledilais, Cahé, Javersa, Decker, Duperche, Jannez, Marcot, Serventi, Bouquero, Cuvellier.
Capitaines en second. — Maingard, Denigro, Lamy, Cadet, Maurin, Joffre.
Lieutenants en premier. — Marechal, Hue, Grégoire, Blanc, Bouvet, Pérignon, Mardochée, Polycarpe, Barbier, Merle, Schwart, Bomers, Tournemine, Leblanc-Lacombe.
Lieutenants en second. — Fandin, Baudouin, Coulombon, Vicaire, Coteau, Vuillemot, Bausillon.
Vétérans. — Defrenne ✻, capitaine; Leguernay ✻, lieutenant en premier.
Ouvriers pontonniers. — Bosquette ✻, Guettmann ✻, Bousson, Busch.

PREMIER RÉGIMENT DU TRAIN DE L'ARTILLERIE.

Major commandant. — Le baron de Lignim (O. ✻), colonel d'artillerie.
Commandant en second. — Le Roy ✻, chef de bataillon.

Capitaines d'artillerie commandant les bataillons. — Guevel ✸, Colomb ✸, David ✸.
Adjudant-major. — Pigniere, lieutenant.
Quartier-maître. — Valery.
Sous-lieutenant d'habillement. — Nicolas.
Chirurgien-major. — Bellenand.
Aides-majors. — Pichot, ...
Sous-aides-majors. — Desourbier, Vuillaume.
Lieutenants commandant les compagnies. — Baron ✸, Ciret (L.) ✸, Fouet ✸, Genin ✸, Bertrand ✸, Dubois ✸, Decondé, Lemercier ✸, Senille ✸, Bresnières ✸, Ciret (Pr.) ✸, Arnoux ✸, Godin ✸, commandant la compagnie du dépôt.

DEUXIÈME RÉGIMENT DU TRAIN DE L'ARTILLERIE.

Major. — Bailloud ✸.
Capitaines d'artillerie commandant les bataillons. — Demaidy ✸, Arroux ✸.
Adjudant-major. — Montreuil, lieutenant.
Quartier-maître. — Jacquesson, sous-lieutenant.
Chirurgien-major. — N. . . .
Aide-major. — Harsand.
Sous-aide-major. — Segard.
Lieutenants commandant les compagnies. — Boudry, Montalant, Schmitt, Nettement, Mermet, Barbier, Laude, Pasquier, Girinon, Baudoin.

GÉNIE.

Colonel. — Le baron Kirgener de Planta (C. ✸), général de division.
Major. — Boissonnet (O. ✸).
Chefs de bataillon. — Guiraud (O. ✸), le baron Christin ✸.
Capitaine. — Fournier ✸.
Lieutenant adjoint. — Lebis.

COMPAGNIE DE SAPEURS.

Capitaine-commandant. — Blay ✸, chef de bataillon.
Lieutenant en premier. — Juillet.
Lieutenants en second. — Duguet ✸, Geib ✸.

ÉQUIPAGE DES MARINS.

Commandant. — Le comte Gantheaume (G. A. ✸), vice-amiral.
Major. — Le baron Motard (C. ✸), capitaine de vaisseau.
Adjudant-major. — Gerodias (O. ✸), lieutenant de vaisseau.
Capitaine quartier-maître trésorier. — Gobert de Neufmoulin.
Chirurgien-major. — Le chevailler Taillefer ✸.
PREMIÈRE COMPAGNIE. — *Capitaine :* Gerdy, lieutenant de vaisseau.
Lieutenant en premier : Ferrand.   id.
Lieutenant en second : Obriet, enseigne de vaisseau.

DES OFFICIERS DE LA GARDE IMPÉRIALE EN 1813. 115

Deuxième compagnie. — *Capitaine :* le chevalier Etchegaray ※, lieutenant de vaisseau
Lieutenant en premier : Poideloue ※,   id.
Lieutenant en second : Allary ※, enseigne de vaisseau.
Troisième compagnie. — *Capitaine :* Grivel (O. ※), lieutenant de vaisseau.
Lieutenant en premier : Denuelle, enseigne de vaisseau.
Lieutenant en second : Gueydan ※, lieutenant de vaisseau.
Quatrième compagnie. — *Capitaine :* le chevalier Tessier de Marguerittes (O. ※), lieutenant de vaisseau.
Lieutenant en premier : Gautier, lieutenant de vaisseau.
Lieutenant en second : Guettard, enseigne de vaisseau.
Cinquième compagnie. — *Capitaine :* le chevalier Leroy ※, lieutenant de vaisseau.
Lieutenant en premier : N. . . ., lieutenant de vaisseau.
Lieutenant en second : Laurent de Choisy, enseigne de vaisseau.
Sixième compagnie. — *Capitaine :* Boniface (O. ※), lieutenant de vaisseau.
Lieutenant en premier : Ollivier ※,   id.
Lieutenant en second : Gallois ,   id.
Septième compagnie. — *Capitaine :* Bouvier Destouches (O. ※), lieutenant de vaisseau.
Lieutenant en premier : N. . . .
Lieutenant en second : N. . . .
Huitième compagnie. — *Capitaine :* N. . . .
Lieutenant en premier : N. . . .
Lieutenant en second : N. . . .

BATAILLON DU TRAIN DES ÉQUIPAGES.

Capitaine-commandant. — Gubert ※.
Lieutenants adjudants-majors. — Tanchon ※, Demontils.
Quartier-maître des deux corps. — Werry, sous-lieutenant.
Lieutenants sous-adjudants-majors. — Hubert Walville, Testu, Lieutaud.
Officier d'habillement. — Leblanc, lieutenant.
Chirurgien aide-major. — Berthélemy.
Lieutenants. — Savary ※, Goublin ※, Cayard, Sorel ※, Carlier ※, Bietrix, Roger ※, Pichard ※, Froment.
Sous-lieutenants. — Moreau, Johan, Duval, Tognet, Marchand, Peignot.

COMPAGNIES D'OUVRIERS A LA SUITE DE L'ADMINISTRATION.

Lieutenants. — Hugon ※, Bèges ※, Picard ※, Toche.
Sous-lieutenants. — Lapareillé, Formier, Louie, Durandet, Vavasseur.

HOPITAL DE LA GARDE, AU GROS-CAILLOU.

Médecin en chef. — Le chevalier Sue.
Médecins adjoints. — Castel ※, Coutenceau.
Chirurgien en chef. — Le baron Larrey (C. ※).
Chirurgien en chef adjoint. — Le chevalier Paullet (O. ※).
Chirurgiens de première classe. — Zink ※, Champion ※, Pigou ※, Trastour ※.
Chirurgiens de deuxième classe. — Houin ※, Pierron ※, Poteau ※, Jourdan, Ganot, Darrey, Emery, Capel, Soullière, Salmade, Marchand.

Chirurgiens de troisième classe. — Boulay ※, Lassus, Lagasquie, Desmoulins, Imbert, Borde, Beraud, Blaguer, Lahennec, Begin, Baliste, Husquin, Sekken, Patuelle, Sanson, Boisseau, Huvel jeune, Ducamp, Sue, Pages, Demanget, d'Hercourt, Héon, Leterreux, Delarue, Harlague, Mondet.

Pharmacien en chef. — Bouloy.
Pharmaciens de première classe. — Allyon, Delagarde.
Pharmaciens de deuxième classe. — Fourcy, Toussaint, Baston, Sureau fils.
Pharmaciens de troisième classe. — Aubry, Lecomte, Levasseur, Robert, Mortier, Porcher, Nachet jeune, Barillet, Fournier, Tailleur.

RÉCAPITULATION GÉNÉRALE DE LA FORCE DE LA GARDE
PAR ANNÉE.

Garde consulaire.

1799-1801	2,089 hommes.
1802-1803	7,266 —

Garde impériale.

1804	9,798 —
1805	12,187 —
1806	15,656 —
1807	15,361 —
1808	15,392 —
1809	31,203 —
1810	32,150 —
1811	51,960 —
1812	56,169 —
1813	92,472 —
1814	112,482 —
1815	25,870 —

NAPOLÉON ET LA GARDE

A L'ILE D'ELBE.

L'ile d'Elbe ayant été abandonnée en toute souveraineté à Napoléon, par le traité de Fontainebleau, il s'embarqua à Fréjus le 28 avril 1814, avec une suite d'officiers généraux et de serviteurs dévoués. Il mouilla dans la rade de Porto-Ferrajo le 3 mai, et descendit à terre le lendemain. L'Empereur trouva en garnison dans cette place un bataillon du 35ᵉ régiment d'infanterie légère, presque entièrement composé de Piémontais et de Toscans qui, ayant eu avis de sa prochaine arrivée, l'avaient attendu au lieu de rejoindre en France le reste du régiment. Il commença par convertir ce bataillon en un corps spécial sous la dénomination de *bataillon de chasseurs-flanqueurs de l'île d'Elbe*, et le plaça sous les ordres du commandant Guasco. Bientôt des officiers de tous grades, ayant appartenu aux armées du prince Eugène et du roi Murat, vinrent partager son exil. Enfin le 28 mai il fut salué sur la plage par les acclamations enthousiastes de ceux de ses anciens soldats qui avaient recherché l'honneur d'être les compagnons de son infortune, et qui venaient de débarquer, sous la conduite de Cambronne. Quoique les représentants des puissances coalisées eussent décidé qu'il ne pourrait emmener et conserver que quatre cents hommes pour constituer sa Garde, ce nombre avait été plus que doublé par les volontaires qui s'étaient joints à la colonne émigrante.

Cette troupe, dont Napoléon approuva l'organisation, se composait d'un bataillon de grenadiers de six compagnies, d'une compagnie de marins, d'une compagnie d'artillerie et d'un escadron de chevau-légers-lanciers et mameluks. Telles furent, avec une compagnie de gendarmerie qui occupait l'île avant son arrivée, les seules forces militaires dont s'entoura le capitaine qui avait commandé pendant vingt ans les plus formidables armées de l'Europe.

COMPOSITION

DE

LA MAISON MILITAIRE DE NAPOLÉON

A L'ILE D'ELBE.

Généraux de division. — Bertrand, grand maréchal du Palais; Drouot, gouverneur de l'île d'Elbe.

Général de brigade. — Cambronne.

Officiers supérieurs. — Jerzmanowski, colonel des lanciers, commandant de Porto-Longone; Ambrosi, Ordioni, Paccioni, colonels; Baillon, Deschamps, chefs de bataillon, fourriers du palais; Roule, chef d'escadron, aide de camp; Paris, Philippi, Colombani (Joseph), Benedettini, Paoli, chefs de bataillon.

Capitaines. — Labergère, Colombani, Vinciguerra, Frediani, Arrighi, Peretti, Bastelica, Rossi, Rigo, Belluzzi, Susini, Raffalli, Guelfucci, Fossi, Rizzardi, Vantini, Andreani, Salvini, Bertrand, Simon, Salicetti, Fantoni, Moltedo, Cormeau, Casabianca, Santolini, Fortini, Courtier, Demonté.

Lieutenants. — Larabit, Toscani, Brazelli, Biancardi, Bozio, Vitaliani, Matter, Buttafoco, Farinole, Gabrielli, Fabiani, Virgil, Negrone.

Sous-lieutenants. — Manouvrier, Gallois, Marchi, Bargili, Piani, Graziani, Filidoro, Brancaleone, Santini, Rossi (Jean-Thomas), Calderai, Grationi, Manganaro.

Officiers d'ordonnance. — Bernotti, Pons, Senno.

Adjudant de place. — Abadie.

Secrétaire de place. — Beguinot.

Élève d'artillerie. — Romaroni.

Sous-officiers. — Decarreaux, Botta, Garbaglia, Pio.

Inspecteur aux revues. — Boinod.

Commissaires des guerres. — Vauthier, Lacour, Colombani (Pierre).

Inspecteurs des vivres. — Labre, Bianchi.

Payeur. — Peyrusse.

Chirurgiens, médecins, pharmaciens. — Fourreau, médecin de l'Empereur; Landeau, Mouraour, Monaco, Morazzoni, Berraud, Gatte, Viella, Sinibaldi, Apappa.

Commis des hôpitaux. — Rusconi.

Capitaine de vaisseau. — Chautard.

Aspirant de marine. — Coppi.

Employé de marine. — Roux.

Patron de canot. — Gentilini.

BATAILLON DE GRENADIERS,

DIT

BATAILLON NAPOLÉON.

ÉTAT-MAJOR.

Chef de bataillon. — Malet (Antoine).
Capitaine adjudant-major. — Laborde (Étienne).
Lieutenant en premier, sous-adjudant-major. — Melissant (Victor).
Lieutenant en premier. — Arnaud (Félicien-Joseph).
Chirurgien-major. — Emery (Apollinaire).
Chirurgien sous-aide. — Beraud (Louis).
Tambour-maître. — Carré, sergent.
Chef de musique. — Gaudiano (Antoine).
Sous-chef de musique. — Fresco (Laurent).
Musiciens. — Pasquini (Zutti), Donizetti (Joseph), Brazzelli (André), Defferari (Louis), Giuli (Dominique), Capter, Follacci (Antoine), Follacci (Dominique), Chicero (Joseph), Gambaro, Janone, Maganeyro, Menichelli, Galisse, Perrier, Saveri, Vecchini, Bertossi.

PREMIÈRE COMPAGNIE.

ÉTAT-MAJOR.

Capitaine. — Lamouret (Antoine-Jean-Baptiste).
Lieutenant en premier. — Thibaud.
Lieutenant en second. — Lervat.
Sergent-major. — Joachim.
Fourrier. — Cicéron (Antoine).
Sergents. — Chesnais, Lapra, Bertrand, Mathieu, Govin (Jacques), Bretet (Charles).
Caporaux. — Ducher (Étienne), Cuisson (César), Marchand (Isidore), Blondel (André), Reboul (Pierre), Didelon (Jacques), Lefort (Jean-Baptiste), Laborie (Jean-Pierre).
Tambours. — Dumet (Louis), Volant (François).

Grenadiers.

Rousselot (Claude).
Sallet (Edme).
Mouche (Pierre).
Riche (Joseph).
Tauraux (Laurent).
Guilmard (Pierre).
Galine (Joseph).
Marin (Michel).
Arnoux (Joseph).
Renard (François).

Bender (Jean).
Vestrack (Jean).
Baudouin (Pierre) ✻.
Marty (Barthélemy) ✻.
Antoine (Jean-Baptiste).
Couvret (Pierre).
Pelapra (Armand).
Brunel (Pierre-François) ✻.
Vaussenal (Antoine) ✻.
Audray (Charles) ✻.

Poncelet (Joseph).
Roustand (Pierre).
Schmitz (François).
Noirot (Paul).
Millot (Germain).
Vilmontel (Pierre).
Delmas (Guillaume) ✻.
Martager (Pierre).
Baudiman (Silvain).
Pionnier (Nicolas).

BATAILLON DE GRENADIERS,

Baudoin (Pierre-Paul) ✳.
Massony (Philippe).
Audenel (Christophe).
Devaux (Étienne).
Frejoville (François).
Jumelin (Jean).
Tête (Auguste).
Lavoinier (Pierre).
Bredoire (André).
Arnault (Antoine).
Audinot (Joseph).
Fouquet (Denis).
Leguedar (Joseph).
Breton (Joseph).
Royer (Joseph) ✳.
Sourdon (Guillaume).

Gaston (Louis) ✳.
Ponceau (Jean-Dominique).
Durbec (Vincent).
Marchand (François).
Authier (Paul).
Danglas (Paul) ✳.
Gelin (Jacques) ✳.
Delmas (Georges) ✳.
Miaudet (Pierre) ✳.
Lefort (Vilbram).
Chopin (Jean) ✳.
Bouin (Pierre).
Trouvé (Jean).
Lavoir (Claude).
Pellier (Louis).
Genon (Charles).

Bonnier (Louis).
Bliard (François).
Gavillo (Jean-Baptiste).
Couteau (Bernard).
Lecerf (Jean).
Guillin (François).
Vérité (Pierre).
Launay (Julien).
Saviant (Charles).
Dautray (Antoine).
Jacquet (François).
Bernard (Claude).
Innocent (Louis).
Paveze (Pierre).
Glenat (Pierre).
Polgiuni (Talud).

DEUXIÈME COMPAGNIE.

ÉTAT-MAJOR.

Capitaine. — Combes (Michel).
Lieutenant en premier. — Duguenot (Joseph).
Lieutenant en second. — Bégot (André).
Sergent-major. — Perrier (Louis).
Fourrier. — Chanat (Jacques).
Sergents. — Serries (Jean), Fouque (Pierre), Riverain (Jean), Martin (Claude).
Caporaux. — Pelletier (Jean-Baptiste), Montay (Gabriel), Thirion (Pierre), Haubrame (Hippolyte), Renoux (Étienne), Callouet (Jean-Baptiste), Gotrenaud (Joseph).
Tambours. — Vaugarnier (Charles), Tissier (Auguste).

Grenadiers.

Ancelotte (Lesin).
Dumas (Jean).
Chevrier (Mathieu).
Loisier (Auguste).
Grenier (Jean).
Prota (Michel) ✳.
Mieux (Jean) ✳.
Legendre (Jean).
Monnier (Guillaume).
Romand (Joseph).
Cappe (Joseph).
Hue (René).
Sianque (René).
Bodinot (Pierre).
Savoye (Pierre).
Petre (Antoine) ✳.
Garaux (Jacques).
Fray (Philippe).
Magnaco (Pierre).

Pardon (Charles).
Chalmandrier (Jean-Baptiste).
Chamba (Joseph).
Breton (Michel).
Bloyette (Joseph).
Marilla (Mathieu).
Goria (Joseph).
Dabet (François).
Garnier (Jacques).
Escampe (Étienne) ✳.
Josse (Louis).
Moreau (François).
Guigoux (Hippolyte).
Conerade (Jean).
Roux (Lambert).
Letong (Michel).
Martin (Louis).
Carrière (Louis).
Juloron (François).

Choffin (Pierre).
Couval (René).
Hubert (Thibaud).
Charles (Jean).
Renard (Pierre).
Remonville (Pierre).
Feraud (François).
Thorillon (Pierre).
Lacour (Pierre).
Morgue (Jean-Baptiste).
Lamotte (Jean-Baptiste).
Monthion (Pierre).
Aubert (Michel).
Jolival (Pierre).
Lalande (Antoine).
Guillet (Paul).
Pain (Michel).
Vercelonne (Michel).
Leroy (Jean-Baptiste).

DIT BATAILLON NAPOLÉON.   121

Michelet (Bonaventure).
Vincent (Pierre).
Ailly (Auguste).
Dutertre (Pierre).
Villette (Augustin).
Bonnot (Armand).

Marienne (Antoine).
Cremonty (Michel).
Cathelan (Jean-Baptiste).
Marré (Joseph).
Messager.
Thomajoly (François).

Fourret (François).
Gobinot (Joseph).
Guerolle (Léonard).
Vatripon (Marie).
Retaly (Paul).

TROISIÈME COMPAGNIE.

ÉTAT-MAJOR.

Lieutenant en premier commandant. — Dequeux (Charles).
Lieutenant en premier. — Paris (Jean-Pierre).
Lieutenant en second. — Jeanmaire (François).
Sergent-major. — Puyproux (Étienne).
Fourrier. — Leromain (Jean-Baptiste).
Sergents. — Delaye (Antoine), Blanc (Antoine), Grollet (Jean-Louis), Bunon (Joseph).
Caporaux. — Buttafoco (Simon), Garraux (Jacques), Herelle (Pierre), Long (Joseph), Grenier (Laurent), Sorbet (Arnaud), Franchot (Pierre), Rambosson (Jean-Claude).
Tambours. — Lachaise (Antoine), Roseau (Salvador).

Grenadiers.

Moncousin (Joseph).
Henriquet (Joseph) ✻.
Riscosat (Laurent) ✻.
Renaud (Antoine).
Gonet (Nicolas) ✻.
Remy (Michel).
Bigot (Marie).
Beaux (Jean).
Furier (François).
Commandeur (François).
Gardien (François).
Meunier (Colin).
Baudoin (Pierre).
Clary (Jean).
Marchiody (Henri).
Stincelle (Daniel) ✻.
Gonthe (Michel).
Muret (Jean-Baptiste).
Franse (Jean-Pierre) ✻.
Routhe (Joseph) ✻.
Anjoin (Jean).
Étienne (Joseph).
Josereau (Antoine).
Ligour (Antoine).
Michaux (François).
Avignon (Antoine).
Robin (Jean).
Bougard (Pierre).

Cerès (Gaspard).
Lepine (Nicolas-Antoine).
Thubaut (Joachim).
Leleux (Paul).
Boite (Martin).
Fonche (François).
Morizot (Joseph).
Roisin (André).
Chavanne (Pierre).
Boissier (Jacques) ✻.
Coulangeon (Jean).
André (Jean).
Delvigne (Joseph).
Faverot (Jacques).
Cabet (Jacques).
Bertaux (Jean).
Laurent (Maximilien).
Planchot (Pierre).
Dandeck (Mathurin).
Vrillano (Jacques).
Audeux (Mathurin).
Gastaldy (Jean).
Campez (Martin).
Paimfort (Jacques).
Goret (Bertrand) ✻.
Cabet (Jean).
Hugues (Jean-Pierre).

Robert (Jacques).
Grebeau (Pierre).
Saffard (Louis).
Humbert (Joseph).
Siffry (Henri).
Mathieu (Sébastien).
Brillant (Jacques).
Broner (Xavier).
Marguerier (Jean-Baptiste).
Gay (Michel).
Piaza (André).
Courtin (Nicolas) ✻.
Girard (Jean).
Gervey (Jacques).
Jaffran (Mathurin).
Jeanty (Jacques).
Chardon (Louis).
Badano (Jean-Baptiste).
Bosquet (Étienne).
Skory (Pierre).
Gouaresqui (Paul).
Meynier (Joseph-Étienne).
Ange (Michel).
Sorbet (Armand).
Faure (Louis).
Laurenzi (Jean-Baptiste).
Ortori (Jean-Jacques).

16

BATAILLON DE GRENADIERS,

QUATRIÈME COMPAGNIE.

ÉTAT-MAJOR.

Capitaine. — Loubers (Raymond-Marie-Gabriel-Jules).
Lieutenants en second. — Serré Lanauze (Pierre), Franconin (François).
Sergent-major. — Escribe (Antoine), Marchiandy (Charles).
Sergents. — Thomas (Barthélemy), Lefèvre (Charlemagne), Grenouillot (Charles), Pierson (François).
Caporaux. — Malangré (Antoine), Quinte (Fiacre), Mechelingue (André), Fossaty (Jean-François), Gosseat (Joseph), Guillot (Pierre), Benoit (Bernard).
Tambours. — Pernin (Jean), Stroppiana (Félix).

Grenadiers.

Clément (Jean-Joseph).
Zaffarini (Jean-François) ✻.
Verniot (Louis) ✻.
Champion (François).
Marquette (Dominique).
Carpentier (Adrien).
Betheman (François).
Alibert (Jean-Pierre).
Durand (Jean).
Lacombe (François) ✻.
Dupleine (Joseph).
Bard (François).
Brabant (Jacques).
Aurin (Pierre).
Florent (Jean) ✻.
Pomero (Jean-Baptiste).
Austerman (André).
Mazin (Isidore).
Besson (Jean-Pierre).
Nicolas (Nicolas).
Simand (Henri).
Benoit (Bernard).
Vondre (Charles).
Lambert (Ambroise).
Jousse (Jean).
Hame (Bastien).
Roman (Simon).
Vasterlingue (Pierre).
Tachenot (Paul).

Audouard (Jean).
Lavignot (Jean-Baptiste).
Maret (Hubert).
Mazuet (Pierre) ✻.
Lecocq (Clément).
Hecher (Michel) ✻.
Jentol (Joseph).
Raquet (Charles).
Manouvrier (Joseph).
Laourman (Jean).
Sube (Jean).
Druck (André).
Jules (Jean-Baptiste).
Bouffard (Pierre).
Bethon (Louis).
Favre (Jean).
Chaffaud (Jean).
Souchèro (André).
Hérouf (Jacques).
Petit (Jean).
Pascal (Jean).
Bailly (Jean-Baptiste).
Bourgeois (Louis).
Therouenne (Nicolas) ✻.
Dorsonville (François) ✻.
Boiton (Jean).
Blavet (Jean-Baptiste).
Lacroix (Claude).
Bettruty (Joseph).

Vallaro (Jean).
Thomas (Laurent) ✻.
Ligaut (Guillaume).
Tapparo (Antoine) ✻.
Cabella (Jean).
Leroy (Victor) ✻.
Peche (Pascal).
Sigual (Jacques).
Gousset (Guillaume).
Nicolas (Jean-Louis).
Rochon (Joseph).
Blanc (Jean) ✻.
Carvani (Joseph).
Breton (Barthélemy).
Sabatier (Antoine).
Murat (Jean).
Roussel (André) ✻.
Lamure (François).
Armand (Charles).
Parfum (Maurice).
Fiaminguo (Charles).
Escoffier (Joseph).
David (François).
Marchand (Prosper).
Scheling (Paul).
Laty (Grégoire).
Piat (Charles).
Huchet (Julien).
Lemire (Aimé).

CINQUIÈME COMPAGNIE.

ÉTAT-MAJOR.

Capitaine. — Hurault de Sorbée (Louis-Marie-Charles).
Lieutenants en second. — Chaumet (Louis), Noizot (Claude).
Sergent-major. — Tassin (Edme).
Fourrier. — Tassin (Narcisse).
Sergents. — Augé (Pierre), Blamont (Laurent), Delais (François), Vandremisch (Pierre).
Caporaux. — Barthélemy (François), Richard (Louis), Gabriel (Louis), Flambeau (Jean-Baptiste), Varenne (Louis), Perrin (Louis), Darvan (Nicolas), Gallot (Antoine).
Tambours. — Vial (Pierre), Létoile (Pierre).

Grenadiers.

Jacob (François).
Albunazy (Auguste).
Chermer (Hubert).
Fontaine (Jean-Baptiste) ✻.
Peters (Georges).
Conrad (Adam).
Jacques (Henri).
Bonnard (André).
Lingtz (Thomas).
Charpentier (Pierre) ✻.
Thiebaut (Thomas).
Charpentier (Étienne) ✻.
Achon (Antoine).
Moreau (Michel).
Rigaud (Jean-Baptiste).
Lanore (Floriant).
Boyer (Joseph).
Bursins (Dominique).
Delille (Pascal).
Meriot (Séraphin).
Secher (Louis).
Leroy (Philippe).
Ponsard (François).
Nodinot (Louis).
Lingueglia (Cosme) ✻.
Arnoux (André) ✻.

Bormann (Auguste).
Laroque (Pierre).
Renon (Claude).
Audil (Nicolas).
Mayere (Jean).
Vrincourt (Joseph).
Janin (Jean-Baptiste).
Labatte (Jean).
Deletoile (Pierre).
Ricardy (Alexandre).
Chatelin (Pierre) ✻.
Colsoul (Paul) ✻.
Pêtre (Jean-François).
Boitias (Barthélemy) ✻.
Salvin (Jacques) ✻.
Danin (Ferdinand).
Piche (Pierre).
Chapuis (Jean).
Morienne (Pierre).
Marty (Mathieu).
Lassere (Jean) ✻.
Combier (Antoine).
Hervel (Joachim).
Brunel (Jean).
Verneutre (Alexis).
Peron (Baptiste).

Barberis (Victor).
Citel (Charles).
Chatin (André) ✻.
Vignol (Jean).
Clapereau (Charles).
Poire (Jean-Baptiste).
Olivier (Joseph).
Albe (Jean-Jacques).
Vandamel (Pierre).
Denaux (Jacques).
Cornelis (Charles).
Thiery (Pierre-Philippe).
Massonet (Charles).
Chaulieu (Jean-Pierre).
Aviat (Pierre-Hubert).
Degan (Jean).
Perou (Antoine).
Angibault (Barthélemy).
Gravier (Marie).
Rica (Joseph).
Retaillaud (Alexandre).
Piontkowski (Charles).
Magner (Jacques).
Couteny (Joseph).
Pession (Pierre).
Seminos (Saint-Esprit).

SIXIÈME COMPAGNIE.

ÉTAT-MAJOR.

Capitaine. — Mompez (Jean-Baptiste).
Lieutenants en second. — Bacheville (Barthélemy), Malet.
Sergent-major. — Ruffin (Georges).
Fourrier. — Huguenin (Michel).
Sergents. — Valon (François), Mathieu (François), Lacour (Nizier), Scaglia (François).

BATAILLON DE GRENADIERS,

Caporaux. — Poussin (Martin), Gouillon (Jean-Louis), Brassard (Louis), Richard (Louis), Godat (Pierre), Saintot (Louis), Choublay (Louis), Baron (Antoine).
Tambours. — Bartholini (Louis), Brioude (François).

Grenadiers.

Bernard (Casimir).
Rebuffa (Jean) ✻.
Besset (Didier).
Vandamme (Charles).
Danjou (Louis).
Burtin (Louis).
Bourdon (Aubin).
Chambart (Laurent).
Cussinelly (Jean).
Cordier (Claude).
Laporte (Jean) ✻.
Laboury (Dominique) ✻.
Beaufils (Marie).
Carmagnol (Forio).
Beccaria (Joseph).
Henquin (Jacques).
Julien (Jean).
Peique (Antoine).
Gautier (François).
Grasset (Jean).
Colin (Pierre).
Lacouche (Pierre).
Forisson (Michel) ✻.
Roux (Jean-Baptiste).
Amet (Antoine).

Courtois (Jacques).
Bourian (Jean).
Accathia (Antoine).
Delmas (Jean).
Delong (Antoine).
Raverdy (Louis).
Petit (Julien).
Hoffmann (Jean).
Cotte (Feconide).
Faciol (Nicolas).
Évangelista (Antoine).
Paulene (Barthélemy).
Senil (Georges).
Juffaux (Jacques).
Pontet (François).
Corbitz (Thomas).
Maria (Charles).
Clerot (René) ✻.
Laurent (Barthélemy).
Lalis (Étienne).
Negros (Étienne).
Quenesson (André).
Laugier (Gervais).
Rouvier (Antoine).

Vitto (Jean-Baptiste).
Paquin (Jean-François) ✻.
Ampoux (Jean-Baptiste).
Huguet (Joseph).
Guerry (François) ✻.
Renoult (Jacques).
Trément (Pierre).
Cosselot (Antoine).
Plumet (Xavier) ✻.
Bernard (Étienne).
Souris (Louis).
Froget (Louis).
Trichery (Albert).
Petit (Paul).
Simonil (Joseph).
Pelaguey (Pierre).
Reboul (Bernard).
Lang (Christophe).
Floquet (Louis).
Coudert (Bernard).
Gambard (Charles).
Marinoni (Angel).
Brassoli.
Jannoni.

COMPAGNIE DE MARINS.

ÉTAT-MAJOR.

Lieutenant de vaisseau. — Taillade.
Sergent maître d'équipage. — Cordeviolle.
Caporaux sous-maîtres d'équipage. — Juliani (François), Escribani (Joseph).
Marins de première classe. — Roubiani (Joseph), Vilchi (Jean), Dolphi (Mathieu), Lotta (Antoine), Volle (Nicolas), Coste (Simon), Debos (Jean), Coquet (Tranquille), Vasseur (Baptiste), Legrandy (Jérôme), Icard (Vincent).
Marins de deuxième classe. — Gossard (Pierre-Jacques), Lambert (Jean), Vincenti, Zanzonetti (Louis), Leroux (Antoine), Trocheau (Jean-Baptiste), Simiany (Bonaventure), Voicogne (Augustin), Dominici.

COMPAGNIE D'ARTILLERIE.

ÉTAT-MAJOR.

Capitaine en premier. — Cornuel.
Capitaine en second. — Raoul.
Lieutenant en premier. — Lanoue.
Lieutenant en second. — Demons.

Sergent-major. — Garcin.
Sergents. — Jourdin, Lemoine, Gory.
Caporaux. — Pisson, Thiebaud.
Tambour. — Dehoc.
Artificiers. — Boisson, Allard.
Premiers canonniers. — Badier, Étienne, Broyard, Blanc, Marraud, Ancelmin, Carmagnac, Roux.
Deuxièmes canonniers. — Poirot, Charles, Guerard, Torassa, Martel, Grégoire, Steimback, Fortin, Saramea, Cerminato, Dusurget, Vassal, Guelmain, Gueneret, Bastide, Robiny, Castardy, Pelvin, Brasseur, Gergaud.

ESCADRON DE CHEVAU-LÉGERS-LANCIERS ET MAMELUKS,

DIT

ESCADRON NAPOLÉON.

ÉTAT-MAJOR.

Capitaine commandant. — Balinski (Cajetan).
Capitaines. — Schultz (Jean), Kock.
Lieutenant en premier. — Fintowski (Mathieu).
Lieutenants en second. — Skowrowski (Joseph), Piotrowki aîné, Séraphin (Baddon), mampluk.
Maréchaux des logis chefs. — Raffaezynski (Jean), Piotrowki (Alexandre).
Maréchaux des logis. — Pedro (Roger), Nicolas, mameluks; Bielicki (Martin), Zaremba (Joseph), Klein, Zebiatowski (Louis).
Fourriers. — Mickniewicz (Jean), Polecaski (Joseph).
Brigadiers. — Borkowski (Joseph), Bocianowski (Jean), Lewandowski (Michel), Anidtowski (Jean), Stominski (Siméon), Szwartz (Jean).
Brigadier-trompette. — Ramniès (Auguste).
Trompette. — Douvett (Plaute).
Maréchaux ferrants. — Biernacki (Joseph), Weber (André).

Chevau-légers.

Czaykowski (Antoine).
Kezakiewiez (Vincent).
Olecknicki (Paul).
Lukasiewiez (Joseph).
Kaszewski (Louis).
Mioduszewski (Floris).
Gregorowiez (Stanislas).
Jakowski (François).
Biernaki (Lucas).
Danielewiez (Georges).
Pawtowski (Mathieu).

Kuszanski (Nicolas).
Zewradski (Antoine).
Wizocki (Thomas).
Chadzynski (Nicolas).
Blodzki (Georges).
Pontner (Édouard).
Kaminski (Nicolas).
Borowski (Albert).
Dabrowski.
Szythowski (Jean).
Sawicki (Adam).

Zabell (Charles).
Sokotowski (Jacob).
Zdanowski (Joseph).
Ruszkowski (Bonias).
Raberynski (Charles).
Kowerkowski (Antoine).
Kwiathowski (Louvent).
Kulakowski (Charles).
Czumanski (Vincent).
Ruzyerko (Ignace).
Szymanski (Léon).

ESCADRON DE CHEVAU-LÉGERS-LANCIERS ET MAMELUKS.

Kotulniski (François).
Karrkouzki (Thomas).
Suliszewski (Vincent).
Krommer (Stanislas).
Kulig (Jean).
Sewiersnicki (Jean).
Peros (Michel), mameluk.
Dajet (Prenus), id.
Rochet (Jean), id.
Erchatt (Étienne), id.
Michell (Marvi), id.
Kassarek (Joseph).
Kraiveziuski (Stanislas).
Choynowski (François).
Sobik (Mathieu).
Mierzynski (Joseph).
Jacewicz (François).
Kobnynski (Jacques).
Stzerbowski (Michel).

Stobodzinski (Jean).
Mowalrowski (Jean).
Szewarocki (André).
Brelinski (Antoine).
Kuckarski (Auguste).
Szymanowicz (Antoine).
Andreszlwsiski (Joseph).
Wisocki (Jean).
Kowalewski (André).
Mendyckowski (Jacques).
Dofinski (Gabriel).
Mowakz (Jean).
Kupryan (Michel).
Pnyatgowski (Félix).
Lada (Étienne).
Pewchaki (Joseph).
Zurenkowski (Thomas).
Podlazewski (Thomas).
Klnisaszewski (Jean).

Kotecke (Faustin).
Mizgiert (Marcel).
Swambowski (Mathieu).
Orlicki (Jacques).
Meczinski (Joseph).
Wisznierwski (Michel).
Sewidowski (Casimir).
Mikotajow (Mathieu).
Zielinski (Mathieu).
Leiowski (André).
Krynski (Jean).
Oponos (Kortorowski).
Graczyck (Lucas).
Szafranski (Michel).
Jezierzki (François).
Olfinowski (Jean).
Kulezyski (Michel).
Pigtowski (Charles).

DÉCRETS

RELATIFS

AUX GARDES CONSULAIRE ET IMPÉRIALE.

(Organisation, Composition, Recrutement, Rang, Prérogatives, Administration, Service, Casernement, etc.)

PREMIÈRE ORGANISATION.
GARDE CONSULAIRE.
ANNÉES 1799-1800.

En vertu de la constitution de l'an VIII, et par suite de l'établissement du Consulat, la *Garde du Directoire* fut appelée à former la *Garde consulaire*. Un arrêté du 7 frimaire an VIII (28 novembre 1799) fixa l'organisation de cette Garde de la manière suivante, savoir :

« ART. 1er. *Un* état-major général destiné à être en même temps l'état-major de la place de Paris et celui du palais des consuls.

» *Une* compagnie d'infanterie légère ;
» *Deux* bataillons de grenadiers à pied ;
» *Une* compagnie de chasseurs à cheval ;
» *Deux* escadrons de cavalerie ;
» *Une* compagnie d'artillerie légère, dont *une* escouade montée.

ÉTAT-MAJOR GÉNÉRAL.

» ART. 2.

1 Général de division commandant en chef et inspecteur.
1 Général de brigade commandant en second.
4 Aides de camp.
1 Adjudant général particulièrement chargé de l'administration et du service.
8 Adjudants supérieurs, dont *quatre* chefs de brigade et *quatre* chefs de bataillon ou d'escadron.
Adjoints aux adjudants généraux.
1 Commissaire ordonnateur.
1 Commissaire des guerres.
1 Quartier-maître-trésorier, chef de bataillon ou d'escadron.
50 Musiciens, dont un chef et un sous-chef, 25 à pied et 25 à cheval.
2 Écrivains.

» ART. 3. Il y aura pour les deux bataillons d'infanterie et la compagnie légère :

1 Chef de brigade.
2 Chefs de bataillon.
2 Adjudants-majors-capitaines.
2 Adjudants-sous-lieutenants.
2 Porte-drapeau.
2 Chirurgiens de première classe.

1 Maître armurier.
1 Maître tailleur.
1 Maître cordonnier.
1 Maître guêtrier.
1 Tambour-major.
2 Caporaux-tambours.

» Art. 4. Chaque bataillon de grenadiers sera composé de six compagnies, et chaque compagnie de :

1 Capitaine.
1 Lieutenant.
1 Sous-lieutenant.
1 Sergent-major.
4 Sergents.
1 Fourrier.
8 Caporaux.
80 Grenadiers.
2 Tambours.

» Art. 5. La compagnie d'infanterie légère sera composée comme celle des grenadiers.

» Art. 6. L'état-major de la garde à cheval sera composé de la manière suivante, savoir :

1 Chef de brigade.
5 Chefs d'escadron.
1 Capitaine adjudant-major.
1 Capitaine quartier-maître trésorier.
1 Capitaine instructeur.
5 Adjudants.
5 Porte-étendard.
2 Chirurgiens.
1 Maître tailleur.
1 Maître sellier.
1 Maître bottier.
1 Maître armurier.
1 Maître éperonnier.
1 Maître culottier.
1 Trompette-major.
1 Brigadier-trompette.

» Art. 7. Chaque escadron sera composé de deux compagnies, et chaque compagnie de :

1 Capitaine.
1 Lieutenant en premier.
1 Lieutenant en second.
1 Sous-lieutenant.
1 Maréchal des logis chef.
4 Maréchaux des logis.
1 Fourrier.
8 Brigadiers.
96 Grenadiers à cheval.
1 Maréchal ferrant.
2 Trompettes.

» Art. 8. La compagnie de chasseurs à cheval sera composée comme celle des grenadiers à cheval.

» Art. 9. La compagnie d'artillerie légère sera composée de :

1 Capitaine commandant.
2 Capitaines en second.
2 Lieutenants en premier.
1 Lieutenant en second.
1 Maréchal des logis.
40 Canonniers de première classe.
52 Canonniers de seconde classe.
2 Trompettes.

» Art. 10. La Garde des consuls sera donc composée, tant en infanterie qu'en cavalerie et artillerie, de :

1 État-major général fort de............	71 hommes.
1 État-major d'infanterie de............	17 —
2 Bataillons de grenadiers de...........	1,188 —
1 Compagnie de chasseurs de...........	99 —
1 État-major de cavalerie.............	19 —
2 Escadrons de grenadiers de...........	468 —
1 Compagnie de chasseurs à cheval de.....	117 —
1 Compagnie d'artillerie de............	110 —
Total.......	2,089 hommes.

CONSEIL D'ADMINISTRATION.

» Art. 11. Le conseil d'administration de la Garde des consuls sera composé du commandant en second, et, à son défaut, de l'adjudant général, plus particulièrement chargé de l'administration; d'*un* officier supérieur d'infanterie; d'*un* officier supérieur de cavalerie; d'*un* capitaine ou lieutenant d'infanterie; d'*un* capitaine ou lieutenant de cavalerie; d'*un* capitaine ou lieutenant d'artillerie, et de *trois* sous-officiers pris chacun dans une arme différente.

» Art. 12. Le commissaire ordonnateur ou le commissaire des guerres sera tenu d'assister au conseil d'administration pour y requérir l'exécution des lois et règlements; mais il n'aura que voix consultative.

» Art. 13. Le quartier-maître trésorier de la cavalerie sera aussi chargé des détails de l'artillerie. Le chirurgien de la cavalerie sera de même chargé de soigner l'artillerie.

» Art. 14. La Garde des consuls ne sera recrutée que parmi les hommes qui se seront distingués sur les champs de bataille. »

Année 1801.

Arrêté du 23 messidor an IX (28 juin). — Création d'une compagnie de vétérans.
Arrêté du 21 vendémiaire an X (13 octobre). — Création d'un escadron de mameluks.

Arrêté du 23 brumaire an X (14 novembre).

« Art. 1er. La Garde consulaire sera commandée par quatre officiers généraux.

» Art. 2. Ces généraux prendront tous les jours et directement l'ordre du Premier Consul.

» Art. 3. Il y aura un gouverneur du palais du gouvernement, qui prendra directement l'ordre du Premier Consul [1]. Ce gouverneur aura sous ses ordres six adjudants supérieurs et six adjudants capitaines.

» Art. 4. Un des six adjudants supérieurs sera nommé commandant d'armes à Saint-Cloud, un autre, commandant d'armes de l'École militaire à Paris.

» Art. 5. L'un des quatre officiers généraux, commandant de la Garde consulaire, sera constamment de service auprès des consuls pendant une décade. Il assistera à la parade, fera l'inspection des troupes, et ordonnera le *défilé*.

» Art. 6. La distribution des postes, les consignes et les rapports relatifs au service et à la police du palais du gouvernement, seront dans les attributions du gouverneur du palais. »

Année 1802.

Arrêté du 17 ventôse an X (8 mars).

« Art. 1er. A l'avenir la Garde consulaire sera composée de la manière suivante, savoir :
» Quatre officiers généraux.
» Un inspecteur aux revues.
» Un capitaine du génie.
» Un commissaire des guerres.
» Un corps de grenadiers et un corps de chasseurs à pied, composés d'un état-major, avec *deux* bataillons ; et chaque bataillon, de *huit* compagnies.
» Un régiment de grenadiers à cheval, composé d'un état-major avec *quatre* escadrons de *deux* compagnies chacun.

[1] Pour remplir ce poste important, Bonaparte fit choix du général Duroc, un de ses aides de camp. Lors de la création de l'Empire, le titre de *grand maréchal du palais* fut substitué à celui de gouverneur.

» Un régiment de chasseurs à cheval, composé provisoirement de deux escadrons, de deux compagnies chacun, avec son état-major.

» Un escadron d'artillerie à cheval, avec un état-major et une compagnie d'artillerie à pied.

» Art. 2.

INFANTERIE.

État-major des grenadiers à pied :

1 Chef de brigade.
2 Chefs de bataillon.
2 Adjudants-majors.
1 Quartier-maître payeur.
2 Adjudants sous-lieutenants.
2 Porte-drapeau sous-lieutenants.
2 Officiers de santé.
1 Élève en chirurgie.
1 Vaguemestre sergent-major.
1 Tambour-major.
2 Caporaux tambours.
1 Chef de musique.
45 Musiciens.
4 Chefs ouvriers.

Compagnie de grenadiers à pied :

1 Capitaine.
1 Lieutenant.
2 Sous-lieutenants.
1 Sergent-major.
2 Sapeurs, dont 1 sergent et 1 caporal sur tout le corps.
2 Tambours.
4 Sergents.
1 Fourrier.
8 Caporaux.
80 Grenadiers.
2 Enfants de corps à demi-solde.

» Art. 3.

État-major des chasseurs à pied :

» Même composition que l'état-major et les compagnies de grenadiers à pied.

» Art. 4.

ARTILLERIE, PARC ET TRAIN.

État-major :

1 Chef d'escadron.
1 Adjudant-major.
1 Adjudant sous-officier.
1 Quartier-maître.
1 Lieutenant instructeur.
1 Porte-étendard.
1 Officier de santé.
1 Professeur de mathématiques.
1 Artiste vétérinaire.
1 Brigadier trompette.
5 Maîtres ouvriers.

Compagnie d'artillerie à cheval :

1 Capitaine en premier.
1 Capitaine en second.
1 Lieutenant en premier.
1 Lieutenant en second.
1 Maréchal des logis chef.
4 Maréchaux des logis.
1 Fourrier.
4 Brigadiers.
4 Artificiers.
32 Canonniers de première classe.
36 Canonniers de deuxième classe.
1 Maréchal ferrant.
2 Trompettes.
2 Enfants de troupe à demi-solde.

Ouvriers :

1 Lieutenant.
1 Sergent.
1 Caporal.
4 Ouvriers de première classe.
6 Ouvriers de deuxième classe.
10 Apprentis.

Employés du parc :

1 Garde d'artillerie. — 1 Sous-garde. — 1 Conducteur.

RELATIFS A LA GARDE CONSULAIRE.

» Art. 5.

TRAIN D'ARTILLERIE.

Compagnie :

1 Capitaine-commandant.
2 Lieutenants.
1 Maréchal des logis chef.
8 Maréchaux des logis.
1 Fourrier.
8 Brigadiers.
2 Maréchaux ferrants.
2 Bourreliers.
80 Soldats.
2 Trompettes.
2 Enfants à la demi-solde.

» Il sera attaché à cette compagnie 120 chevaux, non compris ceux des officiers.

» Art. 6.

CAVALERIE.

État-major des grenadiers à cheval :

1 Chef de brigade.
4 Chefs d'escadron.
1 Capitaine instructeur.
1 Adjudant-major.
1 Sous-instructeur.
1 Quartier-maître payeur.
2 Adjudants sous-lieutenants.
4 Porte-étendard sous-lieutenants.
2 Officiers de santé.
1 Vaguemestre maréchal des logis chef.
1 Artiste vétérinaire.
1 Trompette-major.
2 Brigadiers trompettes.
1 Timbalier.
7 Maîtres ouvriers.
1 Aide artiste vétérinaire.

Compagnie des grenadiers à cheval.

1 Capitaine.
1 Lieutenant en premier.
1 Lieutenant en second.
1 Sous-lieutenant.
1 Maréchal des logis chef.
4 Maréchaux des logis.
1 Fourrier.
8 Brigadiers.
96 Grenadiers.
3 Trompettes.
1 Maréchal ferrant.
2 Enfants de corps à demi-solde.

» Art. 7.

État-major des chasseurs à cheval.

» Même composition que l'état-major et les compagnies de grenadiers à cheval.

» Toutefois, le Premier Consul se réserve de nommer le chef de brigade, les chefs d'escadron, l'adjudant-major, le quartier-maître, l'adjudant sous-lieutenant et les officiers de santé qui manqueraient encore à l'état-major, lorsqu'il jugera à propos de porter ce régiment au complet.

» Art. 8. Fixe le nombre de chevaux des officiers, sous-officiers et soldats.

» Art. 9. Il y aura une compagnie de vétérans, formée des officiers, sous-officiers et gardes qui auront servi trois ans dans la Garde consulaire, et seront jugés hors d'état de continuer de faire un service actif; leur solde sera la même que celle des grenadiers à pied.

» La force de cette compagnie n'excédera pas le nombre fixé ci-après, savoir :

1 Capitaine.
2 Lieutenants.
2 Sous-lieutenants.
1 Sergent-major.
4 Sergents.
1 Fourrier.
8 Caporaux.
140 Vétérans.
2 Tambours.
2 Enfants de corps à demi-solde.

» Art. 10.

ADMISSION AUX INVALIDES.

» Les officiers et vétérans qui composent actuellement les compagnies de la Garde y demeureront jusqu'à ce que leur âge, leurs blessures ou leurs infirmités ne leur permettent plus de faire de service actif dans le corps; alors ils seront admis aux Invalides, sur la demande que l'officier général commandant l'infanterie de la Garde consulaire en fera au ministre de la guerre.

» Art. 11.

ADMINISTRATION DE L'HOPITAL MILITAIRE.

» L'hôpital militaire établi au Gros-Caillou continuera d'être affecté aux corps de la Garde des consuls, et administré par un conseil d'administration composé d'officiers des différents corps, choisis parmi les membres des conseils d'administration respectifs, savoir :

» Le chef de brigade du corps des grenadiers à pied, *président*.
» Un capitaine de grenadiers à cheval.
» Un lieutenant de chasseurs à pied.
» Un sous-lieutenant de chasseurs à cheval.
» Un sous-officier de l'artillerie.

» Art. 12. Le conseil ci-dessus sera installé par l'inspecteur aux revues; il sera renouvelé, chaque trimestre, par des membres des mêmes grades, mais choisis dans d'autres corps, de manière à ce que chacun des corps dont se compose la Garde consulaire fournisse tour à tour les membres de ce conseil.

» Le conseil d'administration tiendra ses séances dans l'enceinte de l'hôpital; il arrêtera les comptes des dépenses tous les mois et provisoirement; l'inspecteur aux revues les vérifiera et les arrêtera tous les trois mois, en présence d'un des officiers généraux du corps.

» La liste des employés subalternes sera en proportion du besoin du service, et soumise à l'approbation des généraux commandant les différents corps de la Garde consulaire; cette liste sera renouvelée ensuite tous les ans.

» Art. 13. Les officiers de santé, pour le service de l'hôpital du corps, seront fixés au nombre suivant, savoir :

1 Médecin en chef.
1 Chirurgien en chef.
1 Pharmacien en chef.
1 Chirurgien de deuxième classe.
3 Chirurgiens de troisième classe.
1 Pharmacien de deuxième classe.
1 Pharmacien de troisième classe.
1 Économe.

» Art. 14. Les trois officiers de santé en chef seront invités, par le président du conseil d'administration, à se trouver aux séances, où ils n'auront que voix consultative.

» Le commissaire des guerres du corps sera secrétaire-rapporteur du conseil.

» Art. 15. Au moyen des dispositions ci-dessus, la force de la Garde des consuls sera ainsi fixée, savoir :

État-major et administration.	22 hommes.
Infanterie.	4,594 —
Cavalerie.	2,400 —
Artillerie.	240 —
Service de santé.	10 —
Total.	7,266 hommes.

RELATIFS A LA GARDE IMPÉRIALE. 133

Année 1803.

Arrêté du 14 *prairial an* XI (3 juin). — Admission de la légion de gendarmerie d'élite dans la Garde.
Arrêté du 30 *fructidor an* XI (17 septembre). — Création d'un bataillon de matelots.

GARDE IMPÉRIALE.

Année 1804.

Décret du 10 *thermidor an* XII (29 juillet).

DISPOSITIONS GÉNÉRALES.

« Art. 1er. La Garde impériale sera composée pour l'an XII et l'an XIII de la manière suivante :

1 État-major général.
1 Régiment de grenadiers à pied.
1 Régiment de chasseurs à pied.
1 Régiment de grenadiers à cheval.
1 Régiment de chasseurs à cheval.
1 Corps d'artillerie.
1 Légion d'élite de gendarmerie.
1 Bataillon de matelots.

» Il sera attaché à chaque régiment d'infanterie un bataillon de vélites, et à celui des chasseurs à cheval une compagnie de mamelucks.
» Il y aura aussi une compagnie de vétérans de la Garde.
» Art. 2. L'état-major sera composé de quatre colonels généraux, qui commanderont :

1 Les grenadiers à pied.
1 Les chasseurs à pied.
1 L'artillerie et les marins.
1 La cavalerie.
1 Inspecteur aux revues.
1 Commissaire des guerres.
12 Aides de camp.
1 Chef de bataillon du génie.
1 Bibliothécaire.

» Les colonels généraux recevront immédiatement les ordres de l'Empereur.

INFANTERIE.

» Art. 3. Chaque régiment d'infanterie sera composé d'un état-major, de deux bataillons de grenadiers et de chasseurs, et d'un bataillon de vélites pour chacun de ces régiments.
» Les bataillons de grenadiers et de chasseurs auront l'un et l'autre *huit* compagnies, et ceux des vélites *cinq*.
» Art. 4. L'état-major d'un régiment d'infanterie sera composé de la manière suivante, savoir :

1 Colonel.
1 Major.
3 Chefs de bataillon, dont 1 pour les vélites.
1 Quartier-maître trésorier.
3 Adjudants-majors, dont 1 pour les vélites.
3 Sous-adjudants-majors, dont 1 pour les vélites.
2 Porte-drapeau.
3 Officiers de santé, dont 1 pour les vélites.
1 Élève chirurgien.
1 Vaguemestre sergent-major.
1 Tambour-major.
3 Caporaux tambours.
1 Chef de musique, rang de sergent-major.
46 Musiciens.
1 Maître tailleur.
1 Maître cordonnier.
2 Armuriers, dont 1 pour les vélites.
1 Guêtrier.

» ART. 5. Chaque compagnie de grenadiers ou de chasseurs à pied sera composée de :

1 Capitaine.	1 Fourrier.
1 Lieutenant en premier.	8 Caporaux.
2 Lieutenants en second.	2 Sapeurs, rang de caporal.
1 Sergent-major.	80 Grenadiers.
4 Sergents.	2 Tambours.

» ART. 6. Chaque compagnie de vélites sera composée de la manière suivante, savoir :

1 Capitaine.

1 Lieutenant.	1 Fourrier.
1 Lieutenant en second.	8 Caporaux.
1 Sergent-major.	172 Vélites.
4 Sergents.	2 Tambours.

» ART. 7. Les officiers et sous-officiers des compagnies de vélites seront fournis par les régiments de grenadiers et de chasseurs auxquels elles sont attachées; elles y serviront, par piquet, pendant un an, excepté ceux portés à l'état-major, et les sergents-majors et fourriers des compagnies, qui y resteront définitivement.

» Il y aura de plus et par la suite, dans chaque compagnie, 2 sergents et 4 caporaux choisis parmi les vélites qui auront plus d'un an de service dans le corps.

» ART. 8. L'Empereur réglera le nombre des maîtres de lecture, d'arithmétique, de dessin et de gymnastique militaire qu'il jugera convenable d'attacher à chaque bataillon de vélites, ainsi que le traitement dont ces maîtres devront jouir.

» Chaque corps de vélites aura un manége; une compagnie sera commandée par des officiers de cavalerie.

CAVALERIE.

» ART. 9. Chaque régiment de grenadiers et de chasseurs à cheval sera composé d'un état-major et de quatre escadrons de deux compagnies chacun.

» ART. 10. L'état-major d'un régiment de cavalerie, de grenadiers et de chasseurs, sera composé de la manière suivante, savoir :

1 Colonel.

1 Major.	1 Maître tailleur.
4 Chefs d'escadron.	1 Maître culottier.
1 Quartier-maître trésorier.	1 Maître bottier.
1 Capitaine instructeur.	3 Officiers de santé, dont 1 élève.
1 Adjudant-major.	1 Sous-instructeur maréchal des logis chef.
2 Sous-adjudants-majors.	1 Vaguemestre maréchal des logis chef.
1 Porte-étendard.	1 Artiste vétérinaire.
1 Aide artiste vétérinaire.	1 Maître armurier.
1 Trompette-major.	1 Maître sellier.
2 Brigadiers trompettes.	1 Maître éperonnier.
1 Timbalier.	1 Maréchal ferrant.

» ART. 11. Chaque compagnie de grenadiers ou de chasseurs à cheval sera composée ainsi, savoir :

1 Capitaine.	1 Fourrier.
2 Lieutenants en premier.	10 Brigadiers.
2 Lieutenants en second.	96 Grenadiers ou chasseurs.
1 Maréchal des logis chef.	3 Trompettes.
6 Maréchaux des logis.	1 Maréchal ferrant.

RELATIFS A LA GARDE IMPÉRIALE.

» Les colonels de chaque régiment à pied ou à cheval pourront être généraux de brigade, et, dans ce cas, ils jouiront des appointements affectés à leur grade.

» Les *gros-majors* de chaque régiment à pied ou à cheval auront rang de colonel dans la ligne ; ils pourront également avoir celui de colonel dans la Garde.

Mameluks.

» Art. 12. La compagnie de mameluks sera attachée au régiment de chasseurs à cheval, et composée ainsi qu'il suit, savoir ;

État-major français :

1 Capitaine-commandant.

- 1 Officier de santé.
- 1 Adjudant sous-lieutenant.
- 1 Maréchal des logis chef.
- 1 Fourrier.
- 1 Artiste vétérinaire.
- 1 Maître sellier.
- 1 Maître tailleur.
- 1 Maître cordonnier.

Mameluks :

2 Capitaines.

- 2 Lieutenants en premier.
- 2 Lieutenants en second.
- 2 Sous-lieutenants.
- 8 Maréchaux des logis, dont 2 français.
- 10 Brigadiers, dont 2 français.
- 2 Trompettes.
- 85 Mameluks.
- 2 Maréchaux ferrants.

» Art. 13. Les vieillards, femmes et enfants de la même nation, réfugiés près de cette compagnie, recevront, sur la revue de l'inspecteur, les secours qui leur ont été accordés, et dont l'état nominatif sera arrêté par l'Empereur.

ARTILLERIE.

» Art. 14. Le corps de l'artillerie se composera d'un état-major, d'*un* escadron d'artillerie légère, d'*une* section d'ouvriers, et de *quatre* compagnies du train.

» Art. 15. État-major de l'artillerie :

1 Colonel.

- 2 Chefs d'escadron commandant une compagnie chacun.
- 1 Quartier-maître.
- 1 Adjudant-major.
- 2 Sous-adjudants-majors lieutenants ou sous-lieutenants, dont 1 pour le train.
- 1 Lieutenant instructeur.
- 1 Porte-étendard.
- 2 Officiers de santé.
- 1 Professeur de mathématiques.
- 1 Adjudant sous-officier pour le train.
- 1 Artiste vétérinaire.
- 1 Aide artiste vétérinaire.
- 1 Brigadier trompette.
- 1 Vaguemestre maréchal des logis.
- 1 Maître tailleur.
- 1 Maître culottier.
- 1 Maître bottier.
- 1 Maître sellier bourrelier.
- 1 Maître armurier éperonnier.

» Art. 16. Chaque compagnie d'artillerie sera composée de la manière suivante, savoir :

1 Chef d'escadron.

- 1 Capitaine en second.
- 1 Lieutenant en premier.
- 1 Lieutenant en second.
- 1 Maréchal des logis chef.
- 6 Maréchaux des logis.
- 1 Fourrier.
- 6 Brigadiers.
- 4 Artificiers, dont 1 brigadier sur les 2 comp.
- 34 Canonniers de première classe.
- 38 Canonniers de deuxième classe.
- 3 Trompettes.
- 1 Maréchal ferrant.

» Art. 17. La section d'ouvriers d'artillerie se composera de :

　1 Capitaine en second.　　　　　　4 Ouvriers de première classe.
　1 Sergent.　　　　　　　　　　　　6 Ouvriers de deuxième classe.
　1 Caporal.　　　　　　　　　　　　6 Apprentis.

» Art. 18. Les employés du parc seront au nombre de neuf.

　1 Garde d'artillerie. — 4 Sous-gardes. — 4 Conducteurs.

» Art. 19. Les quatre compagnies du train seront commandées par un capitaine commandant, et chaque compagnie sera composée de la manière suivante, savoir :

　1 Lieutenant ou sous-lieutenant.　　26 Soldats de première classe.
　1 Maréchal des logis chef.　　　　　72 Soldats de deuxième classe.
　4 Maréchaux des logis.　　　　　　　2 Bourreliers.
　1 Fourrier.　　　　　　　　　　　　2 Trompettes.
　6 Brigadiers.　　　　　　　　　　　2 Maréchaux ferrants.

LÉGION D'ÉLITE DE LA GENDARMERIE.

» Art. 20. La légion de gendarmerie sera composée, ainsi qu'il est prescrit par l'arrêté du 28 ventôse an X (19 mars 1802), d'*un* état-major, de *deux* escadrons de chacun *deux* compagnies, et d'*un demi-bataillon* formé de deux compagnies.

» Art. 21. L'état-major de la légion d'élite sera composé de la manière suivante, savoir :

　1 Colonel chef de légion.　　　　　　1 Porte-drapeau.
　1 Major.　　　　　　　　　　　　　　1 Artiste vétérinaire.
　2 Chefs d'escadron, dont 1 pour l'infanterie.　12 Musiciens.
　1 Quartier-maître.　　　　　　　　　1 Maître tailleur-guêtrier.
　1 Adjudant-major.　　　　　　　　　1 Maître sellier.
　2 Sous-adjudants-majors, 1 pour l'infanterie.　1 Maître culottier.
　2 Officiers de santé.　　　　　　　　1 Maître bottier.
　2 Porte-étendard.　　　　　　　　　1 Maître armurier-éperonnier.

» Art. 22. Chaque corps sera composé de :

　　　　　　　　　　　　1 Capitaine.
　2 Lieutenants en premier.　　　　　6 Brigadiers.
　1 Maréchal des logis chef.　　　　72 Gendarmes.
　3 Maréchaux des logis.　　　　　　2 Trompettes.
　1 Fourrier.　　　　　　　　　　　　1 Maréchal ferrant.

» Art. 23. Chaque compagnie de gendarmes à pied sera de :

　1 Capitaine.　　　　　　　　　　　　1 Fourrier.
　2 Lieutenants.　　　　　　　　　　10 Brigadiers.
　1 Maréchal des logis chef.　　　　100 Gendarmes.
　5 Maréchaux des logis.　　　　　　2 Tambours.

MATELOTS.

» Art. 24. Le bataillon de matelots comprendra *un* état-major et *cinq* équipages.

» Art. 25. L'état-major sera composé de :

　1 Capitaine de vaisseau command. le bataillon.　1 Quartier-maître.
　1 Adjudant-major.　　　　　　　　　1 Officier de santé.

» Art. 26. Chaque équipage de matelots sera composé de :

1 Capitaine de frégate ou commandant de vaisseau.	5 Contre-maîtres.
	5 Quartiers-maîtres.
5 Lieutenants ou enseignes.	125 Matelots de 1ʳᵉ, 2ᵉ, 3ᵉ et 4ᵉ classe.
5 Maîtres.	1 Clairon ou tambour.

» Art. 27. Il sera formé à Paris un dépôt de marins destinés à tenir constamment au complet les cinq équipages de matelots.

» Ce dépôt sera composé de :

1 Maître.	3 Quartiers-maîtres.
2 Contre-maîtres.	60 Matelots.

» Art. 28. Les marins de la Garde seront levés dans les différents quartiers des classes, mais en majeure partie, pour la première formation, dans ceux du midi de la France et dans l'île de Corse.

» Art. 29. Les officiers, mariniers et matelots composant le dépôt seront soumis à la même discipline et jouiront des mêmes avantages que ceux des équipages du bataillon des marins de la Garde.

» Art. 30. Il sera alloué, par chaque individu composant le bataillon des matelots, 12 francs par homme par an, pour sa masse d'entretien.

» Art. 31. Il sera attaché à chaque équipage un officier de plus, pris parmi les lieutenants de vaisseau.

» Art. 32. Le bataillon de matelots aura :

1 Maître cordonnier. — 1 Maître tailleur. — 1 Maître armurier.

» Art. 33. Les officiers composant le bataillon de marins recevront la même indemnité de logement que celle accordée aux autres officiers de la Garde.

VÉTÉRANS.

» Art. 34. Il y aura une compagnie de vétérans, composée d'officiers, sous-officiers et soldats de toutes les armes de la Garde, que leur ancienneté, leurs blessures ou leurs infirmités rendront hors d'état de continuer un service actif dans les corps; toutefois, on n'admettra dans cette compagnie que les hommes qui, étant dans ce cas, auront déjà servi cinq ans au moins, soit dans la Garde consulaire, soit dans la Garde impériale.

» Art. 35. La composition de la compagnie de vétérans sera la même que celle d'une compagnie de grenadiers à pied, à la tête de laquelle il y aura un chef de bataillon, qui rendra compte directement au colonel commandant les grenadiers à pied.

» Art. 36. La solde et les masses seront les mêmes que celles du régiment de grenadiers à pied; l'administration de cette compagnie sera faite par le conseil dudit régiment.

HÔPITAL DE LA GARDE.

» Art. 37. L'hôpital du Gros-Caillou continuera d'être spécialement affecté aux corps de la Garde impériale, sous la surveillance des colonels généraux, et plus particulièrement sous celle des commissaires des guerres; ceux-ci régleront l'administration dudit hôpital de la manière la plus convenable au bien-être des malades, et à l'intérêt de la *masse* destinée à ce service.

» Art. 38. Le nombre des officiers de santé restera le même que celui fixé par l'arrêté du 17 ventôse an X (8 mars 1802). »

L'Empereur nommait à toutes les places d'officiers de santé de la Garde, sur la présentation du colonel général de l'armée, et à celle des officiers de santé de l'hôpital, sur la présentation de quatre colonels généraux.

Les officiers de santé attachés aux différents corps de la Garde n'étaient point sous les ordres du médecin ou du chirurgien en chef de l'hôpital, mais bien sous ceux des colonels généraux des différents corps de la Garde auxquels ils appartenaient déjà. Cependant, lorsque le cas l'exigeait et qu'on avait besoin d'eux, les colonels généraux donnaient des ordres en conséquence.

Les officiers de santé de l'hôpital ne devaient accorder aucune permission, ni de convalescence, ni de sortie de l'hôpital, à aucun malade, sans l'approbation du colonel du corps auquel ce malade appartenait. Cette permission devait toujours être approuvée par le colonel général de l'arme.

RECRUTEMENT.

Il était fait par chaque régiment d'infanterie, de cavalerie, d'artillerie à pied et à cheval de l'arme, et par chaque bataillon du train, une liste de *six* sous-officiers ou soldats susceptibles d'être appelés à faire partie de la Garde, au fur et à mesure des besoins que les corps éprouvaient.

Les conditions à remplir pour être compris dans ces listes étaient :

Pour les régiments de dragons et de chasseurs, six ans de service au moins, et deux campagnes; taille de 1 mètre 733 millimètres (5 pieds 4 pouces).

Pour les régiments de hussards, même temps de service, et taille de 1 mètre 705 millimètres (5 pieds 3 pouces).

Pour les régiments de carabiniers, cuirassiers, artillerie à pied et à cheval, même temps de service, et taille de 1 mètre 760 millimètres (5 pieds 5 pouces).

Pour les régiments d'infanterie de ligne et d'infanterie légère, cinq ans de service et deux campagnes; taille de 1 mètre 760 millimètres (5 pieds 5 pouces).

Pour les bataillons du train, même temps de service, et taille de 1 mètre 678 millimètres au moins (5 pieds 2 pouces).

Les sujets devaient s'être constamment distingués par leur conduite morale et militaire.

« Aucun chef de corps, disait le décret, ne pourra se refuser à porter des sous-officiers sur
» cette liste, sous prétexte qu'en entrant dans la Garde ils sont obligés de renoncer à leur
» grade, parce que, si ces sous-officiers sont dans le cas d'en faire momentanément le sacri-
» fice, ils auront bientôt obtenu dans cette troupe d'élite, s'ils s'y conduisent bien, un avan-
» cement qui les en dédommagera. »

Conformément aux intentions de l'Empereur, on présentait ces listes aux inspecteurs généraux d'armes, et, à leur défaut, aux généraux commandant les départements, chargés de passer la revue des hommes désignés, et d'approuver définitivement les propositions, en certifiant, sur le rapport des chefs, à l'égard des candidats qui appartenaient aux bataillons ou aux escadrons éloignés, qu'ils avaient toutes les qualités requises.

Ces listes, formées en double expédition, indiquaient les noms et prénoms des sujets, leur grade, âge, taille, lieu de naissance et le département; le domicile, et la profession qu'ils exerçaient avant d'entrer au service, et enfin la profession de leurs parents; elles contenaient en outre le détail des services et campagnes des candidats.

Après avoir été approuvées par les inspecteurs généraux de l'armée, ou par les généraux commandant les départements, ces listes étaient expédiées au ministre de la guerre, qui recevait ensuite, dans un bref délai, l'état des mutations qui pouvaient être survenues parmi les hommes désignés.

Les militaires choisis pour entrer dans la Garde restaient à leurs corps, où ils continuaient leur service jusqu'à ce que le ministre de la guerre prescrivît de les diriger sur Paris pour y être enrégimentés.

Année 1805.

Décret du 30 fructidor an XIII (17 septembre). — Création d'un corps de vélites à cheval.
Décret du 3 complémentaire an XII (20 septembre). — Fixation du rang des militaires de la Garde dans l'armée [1].

Année 1806.

Décret du 15 avril.

TITRE PREMIER.

DISPOSITIONS GÉNÉRALES.

« Art. 1er. La Garde impériale sera composée de :

- 1 État-major général.
- 4 Bataillons de grenadiers à pied formant 2 régiments.
- 4 Bataillons de chasseurs à pied formant également 2 régiments.
- 1 Régiment de grenadiers à cheval de 4 escadr.
- 1 Régiment de chasseurs à cheval de 4 escadr.
- 1 Compagnie de mameluks attachée aux chasseurs à cheval.
- 1 Régiment de dragons de 4 escadrons.
- 1 Régiment d'artillerie de 3 escadrons.
- 1 Légion de gendarmerie d'élite.
- 1 Bataillon de matelots.
- 1 Compagnie de vétérans.

» Il sera attaché à chaque corps d'infanterie *deux* bataillons de vélites, et à chaque régiment de cavalerie *un* escadron de vélites seulement.

» Art. 2. L'état-major général sera composé de quatre colonels généraux, dont :

- 1 Commandant les grenadiers à pied.
- 1 Commandant les chasseurs à pied.
- 1 Commandant la cavalerie.
- 1 Commandant l'artillerie et les matelots.
- 4 Aides de camp colonels.
- 20 Aides de camp du grade de chef d'escadron, de capitaine et de lieutenant.
- 1 Chef de bataillon du génie.
- 2 Capitaines du génie.
- 1 Adjoint du génie.
- 1 Bibliothécaire.

» Les colonels généraux, pour tout ce qui aura rapport au service de la Garde, recevront directement les ordres de l'Empereur.

TITRE DEUXIÈME.

INFANTERIE.

» Art. 3. Chaque corps d'infanterie sera composé, outre l'état-major, de :

4 Bataillons de grenadiers ou chasseurs. — 2 Bataillons de vélites.

» Les bataillons de vieux soldats seront composés de quatre compagnies fortes de cent vingt hommes chacune.

---

[1] Dispositions reproduites dans le décret du 8 avril 1815.

» Ces bataillons seront composés de quatre cent quatre-vingts hommes chacun, et la totalité du corps de mille neuf cent vingt hommes, tous soldats ayant au moins dix ans de service dans la ligne.

» ART. 4. Chaque corps d'infanterie formera *trois* régiments, dont *deux* régiments de Garde et *un* de vélites ; tous trois auront la même administration et seront placés sous le même commandement.

» Chaque régiment sera commandé par un major.

» L'état-major de chaque corps sera composé de la manière suivante, savoir :

1 Colonel commandant.
3 Majors, dont 1 pour chaque régiment et 1 pour les vélites.
6 Chefs de bataillon, dont 1 pour les vélites.
1 Quartier-maître trésorier.
6 Adjudants-majors, dont 2 pour les vélites.
6 Sous-adjudants-majors, dont 2 pour les vélites.
1 Porte-drapeau.
6 Officiers de santé, dont 3 de 1re classe et 3 de 2e ou de 3e classe.

1 Adjudant-lieutenant pour l'habillement.
1 Adjudant-lieutenant pour les vivres.
1 Vaguemestre (rang de sergent-major).
1 Tambour-major.
6 Caporaux tambours.
1 Chef de musique (rang de sergent-major).
40 Musiciens.
1 Maître tailleur.
1 Maître cordonnier.
3 Maîtres armuriers, dont 1 pour les vélites.
1 Maître guêtrier.

» ART. 5. Chaque compagnie de grenadiers ou de chasseurs à pied sera composée de :

1 Capitaine.
1 Lieutenant en premier.
1 Lieutenant en second.
1 Sergent-major.
4 Sergents.

1 Fourrier.
8 Caporaux.
2 Sapeurs (rang de caporaux).
102 Grenadiers ou chasseurs.
2 Tambours.

» ART. 6. Chaque compagnie de vélites sera composée de :

1 Capitaine.

1 Lieutenant en premier.
2 Lieutenants en second.
1 Sergent-major.
4 Sergents.

1 Fourrier.
8 Caporaux.
150 Vélites.
2 Tambours.

» ART. 7. Les officiers cesseront d'être fournis par détachement, comme ils l'étaient précédemment par les grenadiers et les chasseurs ; ils feront partie de ces corps et seront nommés par l'Empereur. Le rang d'ancienneté pour tous grades et pour tous individus appartenant à la Garde impériale sera réglé d'après l'ancienneté de service dans la Garde.

» Les sous-officiers seront choisis parmi les plus anciens caporaux de grenadiers et de chasseurs ; les fourriers et les caporaux, partie parmi les plus anciens vélites, et partie parmi les plus anciens grenadiers ou chasseurs.

» ART. 8. L'Empereur fixera le nombre de maîtres de lecture, d'écriture, d'arithmétique et de gymnastique qu'il jugera convenable d'attacher à chaque bataillon.

» ART. 9. En cas de guerre, et la Garde faisant campagne, deux compagnies de vélites marcheront avec chaque bataillon.

» Chacune de ces compagnies sera composée de cent trente-cinq hommes, ce qui portera la force de chaque bataillon à sept cent cinquante hommes.

» Au moment du départ, toutes les compagnies du bataillon seront sur-le-champ composées de cent vingt-cinq hommes, dont quatre-vingts vieux soldats et quarante-cinq vélites.

» Chaque bataillon de vieux soldats laissera en dépôt, à Paris, vingt hommes et quinze vélites par compagnie, ce qui fera, pour chaque corps d'infanterie, deux cent dix hommes, et pour les deux corps quatre cent vingt hommes.

» L'effectif total de l'infanterie de la Garde sera, par ce moyen, de six mille quatre cent vingt hommes, dont six mille à l'armée et quatre cent vingt au dépôt.

» Quand l'infanterie de la Garde recevra l'ordre de fournir un détachement pour découcher plusieurs jours, ou pour un voyage, il sera détaché deux compagnies par bataillon de vélites, ce qui portera les bataillons de la Garde à six compagnies. Les vélites seront distribués par égales portions dans les compagnies du bataillon, et le bataillon détaché sera de sept cent cinquante hommes.

TITRE TROISIÈME.

CAVALERIE.

» Art. 10. Les régiments de grenadiers, de chasseurs et de dragons seront composés, outre l'état-major, de :

4 Escadrons de 2 compagnies chacun. — 1 Escadron de vélites.

» Art. 11. L'état-major d'un régiment de grenadiers, de chasseurs ou de dragons sera composé de :

1 Colonel commandant.
2 Majors.
5 Chefs d'escadron, dont 1 pour les vélites.
1 Chef d'escadron instructeur.
1 Quartier-maître trésorier.
1 Capitaine instructeur.
2 Adjudants-majors, dont 1 pour les vélites.
5 Sous-adjudants-majors, dont 1 pour les vélites.
4 Porte-étendard.
1 Adjudant-lieutenant pour les vivres.
1 Adjudant-lieutenant pour les fourrages.
1 Adjudant-lieutenant pour l'habillement.
5 Officiers de santé, dont 2 de 1re classe et 3 de 2e et de 3e classe.

1 Sous-instructeur (rang de maréchal des logis chef).
1 Vaguemestre (rang de maréc. des logis chef).
2 Artistes vétérinaires, dont 1 pour les vélites.
4 Aides vétérinaires.
1 Trompette major.
3 Brigadiers trompettes, dont 1 pour les vélites.
1 Timbalier.
1 Maître tailleur.
1 Maître culottier.
1 Maître bottier.
1 Maître armurier.
1 Maître sellier.
1 Maître éperonnier.
2 Maîtres maréchaux ferrants.

» Art. 12. Chaque compagnie sera composée de :

1 Capitaine.
2 Lieutenants en premier.
2 Lieutenants en second.
1 Maréchal des logis chef.
6 Maréchaux des logis.

1 Fourrier.
10 Brigadiers.
96 Grenadiers, chasseurs ou dragons.
3 Trompettes.
2 Maréchaux ferrants.

» Art. 13. Il y aura une compagnie de mameluks attachée au régiment des chasseurs à cheval de la Garde.

» Les réfugiés mameluks qui sont à Melun seront envoyés à Marseille, où ils jouiront des mêmes avantages et seront payés de la même manière que par le passé.

» Cette compagnie de mameluks sera composée de :

1 Chef d'escadron commandant.
1 Capitaine instructeur
1 Adjudant-lieutenant en second } *français.*

1 Porte-étendard lieuten. en second
1 Chirurgien-major
1 Artiste vétérinaire } *français.*

1 Maître sellier	1 Maréchal des logis chef *français*.
1 Maître armurier	8 Maréchaux des logis, dont 2 *français*.
1 Maître bottier *français*.	1 Fourrier *français*.
1 Maître tailleur	4 Porte-queue.
1 Brigadier-trompette	12 Brigadiers, dont 2 *français*.
2 Capitaines.	109 Mameluks.
2 Lieutenants en premier.	4 Trompettes *français*.
4 Lieutenants en second.	2 Maréchaux ferrants *français*.

» Art. 14. Il y aura, par régiment de cavalerie de la Garde, un escadron de vélites.

» Chaque escadron de vélites sera composé de deux compagnies de cent vingt-cinq hommes chacune, non compris les officiers et sous-officiers.

» Les officiers, les sous-officiers et les brigadiers seront fournis par les régiments de grenadiers et de chasseurs à cheval.

» Art. 15. Lorsqu'un escadron de la Garde marchera, pour quelque espèce de service que ce soit, et que cet escadron devra découcher plusieurs jours de suite, il sera porté à deux cent cinquante hommes par l'incorporation de cinquante vélites par escadron, de manière que, si les quatre escadrons marchaient, ils formeraient un total de mille hommes, dont huit cents vieux soldats et deux cents vélites.

» Le dépôt de chaque régiment, à Paris, restera composé de quarante-huit vieux soldats et de cinquante vélites, en tout quatre-vingt-dix-huit hommes.

» Art. 16. En campagne, chaque régiment de grenadiers, de chasseurs ou de dragons formera deux régiments.

» Chaque régiment sera composé de deux escadrons, et chaque escadron divisé en *deux compagnies* dites *de manœuvre*.

» Chaque régiment sera commandé par un major sous les ordres du colonel.

» Il n'y aura qu'une seule administration par corps distinct de cavalerie.

» Les grenadiers, les chasseurs et les dragons auront la même organisation.

DRAGONS.

» Art. 17. Il est créé un régiment de dragons de la Garde.

» Ce régiment sera organisé comme les grenadiers et les chasseurs.

» Art. 18. A cet effet, chacun des régiments de dragons de la ligne fournira, cette année, pour la formation des dragons de la Garde, douze hommes ayant au moins dix ans de service. L'Empereur nommera les officiers : les sous-officiers et brigadiers seront fournis par les régiments de grenadiers et de chasseurs.

» Les officiers du régiment de dragons seront fournis par tiers : les deux premiers tiers, par les régiments de grenadiers et de chasseurs de la Garde; l'autre tiers, par les trente régiments de dragons de la ligne.

» Les régiments de dragons désigneront un lieutenant par escadron pour être proposé comme candidat.

» Art. 19. Il ne sera organisé, cette année, que *deux* escadrons de dragons; l'année prochaine il sera fait un nouvel appel de dix hommes pour former les deux autres escadrons.

» Art. 20. L'organisation définitive du régiment de dragons de la Garde n'aura lieu qu'à dater du 1er juillet prochain, hormis l'escadron de vélites et l'état-major, qui seront formés immédiatement.

» Art. 21. Le régiment de dragons sera monté en chevaux noirs.

» Art. 22. Tous les régiments de cavalerie de la Garde devront être complétés, en vieux soldats, à dater du 1er juillet prochain.

» Art. 23. Les sous-officiers et brigadiers, attachés en ce moment aux deux escadrons de vélites des chasseurs et aux deux escadrons de vélites des grenadiers, seront répartis, par portion égale, dans chacun des escadrons de vélites attachés, par la présente organisation, à chaque régiment de cavalerie de la Garde; l'excédant sera réincorporé dans le régiment de dragons, ainsi que les officiers supérieurs des deux régiments de grenadiers et de chasseurs qui ne seraient pas compris dans la présente organisation.

TITRE QUATRIÈME.

GENDARMERIE D'ÉLITE.

» Art. 24. Les quatre compagnies de gendarmerie d'élite auront la même organisation et seront de la même force que la compagnie d'un régiment de la cavalerie de la Garde.

TITRE CINQUIÈME.

ARTILLERIE.

» Art. 25. Il sera créé un régiment d'artillerie à cheval.
» Ce régiment sera composé de :
    1 État-major. — 3 Escadrons de chacun 2 compagnies.
» L'état-major sera composé de :

1 Colonel commandant.
1 Major.
3 Chefs d'escadron.
1 Quartier-maître.
1 Adjudant-major.
3 Sous-adjud.-major, lieutenants en 1er ou en 2e.
1 Instructeur capitaine ou lieutenant.
3 Porte-étendard.
3 Officiers de santé, dont 1 de 1re classe et 2 de 2e ou de 3e classe.
1 Adjudant pour les vivres.
1 Adjudant pour l'habillement.
1 Adjudant pour les fourrages.

1 Professeur de mathématiques.
1 Vaguemestre (rang de maréchal des logis chef).
1 Artiste vétérinaire.
3 Aides artistes vétérinaires.
1 Trompette-major.
1 Brigadier-trompette.
1 Maître tailleur.
1 Maître cordonnier.
1 Maître culottier.
1 Maître bottier.
1 Maître sellier-bourrelier.
1 Maître armurier-éperonnier.

» Art. 26. Chaque compagnie d'artillerie légère sera composée de :

1 Capitaine commandant.
1 Capitaine en second.
1 Lieutenant en premier.
2 Lieutenants en second.
1 Maréchal des logis chef.
4 Maréchaux des logis.
1 Fourrier.
6 Brigadiers.
25 Canonniers de 1re classe.
25 Canonniers de 2e classe.
25 Vélites.
3 Trompettes.
2 Maréchaux ferrants.

» Ainsi l'escadron sera de cent vieux canonniers et de vingt-cinq vélites.
» Art. 27. Les six capitaines en second seront détachés au parc.
» Art. 28. En temps de paix, les trois escadrons seront divisés en deux escadrons de vieux canonniers et un escadron de vélites.
» Art. 29. Le régiment d'artillerie à cheval n'aura, en temps de paix, que trois cents chevaux, mais tous les hommes seront également exercés au manège.

» Il y aura une compagnie d'ouvriers qui sera composée de :

1 Capitaine en second.
- 1 Lieutenant.
- 2 Sergents.
- 2 Caporaux.
- 12 Ouvriers de 1re classe.
- 12 Ouvriers de 2e classe.
- 6 Apprentis.

» ART. 30. Les employés du parc seront au nombre de *onze* :

1 Garde d'artillerie. — 4 Sous-gardes. — 6 Conducteurs.

TITRE SIXIÈME.

TRAIN.

» ART. 31. Il y aura un bataillon du train composé de six compagnies.

» ART. 32. L'état-major du bataillon du train sera composé de :

- 1 Capitaine commandant.
- 1 Lieutenant adjudant-major.
- 1 Sous-lieutenant-quartier-maître.
- 1 Adjudant-sous-officier.
- 1 Artiste vétérinaire.
- 1 Maître sellier, bourrelier et bâtier.
- 1 Maître cordonnier-bottier.
- 1 Maître tailleur.

» Et chaque compagnie de :

- 1 Lieutenant.
- 1 Sous-lieutenant.
- 1 Maréchal des logis chef.
- 4 Maréchaux des logis.
- 1 Fourrier.
- 5 Brigadiers.
- 66 Soldats.
- 2 Maréchaux ferrants.
- 2 Bourreliers ou bâtiers.
- 2 Trompettes.

CHEVAUX DU TRAIN.

» ART. 33. Le nombre des chevaux du train est fixé à deux cent vingt pour tout le bataillon, en temps de paix, et à mille en temps de guerre.

TITRE SEPTIÈME.

ADMINISTRATION.

» ART. 34. Il y aura toujours dans la Garde :

1 Inspecteur aux revues.
- 1 Commissaire ordonnateur.
- 1 Sous-inspecteur aux revues.
- 1 Commissaire des guerres pour l'infanterie.
- 1 Commissaire des guerres pour la cavalerie.
- 2 Commissaires des guerres pour le service extraordinaire, dont 1 spécialement chargé de l'ambulance.
- 2 Adjoints aux commissaires des guerres.
- 1 Quartier-maître trésorier.
- 1 Adjudant pour les vivres.
- 1 Adjudant pour l'habillement.
- 1 Adjudant pour les fourrages.
- 1 Adjudant pour l'hôpital.
- 30 Boulangers.

» Ces quatre adjudants seront lieutenants ou sous-lieutenants; ils seront choisis parmi d'anciens militaires d'une probité reconnue.

» Ils feront le service en temps de paix, afin qu'en temps de guerre ils aient l'habitude de tous les détails que comporte leur emploi.

» ART. 35. Il sera construit des fours portatifs pour que, en temps de paix comme en temps de guerre, l'administration soit promptement et complétement organisée, ainsi que tout ce qui en dépend.

» Art. 36. Chaque corps de la Garde aura ses fourgons, ses charretiers et ses chevaux de train toujours en état et prêts à marcher au premier ordre.

» L'ambulance sera de même toujours en état.

» Les officiers de santé attachés à l'ambulance feront, en temps de paix, le service à l'hôpital de la Garde, dit du *Gros-Caillou*. Il y aura un médecin en chef attaché à cet hôpital. »

Décret du 19 septembre 1806. — Création du régiment de fusiliers-chasseurs.
Décret du 24 septembre. — Création du régiment des gendarmes d'ordonnance.
Décret du 15 décembre. — Création du régiment de fusiliers-grenadiers.

Année 1807.

Décret du 16 avril. — Création du 1er régiment de chevau-légers-lanciers (Polonais).
Décret du 23 octobre. — Licenciement des gendarmes d'ordonnance.

Année 1808.

Décret du 12 avril. — Création de l'artillerie à pied.
Décret du 1er octobre. — Réunion du 2e régiment de grenadiers à pied au 1er.

Année 1809.

Décret du 16 janvier. — Création d'un régiment de tirailleurs-grenadiers et d'un régiment de tirailleurs-chasseurs.

Décret du 24 mars. — Création d'un bataillon de vélites de Florence et d'un bataillon de vélites de Turin.

Décrets des 29 et 31 mars. — Création de deux régiments de conscrits-chasseurs et de deux régiments de conscrits-grenadiers.

Décret du 25 avril. — Création d'un deuxième régiment de tirailleurs-grenadiers et d'un deuxième régiment de tirailleurs-chasseurs.

Décret du 17 décembre. — Admission des lanciers du grand-duc de Berg dans la Garde.

Année 1810.

Décret du 1er janvier. — Création d'un régiment des gardes nationales de la Garde.
Décret du 16 juillet. — Création d'une compagnie de sapeurs du génie.
Décret du 13 septembre. — Incorporation de la garde hollandaise dans la Garde impériale, et création d'un second régiment de chevau-légers-lanciers.

Année 1811.

Décret du 10 février. — Création d'un troisième et d'un quatrième régiment de tirailleurs, ainsi que d'un troisième et d'un quatrième régiment de voltigeurs.

Décret du 30 mars. — Création des pupilles de la Garde.

Décret du 5 avril. — Création d'une école de tambour, comprenant 96 élèves, savoir :

    16 à la suite du 1er régiment de grenadiers à pied,
    16 — des chasseurs,
    16 — des fusiliers,
    48 — des tirailleurs et des voltigeurs.

Décret du 18 mai. — Création d'un deuxième régiment de grenadiers à pied et des 5⁰ et 6⁰ régiments de tirailleurs.

Même date. — Création d'un deuxième régiment de chasseurs et d'un cinquième régiment de voltigeurs.

Décret du 24 août. — Suppression des équipages à la suite des corps, et création du bataillon du train des équipages militaires.

Décret du 28 août. — Création d'un sixième régiment de tirailleurs et d'un sixième régiment de voltigeurs.

Décret du 4 septembre. — Création d'un régiment de flanqueurs-grenadiers, composé de fils de gardes généraux et de gardes forestiers.

Année 1812.

Décret du 12 janvier. — Création d'une compagnie de canonniers vétérans.
Décret du 5 juillet. — Création d'un troisième régiment de chevau-légers-lanciers (Polonais).
Décret du 24 août. — Création d'un escadron de Tartares lithuaniens.

Année 1813.

Décret du 10 février. — Création d'un régiment du train d'artillerie.
Décret du 15 février. — Suppression du 3⁰ régiment de grenadiers (hollandais).
Transformation du régiment des gardes nationales de la Garde en 7⁰ régiment de voltigeurs.
Création du bataillon d'instruction de Fontainebleau.
Décret du 22 mars. — Réunion du 3⁰ régiment de chevau-légers-lanciers au 1ᵉʳ.
Décret du 25 mars. — Création d'un régiment de flanqueurs-chasseurs, d'un huitième régiment de tirailleurs et d'un huitième régiment de voltigeurs.
Décret du 3 avril. — Création des 9⁰, 10⁰, 11⁰, 12⁰ et 13⁰ régiments de tirailleurs et de voltigeurs.
Décret du 5 avril. — Création de quatre régiments de gardes d'honneur.
Décret du 9 décembre. — Création de trois régiments d'éclaireurs à cheval attachés, le premier aux grenadiers à cheval, le second aux dragons, le troisième aux lanciers polonais.

Année 1814.

Décret du 11 janvier. — Création des 14⁰, 15⁰ et 16⁰ régiments de voltigeurs et de tirailleurs.
Décret du 21 janvier. — Création des 17⁰, 18⁰ et 19⁰ régiments de voltigeurs et de tirailleurs.
Ordonnance du 12 mai 1814.— Réorganisation de la Garde impériale par la Restauration.

Année 1815.

A peine arrivé à Paris, Napoléon rendit, le 21 mars 1815, un décret en vertu duquel nul étranger ne pouvait désormais être admis dans les différents corps préposés à la garde de sa personne.

Un second décret du 8 avril suivant régla la réorganisation de la Garde impériale de la manière suivante :

RELATIFS A LA GARDE IMPÉRIALE.

TITRE PREMIER.
COMPOSITION DES DIFFÉRENTS CORPS DE LA GARDE.

« Art. 1ᵉʳ. La Garde impériale sera composée ainsi qu'il suit, savoir :

INFANTERIE.
Corps des grenadiers.

3 Régiments de grenadiers à pied (vieille Garde [1]). — 6 Régiments de tirailleurs (jeune Garde [2]).

Corps des chasseurs.

3 Régiments de chasseurs à pied (vieille Garde). — 6 Régiments de voltigeurs (jeune Garde).

CAVALERIE.

1 Régiment de grenadiers à pied (vieille Garde).
1 Régiment de dragons (vieille Garde).
1 Régiment de chasseurs à cheval (vieille Garde).
1 Régiment de chevau-légers-lanciers (vieille Garde).
1 Compagnie de gendarmerie (vieille Garde).

ARTILLERIE.

6 Compagnies d'artillerie à pied (vieille Garde).
4 Compagnies d'artillerie à cheval (vieille Garde).
1 Compagnie d'ouvriers (vieille Garde).
1 Escadron du train (vieille Garde).

GÉNIE.

1 Compagnie de sapeurs, comprenant une escouade de mineurs (vieille Garde).

ÉQUIPAGES MILITAIRES.

1 Escadron du train.

» Art. 2. Chaque régiment d'infanterie sera de deux bataillons; chaque bataillon de quatre compagnies, forte de cent cinquante hommes, officiers et sous-officiers compris.

» Art. 3. En temps de guerre, les compagnies seront portées à deux cents hommes, officiers et sous-officiers compris; à cet effet, elles seront augmentées de :

1 Second lieutenant pour la vieille Garde. — 1 Sous-lieutenant pour la jeune Garde. — 2 Sergents. — 4 Caporaux. — 43 Soldats.

» Art. 4. Le corps des grenadiers à pied et celui des chasseurs à pied auront chacun un état-major distinct.

» La force totale de chacun des deux corps d'infanterie sera de :

111 Officiers supérieurs.
214 Officiers.
3,680 Sous-officiers et soldats de la vieille Garde.
7,329 Sous-officiers et soldats pour les six régiments de jeune Garde.

Total. . . . 11,334 Officiers, sous-officiers et soldats.

» Art. 5. Chacun des régiments de cavalerie sera de quatre escadrons, et chaque escadron de deux compagnies.

» Art. 6. En temps de guerre, les compagnies seront portées à cent cinquante hommes, officiers et sous-officiers compris; à cet effet, elles seront augmentées de :

1 Lieutenant en premier.
2 Maréchaux des logis.
4 Brigadiers.
1 Trompette.
1 Maréchal ferrant.
11 Grenad., chass., drag. et lanc. de 2ᵉ classe.

---

[1] Un quatrième régiment de grenadiers et un quatrième régiment de chasseurs furent créés le 9 mai suivant.
[2] Deux autres régiments de tirailleurs et de voltigeurs furent créés le 12 mai suivant.

» L'état-major sera augmenté de :

4 Chefs d'escadron. — 4 Sous-adjudants-majors.

» Art. 7. La compagnie de gendarmerie sera composée conformément au décret du 15 avril 1806. En temps de guerre, elle recevra proportionnellement la même augmentation que les compagnies de cavalerie.

» Art. 8. L'état-major de l'artillerie, les compagnies à pied, celles à cheval, et la compagnie d'ouvriers, seront composés conformément au décret précité.

» Art. 9. En temps de guerre, l'état-major de l'artillerie sera augmenté de :

1 Chef de bataillon, sous-directeur du parc.
2 Sous-gardes d'artillerie. — 2 Conducteurs d'artillerie.

» Art. 10. Le matériel de l'artillerie sera composé de :

4 Batteries d'artillerie à cheval, attachées aux régiments de cavalerie. 24 pièces.
2 Batteries d'artillerie à pied, attachées aux deux corps d'infanterie. . 16 —
4 Batteries de 12, servies également par l'artillerie de la vieille Garde, et formant la réserve . . . . 32 —

TOTAL. . . . . . . 72 pièces.

» En temps de guerre, l'artillerie de la ligne fournira les batteries ci-après, qui seront attachées à la Garde :

4 Batteries pour les deux divisions de la jeune Garde. . . . . 24 pièces.
4 Batteries pour la réserve. . . . . 32 —
4 Batteries à cheval également attachées à la réserve. . . . . 12 —

TOTAL. . . . . . . 68 pièces.

» Art. 11. L'escadron du train aura un état-major et huit compagnies, composées chacune conformément au décret du 15 avril 1806.

» Art. 12. Les compagnies de sapeurs et de mineurs, ainsi que l'état-major du génie, seront composés conformément au décret précité.

» Art. 13. L'escadron du train des équipages militaires sera chargé de transporter les fourgons des corps de la Garde, les outils du génie, les munitions, les approvisionnements de vivres et de fourrages, les ambulances, etc. Cet escadron sera composé d'un état-major et de quatre compagnies, conformément au décret du 15 avril 1806 ; en temps de guerre, il sera porté à six compagnies.

ÉTAT-MAJOR.

» Art. 14. Il sera attaché à la Garde un état-major composé de :

1 Lieutenant général faisant fonctions d'aide-major.
1 Major de la Garde faisant fonctions de sous-aide-major.
1 Secrétaire-archiviste.

1 Inspecteur aux revues.
1 Chef de bataillon adjoint.
4 Capitaines adjoints.
7 Sous-inspecteurs aux revues ou adjoints.

AMBULANCE ET HOPITAL MILITAIRE DU GROS-CAILLOU, A PARIS.

1 Médecin en chef.
26 Chirurgiens de troisième classe.
2 Médecins ordinaires.
1 Chirurgien en chef.
4 Chirurgiens de première classe.

11 Chirurgiens de deuxième classe.
1 Pharmacien en chef.
1 Pharmacien de première classe.
6 Pharmaciens de deuxième classe.
9 Pharmaciens de troisième classe.

» Aux armées, les ouvriers d'administration nécessaires aux ambulances de la Garde seront fournis par l'intendance générale de l'armée, ou, si cela est jugé nécessaire, il sera pourvu au rétablissement des compagnies d'ouvriers d'administration.

» Art. 15. En campagne, les divisions composées des troupes de la Garde seront commandées soit par les colonels généraux desdits corps, soit par des lieutenants généraux appartenant à la Garde, ou enfin, et à leur défaut, par des lieutenants généraux appelés de la ligne.

» Les brigades seront commandées soit par des majors de la Garde ayant rang de maréchaux de camp, soit par des maréchaux de camp appelés de la ligne.

TITRE DEUXIÈME.

SOLDE.

» Art. 16. Il n'est rien changé, quant à la solde et aux indemnités accordées aux officiers généraux, aux officiers supérieurs, aux sous-officiers et soldats, aux dispositions du décret du 15 avril 1806.

TITRE TROISIÈME.

RANG, PRÉROGATIVES ET RECRUTEMENT.

» Art. 17. A compter du grade de major, les officiers, sous-officiers et soldats de la Garde auront le rang immédiatement supérieur dans la ligne ; les officiers en porteront les marques distinctives [1].

» Art. 18. Lorsque des troupes de la Garde seront détachées avec des troupes de la ligne, le commandement appartiendra de droit à l'officier de la Garde le plus ancien dans le grade le plus élevé.

» Art. 19. Les officiers de la Garde sont tenus de rendre des visites de corps aux princes de la famille impériale, aux maréchaux gouverneurs des provinces, et aux grands officiers de la couronne.

» Art. 20. Les commandants des corps ou détachements de la Garde doivent remettre les situations de leurs troupes, en hommes et en chevaux, aux commandants militaires des divisions ou des places par lesquelles ils passent. Lorsque les troupes de la Garde seront en station dans une division militaire ou dans une place, elles seront assujetties, comme les autres troupes, à la police des commandants militaires.

» Art. 21. Les régiments de la vieille Garde seront chargés spécialement du service du palais.

» Art. 22. Pour être admis dans les régiments de grenadiers ou de chasseurs à pied de la *vieille Garde*, il faudra avoir douze ans de service, y compris les campagnes. Pour être admis dans la cavalerie, dans l'artillerie et dans les sapeurs du génie, il faudra avoir huit ans de service, y compris les campagnes. Pour être admis dans la *jeune Garde*, il faudra avoir quatre ans de service, y compris les campagnes.

» Art. 23. La taille nécessaire pour l'admission dans la Garde sera :

Pour les grenadiers à pied et à cheval, l'artillerie et les sapeurs. 5 pieds 5 pouces.
Pour les dragons . . . . 5 — 4 —
Pour les chasseurs à pied et à cheval. . . . . 5 — 3 —
Pour les lanciers et le train d'artillerie. . . . . 5 — 2 —

---

[1] A l'égard du rang et des préséances, le décret du 8 avril 1815 n'a fait que consacrer les dispositions du décret du 3 complémentaire an XIII (20 septembre 1805) et celles du décret du 19 mars 1813.

» Art. 24. Les premiers régiments seront complétés par des hommes choisis dans les seconds régiments. Ces hommes seront présentés par le colonel du corps, et examinés par le commandant de la Garde.

» Les lanciers concourront à compléter les régiments de grenadiers, de chasseurs et de dragons.

» Art. 25. Les autres régiments de cavalerie de la Garde seront complétés par des hommes tirés des régiments de cavalerie de la ligne, vigoureux, distingués par leur courage et leur bonne conduite.

» Art. 26. Dans les grenadiers et les chasseurs à pied, le 2ᵉ régiment sera complété, 1° par des hommes choisis dans le 3ᵉ régiment; 2° par des soldats tirés de l'infanterie de ligne.

» Art. 27. Le 3ᵉ régiment de vieille Garde sera complété, 1° par des hommes choisis dans les régiments de voltigeurs et de tirailleurs de la jeune Garde; 2° par des hommes tirés de l'infanterie de ligne.

» Art. 28. Les régiments de voltigeurs et de tirailleurs de la jeune Garde, le bataillon du train des équipages militaires, seront complétés par des enrôlements volontaires, ou par des hommes appelés par le mode de recrutement qui sera adopté.

» Art. 29. Dans chacun des régiments de cavalerie de la ligne, le colonel désignera deux officiers, vingt sous-officiers et soldats pour la Garde impériale. Ces hommes seront examinés par le général commandant la division militaire, lequel s'assurera qu'ils ont les qualités requises. Le conseil d'administration adressera à notre ministre de la guerre un contrôle nominatif faisant connaître le signalement et les services de ces hommes, leurs actions d'éclat, leur conduite, etc. Ce contrôle sera visé par le général commandant la division. Le ministre de la guerre choisira, d'après les titres des candidats, les hommes nécessaires au complément des corps de la cavalerie de la Garde.

» Art. 30. Dans chacun des régiments d'infanterie de ligne et d'infanterie légère, le colonel désignera deux officiers, trente sous-officiers et soldats pour être placés dans les 2ᵉ et 3ᵉ régiments de vieille Garde. Ces hommes seront examinés par le général commandant la division militaire, et divisés en deux classes.

» La première classe comprendra les hommes qui ont huit ans de service, y compris les campagnes, et la deuxième ceux qui ont quatre ans de service. Le contrôle nominatif de ces hommes sera établi comme dans l'article précédent, et adressé à notre ministre de la guerre, qui choisira sur ces listes les hommes nécessaires pour compléter les 2ᵉ et 3ᵉ régiments de grenadiers et de chasseurs à pied de la vieille Garde.

» Art. 31. Dans chacun des régiments d'artillerie à pied et à cheval de la ligne, et dans les escadrons du train d'artillerie, les colonels désigneront deux officiers, trente sous-officiers et soldats pour la Garde : il en sera dressé des contrôles comme dans l'article précédent.

» Art. 32. Les sapeurs du génie et les mineurs de la Garde seront choisis par notre ministre de la guerre, sur des listes formées dans les régiments du génie appartenant à la ligne. Les gendarmes seront désignés par le premier inspecteur de la gendarmerie.

» Art. 33. Au fur et à mesure que chaque régiment aura fourni à la Garde la moitié des hommes portés sur la liste, il sera procédé à la formation d'une nouvelle liste établie comme la première, et qui sera adressée au ministre de la guerre par le conseil d'administration du régiment.

» Art. 34. Les troupes de la Garde impériale seront justiciables des conseils de guerre permanents des divisions militaires où elles se trouveront.

» Art. 35. Toutes les fois qu'un militaire de la vieille Garde aura commis un délit entraînant peine de mort, ou toute autre peine infamante, il sera préalablement rayé des contrôles de la Garde, puis ensuite livré aux tribunaux qui devront prendre connaissance du délit.

» Art. 36. Les soldats qui, par leur mauvaise conduite ou par des fautes contre la discipline, se seront rendus indignes de servir dans la vieille Garde, en seront expulsés. Nous nous réservons de prononcer sur le renvoi d'un soldat de la vieille Garde, et d'ordonner, s'il y a lieu, la suspension ou la destitution d'un sous-officier.

TITRE QUATRIÈME.

ADMINISTRATION, MASSE, COMPTABILITÉ.

» Art. 37. Il y aura, dans chaque corps d'infanterie, un conseil d'administration pour les trois régiments de vieille Garde, et un autre conseil d'administration pour les six régiments de jeune Garde, composés ainsi qu'il suit :

» *Vieille Garde* : un lieutenant général colonel, *président* ; le major et le plus ancien capitaine de chaque régiment.

» *Jeune Garde* : un lieutenant général colonel, *président* ; les majors des 1ᵉʳ, 2ᵉ et 3ᵉ régiments; les plus anciens capitaines des 4ᵉ, 5ᵉ et 6ᵉ régiments. En l'absence du colonel, l'un et l'autre conseil sera présidé par le colonel en second.

» Art. 38. Il y aura, dans les autres corps de la Garde, un conseil d'administration composé comme il suit :

» *Régiments de cavalerie* : le lieutenant général colonel, *président* ; le major, le premier chef d'escadron, les deux premiers capitaines.

» *Gendarmerie* : le chef d'escadron, *président* ; un capitaine, un lieutenant.

» *Artillerie* : le lieutenant général colonel, *président* ; le major, le premier chef de bataillon, le premier capitaine.

» *Train d'artillerie* : le lieutenant général colonel, *président* ; le chef d'escadron et les trois premiers capitaines.

» *Génie* : le colonel, *président* ; un capitaine, un lieutenant.

» *Train des équipages* : comme dans la ligne.

» Chaque membre du conseil d'administration sera suppléé, en cas d'absence, par un officier du même régiment et du même grade, et subsidiairement, par un officier du grade immédiatement inférieur.

» Art. 39. Les conseils d'administration de la Garde auront les mêmes attributions et les mêmes devoirs à remplir que les conseils d'administration des régiments de ligne. Le major du régiment sera personnellement chargé de la tenue des contrôles.

» Art. 40. Les formes de l'administration intérieure des corps de la Garde et celles de la comptabilité seront les mêmes que dans les régiments de ligne de l'armée; les payements auront lieu de la même manière.

» Art. 41. Les conseils d'administration des corps de la ligne enverront directement au conseil d'administration des corps de la Garde les fonds de la masse de linge et chaussure des hommes qui passeront dans la Garde impériale. L'état de ces fonds, visé par l'inspecteur aux revues, sera adressé, par les conseils d'administration des corps de la ligne, à l'inspecteur aux revues de la Garde.

» Art. 42. Les sous-officiers et soldats de toute arme, reçus dans la vieille Garde, ont droit à une somme de *vingt francs*, laquelle est payable comme la première mise de *quarante francs* accordée à chaque homme de nouvelle levée, et doit également être versée à la masse de linge et chaussure du nouvel admis.

» Art. 43. A l'exception des deux masses mentionnées à l'article précédent, notre ministre de la guerre administrera toutes les masses de la Garde, ou les fera administrer comme il administre ou fait administrer les masses des régiments de ligne. Les sommes dont notre ministre de la guerre devra être crédité dans le budget annuel, pour toutes les fournitures qui doivent être faites à la Garde, seront calculées d'après le tarif des masses et indemnités de première mise, annexé au décret du 15 avril 1806 précité.

» Art. 44. Les régiments d'infanterie de la vieille Garde auront la même tenue; les musiciens, dans les deux corps de la vieille Garde, auront le même uniforme : il n'y aura qu'un seul uniforme pour les musiciens des régiments de jeune Garde.

» Art. 45. Les corps de la Garde conserveront les uniformes ordonnés avant le 1er avril 1814; l'état-major général, la cavalerie, l'artillerie et le train d'artillerie porteront seuls l'aiguillette; dans l'infanterie, les officiers généraux seuls porteront l'aiguillette.

» Art. 46. Les effets d'habillement délivrés comme première mise, la durée des effets et l'époque de leur remplacement, restent fixés comme il est dit dans le décret du 15 avril 1806.

« Art. 47. Toutes les distributions faites aux troupes de la Garde seront régularisées comme celles faites aux troupes de la ligne.

» Art. 48. Les chevaux, dans la cavalerie et le train, auront la taille et la qualité qu'on a exigées jusqu'à présent. La ration de fourrages sera la même pour les chevaux des corps de la Garde que celle des corps de la ligne. La ration d'hiver sera aussi forte que la ration d'été.

» Art. 49. L'hospice du Gros-Caillou continuera à être spécialement destiné aux militaires de la Garde.

TITRE CINQUIÈME.

DISPOSITIONS GÉNÉRALES.

» Art. 50. Un appel sera fait dans tous les départements aux anciens sous-officiers et soldats de la vieille Garde qui, ayant obtenu leur congé absolu, voudraient reprendre du service dans leurs anciens régiments. Ils se présenteront au chef-lieu de leur canton, devant le maire, qui leur fera délivrer une feuille de route pour Paris, où ils seront incorporés, suivant leur ancienneté, dans les régiments de leur corps.

« Art. 51. Le même appel sera fait aux sous-officiers et soldats de l'infanterie de la jeune Garde, aux escadrons d'artillerie et des équipages militaires de la Garde. Ils seront placés dans leurs anciens corps, ou, suivant leur ancienneté, dans les régiments de vieille Garde.

» Art. 52. Les sous-officiers d'artillerie de la vieille Garde et ceux du 1er régiment d'artillerie qui, depuis le 1er avril 1814, ont été incorporés dans l'artillerie de ligne, seront dirigés sans délai sur Versailles, pour y former l'artillerie de la Garde. Ce qui manquerait pour compléter le corps sera désigné par notre ministre de la guerre, sur les listes que chaque régiment doit établir, conformément aux articles 29, 30 et 31 du présent décret.

» Art. 53. Les régiments de cavalerie de la Garde seront complétés par des hommes désignés par notre ministre de la guerre, sur les listes établies conformément à l'article 29 du présent décret.

» Art. 54. La compagnie des sapeurs du génie de la Garde sera formée des anciens sapeurs de la vieille Garde qui désireront reprendre du service, et des sapeurs mineurs qui seront désignés par notre ministre de la guerre, d'après les listes établies dans les régiments de ligne.

» Art. 55. La compagnie de gendarmerie de la Garde sera composée soit des anciens gendarmes d'élite, soit des officiers, sous-officiers et soldats que proposera le premier inspecteur de la gendarmerie.

» Art. 56. Les officiers de la vieille et de la jeune Garde seront désignés parmi les officiers qui sont aujourd'hui en activité de service dans la Garde, parmi ceux qui ont été mis à la demi-solde, et parmi les officiers portés sur les listes établies dans les régiments.

» Art. 57. Les compagnies de la vieille Garde qui nous ont accompagné à l'île d'Elbe prendront la tête dans les régiments de leur arme. La compagnie d'artillerie formera la tête de la première compagnie d'artillerie à pied. Les chevau-légers seront incorporés dans le régiment de lanciers, dont ils formeront la première compagnie.

» Art. 58. L'artillerie de la Garde sera casernée dans les établissements de Paris et de Vincennes; son école sera placée près de Paris, le corps sera réorganisé à Versailles. Lorsque l'école sera établie, il y sera attaché le nombre nécessaire de professeurs. Le traitement des professeurs sera fixé par une décision ultérieure.

» Les sapeurs et mineurs de la Garde seront placés dans la même école que l'artillerie; les travaux du génie et ceux de l'artillerie y seront exécutés de concert par les deux armes, sous la direction du major-directeur de l'artillerie qui, en temps de paix, aura le commandement de l'école d'artillerie de la Garde.

» Art. 59. Les officiers de la jeune Garde actuellement en demi-solde, et qui ne seront point rappelés pour être compris dans la nouvelle organisation, resteront à la disposition de notre ministre de la guerre, pour être placés dans les corps de la ligne avec les prérogatives auxquelles ils ont droit.

» Art. 60. Les décrets et ordonnances relatifs à la Garde impériale rendus jusqu'à ce jour sont abrogés. »

SERVICE

Chacun des corps des grenadiers et des chasseurs à pied, des grenadiers et des chasseurs à cheval de la Garde, fournissait un bataillon et un escadron pour faire le service de la résidence impériale où se trouvait l'Empereur. Ce bataillon et cet escadron étaient relevés tous les trois mois; ils avaient avec eux, pour défiler la parade, les sapeurs et la musique de leur corps, qui accompagnaient tous les jours la garde montante.

Chacun des corps d'infanterie était de service pendant une semaine, alternativement : ils se relevaient le dimanche.

Le bataillon de grenadiers de service était logé, seulement pendant la durée du service, au quartier Bonaparte, quai d'Orsay; celui des chasseurs, à Panthemont, rue de Grenelle-Saint-Germain.

Dans l'été, la garde montante défilait la parade à neuf heures du matin, dans la cour du palais habité par l'Empereur; et, dans l'hiver, à midi.

L'escadron des grenadiers et celui des chasseurs à cheval de service étaient également casernés au quartier Bonaparte.

Par décret impérial, daté de Saint-Cloud le 24 messidor an XII (13 juillet 1804), Napoléon fixa de la manière suivante les obligations de service que la Garde impériale aurait à remplir tant auprès de sa personne qu'auprès des membres de sa famille et des grands dignitaires de l'Empire :

« ART. 1er. Partout où les troupes de la Garde impériale se trouvent réunies avec celles de la ligne, le poste d'honneur leur est déféré.

» ART. 2. Les officiers et sous-officiers de la Garde impériale ont, à grade égal, le commandement sur les officiers et sous-officiers des corps de ligne, lorsqu'ils se trouvent réunis dans un poste pour le même service.

» ART. 3. Lorsque l'Empereur accorde à quelques corps de la ligne l'honneur de participer à la garde de sa personne, les troupes de la Garde impériale conservent toujours la droite, et sont placées dans les postes qui se rapprochent le plus de Sa Majesté.

» ART. 4. Lorsqu'un corps ou un détachement de la Garde impériale voyage et qu'il rencontre un autre corps ou un détachement de troupes de ligne, ce dernier se met en bataille et porte les armes; les drapeaux saluent et les tambours battent aux champs jusqu'à ce que les troupes de la Garde soient passées.

» Les colonels et commandants des détachements se saluent réciproquement.

» Dans ce cas, le corps de la Garde impériale rend les mêmes honneurs qu'il reçoit du corps de la troupe de ligne, mais il ne s'arrête pas dans sa marche.

» ART. 5. Lorsqu'un corps ou un détachement de la Garde impériale est dans une place de guerre ou en campagne, le commandant de ce corps ou de ce détachement fournit seulement l'état de situation en hommes et en chevaux au commandant de la place ou au major général de l'armée; mais si c'est dans une place assiégée, les corps ou détachements de la Garde impériale qui s'y trouvent reçoivent comme les autres corps de la garnison, du commandant supérieur de cette place, les ordres de service pour contribuer à la défense générale.

» Lorsque l'Empereur traverse une rivière, ou qu'étant dans un port de mer il va se promener dans le port ou en rade, les marins de la Garde impériale ont exclusivement la garde du bateau qui porte Sa Majesté.

» Hors du palais, la Garde impériale présente les armes et borde la haie pour l'Empereur et l'Impératrice; elle porte également les armes et se met en bataille pour les princes et princesses de la famille impériale; alors les tambours battent *aux champs*. Elle prend de même les armes et les porte pour les colonels généraux de la Garde, mais alors les tambours ne battent que le *rappel*.

» Lorsque l'Empereur est en campagne, les postes fournis par la Garde impériale prennent les armes et les portent pour les maréchaux de l'Empire; ils sortent du poste, sans armes, pour les autres généraux, mais les tambours ne battent pas.

» Lorsque l'Empereur n'est pas en campagne, les postes fournis par la Garde impériale rendent aux généraux les mêmes honneurs que leur rendrait la troupe de ligne.

» Les postes fournis par la Garde impériale, hors du palais de Sa Majesté, ou en campagne, ou enfin en l'absence de l'Empereur, rendent aux maréchaux de l'Empire les mêmes honneurs que ceux attribués à Sa Majesté elle-même.

» A l'armée, les corps doivent des visites de corps aux aides de camp de service de l'Empereur.

» Il ne peut entrer dans le palais que l'Empereur habite aucune troupe que celle commandée pour le service du jour, sans que le colonel général de service en soit instruit. Dans ce cas, il doit l'être avant l'exécution de l'ordre qui a fait avancer cette troupe; mais si le colonel général n'est pas prévenu, ou s'il ignore le motif de l'arrivée de ladite troupe, il doit de son autorité privée faire retirer cette troupe. »

CASERNEMENT

Le corps des grenadiers à pied occupa, dès la fin de 1804 jusqu'au commencement de l'année 1814, la belle caserne de Courbevoie.

Le 3ᵉ régiment de grenadiers (hollandais) fut caserné à Versailles, ainsi que les vétérans de la Garde et les lanciers rouges.

Les chasseurs à pied logeaient à Rueil, à l'École militaire et à Saint-Denis.

Les régiments de fusiliers, de tirailleurs, de voltigeurs et de flanqueurs furent toujours en campagne; mais leurs dépôts étaient aux casernes de Courbevoie, de Panthemont, à Rueil et à l'École militaire.

Les sapeurs du génie furent casernés rue du Mont-Blanc, aujourd'hui caserne dite *de Clichy ;*

Les marins, à l'École militaire ;

L'artillerie à pied et à cheval occupa le château de Vincennes ;

Les grenadiers et chasseurs à cheval étaient distribués dans les vastes bâtiments de l'École militaire ;

La compagnie des mameluks tint garnison à Melun ;

Les dragons de l'Impératrice furent casernés au quartier de la rue de Grenelle-Saint-Germain ;

Les lanciers polonais, à Chantilly ;

Et la gendarmerie d'élite, aux Célestins.

SOLDE ET INDEMNITÉS.

La solde de la Garde fut fixée par les arrêtés des 13 nivôse an VIII (3 janvier 1800), 17 ventôse an X (8 mars 1802), 24 messidor an XII (13 juillet 1804), et en dernier lieu par celui du 15 juillet 1812.

ÉTAT-MAJOR GÉNÉRAL.

DÉSIGNATION des GRADES ET EMPLOIS.	SOLDE		INDEMNITÉS DE						NOMBRE DE CHEVAUX.
	par mois.	par jour.	LOGEMENT par jour.	CHAUFFAGE [1] par jour.	FRAIS de bureaux [2] par jour.	FOURRAGE [3] par jour et par cheval	REMONTE [4] par jour et par cheval	FERRAGE [4] par jour et par cheval	
Colonel général..........	2000	»	66 66	16 66	20 »	16 66	1 30	» 27	» 08	24
Général de brigade, commandant les dépôts de la Garde.	800	»	26 66	5 »	» »	» »	Idem.	Idem.	Idem.	10
Colonel commandant d'armes du quartier Napoléon......	800	»	26 26	5 »	» »	3 33	Idem.	Idem.	Idem.	10
Adjoints. Chef de bataillon ou d'escad.	500	»	16 66	2 50	» »	» »	Idem.	Idem.	Idem.	5
Capitaine...........	333 33	11 11	1 33	» »	» »	» »	Idem.	Idem.	Idem.	4
Lieutenant en premier. . .	225	»	7 50	1 »	» »	» »	Idem.	Idem.	Idem.	3
Lieutenant en second. . . .	200	»	6 66	1 »	» »	» »	Idem.	Idem.	Idem.	3
Off. du Génie. Commandant........	800	»	26 66	5 »	» »	» »	Idem.	Idem.	Idem.	10
Major.............	650	»	21 66	3 33	» »	» »	Idem.	Idem.	Idem.	6
Chef de bataillon......	500	»	16 66	2 50	» »	» »	Idem.	Idem.	Idem.	3
Capitaine...........	333 33	11 11	1 33	» »	» »	» »	Idem.	Idem.	Idem.	2
Lieutenant.........	216 66	7 23	1 »	» »	» »	» »	Idem.	Idem.	Idem.	1
Bibliothécaire........	100	»	3 33	1 »	» »	» »	Idem.	Idem.	Idem.	»

[1] L'indemnité de chauffage était payable pour les journées passées à l'intérieur seulement.
[2] L'indemnité des frais de bureaux était accordée tant dans l'intérieur qu'en campagne : les deux indemnités ci-dessus n'étaient payables que par mois.
[3] L'indemnité de fourrage était due pour les journées passées à l'intérieur seulement.
[4] Les indemnités de remonte et de ferrage s'allouaient dans l'intérieur et en campagne.
Nota. Ces trois dernières indemnités étaient payables pour tous les jours de l'année.

ADMINISTRATION.

DÉSIGNATION des GRADES ET EMPLOIS.	SOLDE		INDEMNITÉS DE			NOMBRE de CHEVAUX
	par mois.	par jour.	logement par jour.	chauffage par jour.	frais de bureaux par jour.	
Inspecteur aux revues........	1,333 33	44 44	8 33	10 »	33 33	6
Sous-inspecteur aux revues. . . .	1,000 »	33 33	5 »	5 »	8 33	4
Adjoint aux sous-insp. aux revues.	500 »	16 66	3 33	5 »	8 33	4
Commissaire ordonnateur......	1,333 33	44 44	8 33	10 »	16 16	6
Commiss. des guerres de 1re classe.	500 »	16 66	3 33	5 »	8 33	4
Commiss. des guerres de 2e classe.	416 66	13 88	3 33	5 »	6 66	3
Adjoint aux commiss. des guerres.	200 »	6 66	1 66	» 83	1 66	2

GRENADIERS, CHASSEURS ET VÉTÉRANS (INFANTERIE).

DÉSIGNATION DES GRADES.	SOLDE DE PRÉSENCE		SOLDE D'ABSENCE		INDEMNITÉS		NOMBRE DE CHEVAUX.
	par mois.	par jour.	en congé de semestre, par jour.	à l'hôpital et aux armées, par jour.	de logement par jour.	d'habillement par jour*.	
Grand État-major.							
Colonel................	750 »	25 »	12 50	22 »	5 »	2 77	
Colonel en second.........	666 66	22 22	11 11	19 22	5 »	2 77	
Adjudant général...........	583 33	19 44	9 72	16 44	5 »	2 77	6
Major.................	516 66	17 22	8 61	14 22	4 16	2 08	
Chef de bataillon...........	416 66	13 88	6 94	10 88	2 50	1 66	3
Quartier-maître............	300 »	10 »	5 »	8 »	1 33	1 11	2
Adjudant-major............							
Sous-adj.-major. { Lieut. en premier.	200 »	6 36	3 33	5 16	1 »	1 11	1
{ Lieut. en second..	175 »	5 83	2 91	4 33	1 »	1 11	
Adjudant d'habillement et des vivres, lieutenant, solde suivant sa classe.	» »	» »	» »	» »	1 »	1 11	»
Porte-aigle. { Lieutenant en premier.	200 »	6 66	3 33	5 16	1 »	1 11	»
{ Lieutenant en second..	175 »	5 83	2 91	4 33	1 »	1 11	»
Officier de santé de 1re classe....	300 »	10 »	5 »	8 40	2 50	1 11	
Officier de santé de 2e classe....	200 »	6 66	3 33	5 16	1 33	1 11	1
Officier de santé de 3e classe....	133 33	4 44	2 22	3 44	1 »	1 11	
Petit État-major.							
Vaguemestre..............	» »	2 97	1 48	» 99	» »	» »	»
Tambour-major............	» »	2 66	1 33	» 88	» »	» »	»
Tambour-maître-sergent.......	» »	2 22	1 11	» 74	» »	» »	»
Caporal-tambour...........	» »	1 66	» 83	» 55	» »	» »	»
Chef de musique...........	» »	5 »	2 50	1 66	» »	» »	»
Musicien................	» »						
Maître ouvrier.............	» »	2 22	1 11	» 74	» »	» »	»
Sergent de sapeurs..........	» »	2 22	1 11	» 74	» »	» »	»
Caporal de sapeurs..........	» »	1 94	» 97	» 64	» »	» »	»
Sapeur.................	» »	1 66	» 83	» 55	» »	» »	»
Compagnie.							
Capitaine................	300 »	10 »	5 »	8 »	1 33	1 11	**
Lieutenant en premier........	200 »	6 66	3 33	5 16	1 »	1 11	»
Lieutenant en second........	175 »	5 83	2 91	4 33	1 »	1 11	»
Sergent-major.............	» »	2 66	1 33	» 88	» »	» »	»
Sergent et fourrier..........	» »	2 22	1 11	» 74	» »	» »	»
Caporal.................	» »	1 66	» 83	» 55	» »	» »	»
Grenadier ou chasseur........	» »	1 16	» 58	» 38	» »	» »	»
Tambour................	» »	1 38	» 69	» 46	» »	» »	»
Élève tambour, traité en tout comme enfant du corps..........	» »	» »	» »	» »	» »	» »	»

* L'indemnité d'habillement était payable par mois aux officiers tant dans l'intérieur qu'aux armées.
** Les deux plus anciens capitaines de l'arme des grenadiers et des chasseurs avaient droit à un cheval chacun, tant à l'intérieur qu'aux armées.

SOLDE ET INDEMNITÉS.

FUSILIERS-GRENADIERS ET FUSILIERS-CHASSEURS.

DÉSIGNATION DES GRADES.	SOLDE DE PRÉSENCE			SOLDE D'ABSENCE		INDEMNITÉS		NOMBRE DE CHEVAUX.
	par mois.	par jour.	en marche, par jour.	en semestre par jour.	à l'hôpital et aux armées, par jour.	de logement par jour.	d'habillement par jour.	
État-major.								
Major................	516 66	17 22	» »	8 61	14 22	4 16	2 08	6
Chef de bataillon......	446 66	13 88	» »	6 94	10 88	2 50	1 66	3
Adjudant-major.......	300 »	10 »	» »	5 »	8 »	1 33	1 11	2
Sous-adj.-maj. { Lieut. en 1er	200 »	6 66	» »	3 33	5 16	1 »	1 11	1
{ Lieut. en 2e.	175 »	5 83	» »	2 91	4 33	1 »	1 11	1
Officier de santé de 1re classe.	300 »	10 »	» »	5 »	8 40	2 50	1 11	»
Officier de santé de 2e classe.	200 »	6 66	» »	3 33	5 16	1 33	1 11	»
Officier de santé de 3e classe.	133 33	4 44	» »	2 22	3 16	1 »	1 11	»
Maître de dessin.......	125 »	4 16	» »	2 08	2 91	» »	» »	»
Idem d'écriture.......	150 »	5 »	» »	2 50	3 75	» »	» »	»
Petit État-major.								
Caporal-tambour......	» »	1 66	» »	» 83	» 55	» »	» »	»
Maître ouvrier........	» »	2 22	» »	1 11	» 74	» »	» »	»
Compagnie.								
Capitaine............	300 »	10 »	» »	5 »	8 »	1 33	1 11	»
Lieutenant en premier...	200 »	6 66	» »	3 33	5 16	1 »	1 11	»
Lieutenant en second...	175 »	5 83	» »	2 91	4 33	1 »	1 11	»
Sergent-major........	» »	2 66	» »	1 33	» 88	» »	» »	»
Sergent et fourrier.....	» »	2 22	» »	1 11	» 74	» »	» »	»
Caporal.............	» »	1 66	» »	» 83	» 55	» »	» »	»
Fusilier.............	» »	» 60	» 70	» 30	» 20	» »	» »	»
Tambour............	» »	1 38	» »	» 69	» 46	» »	» »	»
Élève tambour traité en tout comme tirailleur.....	» »	» »	» »	» »	» »	» »	» »	»

GRENADIERS, CHASSEURS, MAMELUKS, LANCIERS ET GENDARMERIE D'ÉLITE (CAVALERIE).

Grades et emplois.	Solde par an.	Grades et emplois.	Solde par an.
Colonel.............	9600 fr.	Chirurgien de 2e classe.....	2400 fr.
Chef d'escadron.......	6000	Adjudant-sous-lieutenant.....	2000
Adjudant-major.......	4000	Officier-porte-étendard.....	2000
Capitaine-quartier-maître....	4000	Sous-lieutenant........	2000
Capitaine d'habillement.....	4000	Chef de musique.......	1800
Capitaine instructeur......	4000	Artiste vétérinaire.......	1800
Capitaine............	4000	Adjudant-sous-officier......	1200
Officier de santé de 1re classe...	3600	Sous-chef de musique......	1200
Lieutenant instructeur......	2700	Vaguemestre..........	1170
Lieutenant en premier......	2700	Sous-officicier instructeur....	1000
Lieutenant en second......	2400	Maréchal des logis chef.....	1000

SOLDE ET INDEMNITÉS.

Grades et emplois.	Solde par an.	Grades et emplois.	Solde par an.
Élève chirurgien	1000 fr.	Brigadier	700 fr.
Trompette-major	1000	Timbalier	700
Fourrier	900	Brigadier-trompette	700
Maréchal des logis	900	Trompette	650
Aide-artiste vétérinaire	900	Maréchal ferrant	650
Maître armurier	800	Grenadiers, chasseurs et mamelucks	450
Musicien gagiste	800	Enfant du corps	225

PUPILLES.

DÉSIGNATION DES GRADES.	SOLDE DE PRÉSENCE des OFFICIERS		SOLDE DE PRÉSENCE de la troupe par jour.		SOLDE D'ABSENCE par jour.		INDEMNITÉ DE LOGEMENT par jour.	SUPPLÉMENT DE SOLDE dans Paris par jour.
	Par mois.	Avec vivres de campagne.	En station sans vivres.	En marche avec le pain.	En semestre.	A l'hôpital.		
État-major.								
Colonel	416 66	13 88	13 88	18 88	6 94	10 88	1 66	2 77
Major	358 33	11 94	11 94	16 44	5 97	8 94	1 50	2 38
Chef de bataillon	300 »	10 »	10 »	14 »	5 »	7 »	1 33	1 »
Adjudant-major	166 66	5 55	5 55	8 55	2 77	3 55	» 60	1 38
Quartier-maître	100 »	3 33	3 33	5 83	1 66	1 83	» 60	1 11
Chirurgien-major	166 66	5 55	5 55	8 55	2 77	3 95	» 60	1 38
Aide-major	125 »	4 16	4 16	6 66	2 08	2 96	» 40	1 38
Sous-aide-major	66 66	2 22	2 22	4 72	1 11	1 22	» 30	1 11
Compagnie								
Capitaine de 1re classe	200 »	6 66	6 66	9 66	2 33	4 66	» 60	1 66
Capitaine de 2e classe	166 66	5 55	5 55	8 55	2 77	3 55	» 60	1 38
Capitaine de 3e classe	150 »	5 »	5 »	8 »	2 50	3 »	» 60	1 25
Lieutenant de 1re classe	104 16	3 47	3 47	5 97	1 73	1 97	» 40	1 15
Lieutenant de 2e classe	91 66	3 05	3 05	5 55	1 52	1 55	» 40	1 01
Sous-lieutenant	83 33	2 77	2 77	5 27	1 38	1 52	» 40	» 92
Petit État-major.								
Adjudant-sous-officier	» »	1 60	1 75	2 60	» 80	» 53	» »	» 54
Tambour-major	» »	» 80	» 95	1 20	» 40	» 40	» »	» 22
Caporal-tambour	» »	» 55	» 70	» 80	» 32	» 20	» »	» 12
Musicien	» »	» 55	» 70	» 80	» 27	» 10	» »	» 17
Maître ouvrier	» »	» 30	» 45	» 55	» 15	» 10	» »	» 05
Compagnie.								
Sergent-major	» »	» 80	» »	1 20	» 40	» 40	» »	» 22
Sergent et fourrier	» »	» 62	» »	» 97	» 31	» 10	» »	» 14
Caporal	» »	» 45	» »	» 70	» 22	» 10	» »	» 12
Pupille	» »	» 30	» »	» 55	» 15	» 10	» »	» 05
Tambour	» »	» 40	» 50	» 65	» 25	» 10	» »	» 05

SOLDE ET INDEMNITÉS.

TIRAILLEURS, VOLTIGEURS ET FLANQUEURS.

DÉSIGNATION DES GRADES.	SOLDE DE PRÉSENCE des OFFICIERS.		SOLDE DE PRÉSENCE de la troupe par jour.			SOLDE D'ABSENCE par jour.		INDEMNITÉ DE LOGEMENT par jour.	SUPPLÉMENT DE SOLDE dans Paris par jour.
	Par mois.	Avec vivres de campagne.	En station sans vivres de campagne.	En marche avec le pain.		En semestre.	A l'hôpital.		
État-major.									
Major commandant...	516 66								
Chef de bataillon....	416 66	Traités en tout comme l'infanterie de la vieille Garde.							
Adjudant-major....	300 »								
Sous-adj.-m.-sous-lieut.	83 33	2 77	2 77	5 27		1 38	1 52	» 40	» 92
Officier payeur.....	100 »	3 33	3 33	5 83		1 66	1 83	» 40	1 11
Officier de santé....	Vieille Garde, traité comme tel, suivant sa classe, voir page 158.								
Compagnie.									
Capitaine........	300 »	Traité en tout comme l'infanterie de la vieille Garde.							
Lieuten. { de 1re classe.	104 16	3 47	3 47	5 97		1 73	1 97	» 40	1 15
{ de 2e classe.	91 66	3 05	3 05	5 55		1 52	1 55	» 40	1 04
Sous-lieutenant....	83 33	2 77	2 77	5 27		1 38	1 52	» 40	» 92
Petit État-major.									
Vaguemestre......	» »	1 66	En temps de guerre seulement.						
Adjudant-sous-officier.	» »	1 60	1 65	2 60		» 80	» 53	» »	» 54
Caporal-tambour....	» »	» 70	» 85	» 95		» 40	» 20	» »	» 20
Chef de musique....	» »	» 50	2 65	2 90		1 25	» 83	» »	» 90
Musicien........	» »	1 »	1 15	1 25		» 50	» 10	» »	» 40
Maître ouvrier.....	» »	» 30	» 45	» 55		» 15	» 10	» »	» 05
Compagnie.									
Sergent-major.....	» »	» 90	1 05	1 30		» 45	» 10	» »	» 26
Sergent et fourrier...	» »	» 75	» 90	1 10		» 37	» 10	» »	» 20
Caporal.........	» »	» 60	» 75	» 85		» 30	» 10	» »	» 20
Tiraill., voltig. et flanq.	» »	» 30	» 45	» 55		» 15	» 10	» »	» 05
Tambour.........	» »	» 40	» 55	» 65		» 25	» 20	» »	» 05
Élève tambour.....	» »	» 30	» 45	» 55		» 15	» 10	» »	» 05

GARDES D'HONNEUR.

OFFICIERS.			
Grades et emplois.	Solde par an.	Grades et emplois.	Solde par an.
Colonel..........	9600 f. » c.	Chirurgien-sous-aide-major...	1800 f. » c.
Major...........	7200 »	Capitaine.........	4000 »
Chef d'escadron......	6000 »	Lieutenant en premier.....	2700 »
Capitaine instructeur....	4000 »	Lieutenant en second.....	2400 »
Quartier-maître.......	» »		

TROUPE.	
	Solde par jour.
Adjudant-major-capitaine.... 4000 »	Vaguemestre......... 3 25
Sous-adjud.-major-lieuten. en 1er. 2700 »	Sous-instruc. maréc. des logis chef. 2 77
Chirurgien-major....... 3600 »	Artiste vétérinaire...... 5 »
Chirurgien-aide-major..... 2400 »	Aide-vétérinaire....... 2 50

SOLDE ET INDEMNITÉS.

	Solde par jour.		Solde par an.
Trompette-major	3 f. 88 c.	Maître maréchal ferrant	2 f. 22 c.
Brigadier-trompette	1 94	Maréchal des logis chef	2 77
Maître tailleur	2 22	Maréchal des logis	2 50
Maître culottier	2 22	Fourrier	2 50
Maître bottier	2 22	Brigadier	1 94
Maître armurier	2 22	Maréchal ferrant	1 80
Maître sellier	2 22	Garde d'honneur	1 25
Maître éperonnier	2 22	Trompette	1 80

ARTILLERIE, PARC ET TRAIN.

	Grades et emplois.	Solde par an.		Grades et emplois.	Solde par an.
	Chef d'escadron	6600 fr.		Caporal	650 fr.
	Adjudant-major	4300		Trompette	600
	Capitaine en premier	4300		Artificier	530
	Capitaine en second	3500		Canonnier de 1re classe	500
	Quartier-maître, suiv. son grade	2900		Canonnier de 2e classe	450
	Lieutenant en premier	2900	ARTILLEURS.	Ouvrier de 1re classe	450
	Lieutenant instructeur	2900		Ouvrier de 2e classe	400
	Officier-porte-étendard	2600		Ouvrier apprenti	300
ARTILLEURS.	Lieutenant en second	2600		Garde d'artillerie	2000
	Officier de santé de 2e classe	2400	PARC.	Sous-garde	1500
	Professeur de mathématiques	2000		Conducteur	1500
	Artiste vétérinaire	1800		Capitaine commandant	3800
	Adjudant-sous-officier	1300		Lieutenant	2600
	Maréchal des logis chef	1000		Maréchal des logis chef	800
	Maréchal des logis	900		Maréchal des logis ou fourrier	600
	Fourrier	900	TRAIN.	Brigadier	500
	Sergent	850		Maréchal ferrant	450
	Maître ouvrier	800		Bourrelier	450
	Brigadier	700		Trompette	450
	Brigadier-trompette	700		Soldat	400
	Maréchal ferrant	650		Enfant du corps	200

HOPITAL DE LA GARDE DIT DU GROS-CAILLOU.

DÉSIGNATION DES GRADES ET EMPLOIS	SOLDE		INDEMNITÉ de LOGEMENT par jour.	NOMBRE DE CHEVAUX.
	par mois.	par jour.		
Médecin en chef. . . . . Chirurgien en chef. . . . . Pharmacien en chef.	500 »	16 65	3 33	3
Médecin adjoint de première classe. . . . . Chirurgien de première classe. . . . . Pharmacien de première classe.	333 33 333 03	11 11 11 11	2 50 2 50	2 1
Chirurgien de deuxième classe. . . . . Pharmacien de deuxième classe.	200 »	6 66	1 33	1
Chirurgien de troisième classe. . . . . Pharmacien de troisième classe.	133 33	4 44	1 »	1

SOLDE ET INDEMNITÉS.

BATAILLON DES MATELOTS.

DÉSIGNATION DES GRADES ET EMPLOIS.	SOLDE		
	de mer par mois.	de la Garde par mois.	TOTAL par mois.
Capitaine de vaisseau commandant *.	400 »	800 »	1200 »
Capitaine de frégate commandant d'équipage	233 »	500 »	733 »
Lieutenant de vaisseau commandant d'équipage	133 »	333 »	466 66
Capitaine-adjudant-major et quartier-maître-trésorier.	133 »	333 »	466 66
Lieutenant de vaisseau commandant d'escouade.	133 »	225 »	358 »
Enseigne de vaisseau et lieuten. d'artill. command. d'escouade.	100 »	200 »	300 »
Maître	90 »	83 »	173 »
Contre-maître	54 »	75 »	129 »
Quartier-maître.	40 »	58 »	98 »
Matelots de première classe.	30 »	37 50	67 50
Matelots de deuxième classe.	27 »	37 50	64 50
Matelots de troisième classe.	24 »	37 50	61 50
Matelots de quatrième classe.	21 »	37 50	58 50
Trompette ou tambour.	23 80	54 »	77 80

* Le capitaine de vaisseau commandant pouvait, à la mer, recevoir un traitement extraordinaire, et ses officiers leurs frais de table.

SOLDE DE RETRAITE.

Décret du 29 janvier 1805.

« Art. 1er. Lorsque l'âge, des blessures ou des infirmités ne permettront plus aux militaires de la Garde impériale de continuer leur service, ils seront admis aux Invalides ou à la solde de retraite, sur la demande que les colonels généraux de ladite Garde en feront au ministre.

» Art. 2. Les soldes de retraite seront fixées sur les mêmes bases que celles arrêtées pour l'armée; mais elles seront augmentées de moitié.

» Art. 3. Ceux qui obtiendront leur entrée à l'hôtel impérial des Invalides y jouiront des prérogatives et traitements des grades supérieurs à ceux qu'ils occupaient dans la Garde.

» Le simple garde sera traité comme caporal ou brigadier ;

» Le caporal ou brigadier, comme sergent ou maréchal des logis ;

» Le sergent ou maréchal des logis, comme sous-lieutenant ;

» L'officier jouira de tous les avantages accordés au grade supérieur à celui qu'il occupait dans la Garde.

» Art. 4. Si le militaire de la Garde, après son admission aux Invalides, préfère la pension représentative de l'hôtel, cette pension lui sera accordée après avoir été fixée d'après les principes de l'article 2e ci-dessus, et pour le grade qu'il occupait dans la Garde. »

UNIFORMES

GRENADIERS A PIED.

Habit bleu de roi, collet bleu fermé sans lisérés, revers blancs taillés carrément, parements écarlates, pattes blanches à trois pointes, doublure écarlate, retroussis agrafés et garnis de quatre grenades en laine jaune, brodées sur drap blanc; tour de poches en long, figuré par un passe-poil écarlate; boutons de cuivre jaune, empreints d'une aigle couronnée, avec la légende : *Garde impériale.*

Veste et culotte blanches, guêtres noires montant au-dessus du genou, boutons jaunes, épaulettes et dragonne rouges.

Bonnet d'ourson, garni d'une plaque de cuivre jaune portant une aigle couronnée tenant un foudre dans ses serres, avec deux grenades à chaque angle du bas; sur le sommet, une grande grenade en fil blanc brodée; cordon en laine blanche; plumet rouge et cocarde tricolore à la base.

Sur la giberne une aigle couronnée; à chaque angle une grenade.

La *petite tenue d'hiver* des grenadiers à pied était ordinairement un pantalon de drap bleu collant, avec des bottes à la Suvarow.

Une culotte de nankin, le bas de coton blanc avec le soulier à boucles d'argent ovales, et les gants blancs de tricot, formaient la *petite tenue d'été.* Ces derniers objets étaient fournis aux frais des grenadiers.

Quant à la capote, elle était de drap bleu, à deux rangs de boutons, collet droit agrafé.

CHASSEURS A PIED.

Le grand uniforme semblable, pour les couleurs, à celui des grenadiers à pied. Revers taillés en pointe, ainsi que les parements, qui étaient lisérés de blanc; retroussis garnis d'une grenade et d'un cor de chasse en laine orange, brodés sur blanc; épaulettes à franges rouges et corps vert.

Bonnet sans plaque ni sommet, orné d'un cordon blanc à deux glands; plumet à sommet rouge, et vert par le bas; une aigle couronnée sur la giberne.

Dragonne avec un gland rouge et vert.

Les chefs de corps ajoutèrent divers objets de petite tenue, tels que pantalon collant en drap bleu, bottes à la Suvarow, pour l'hiver; culottes de nankin, bas de coton et souliers à boucles d'argent, pour l'été; capote comme celle des grenadiers.

TROISIÈME RÉGIMENT DE GRENADIERS (HOLLANDAIS).

Habit blanc, collet, revers et parements cramoisis; doublure et passe-poil de poches de même couleur; grenades jaunes, boutons à l'aigle à l'habit et à la veste, qui était blanche ainsi que la culotte; guêtres longues avec boutons de cuivre; épaulettes et dragonne rouges, bonnet sans plaque, cordon blanc à double gland; au haut du bonnet, une croix en fil blanc sur un fond cramoisi; plumet rouge.

Le petit uniforme consistait en un surtout blanc avec collet, parements et doublure cramoisis; basques sans tour de poches, garnies de grenades jaunes; chapeau avec une simple ganse jaune; les marrons et le pompon rouges, en forme de pomme de pin.

La grande tenue d'été, pour les officiers et les soldats, était une veste, une culotte et des guêtres de basin blanc.

FUSILIERS-GRENADIERS, FUSILIERS-CHASSEURS.

L'habit des fusiliers-grenadiers, semblable à celui des grenadiers de la vieille Garde; épaulettes blanches; le corps coupé dans sa longueur par deux bandes rouges; schako orné d'une aigle et d'un cordon blanc, plumet rouge avec pompon de même couleur; capote en drap gris de fer.

Les fusiliers-chasseurs se distinguaient des premiers par le plumet, qui était vert et rouge; leurs habits étaient ceux des chasseurs; leur capote était bleu foncé.

MARINS.

Veste de drap bleu ornée de tresses en laine orangée, collet bleu galonné, parements de drap rouge; contre-épaulettes en écailles de cuivre; gilet de drap rouge; pantalon large, de drap bleu, avec un galon de laine jaune sur les coutures et une tresse à la hongroise sur le devant; la capote de drap bleu, boutons de cuivre jaune; schako bordé d'une ganse jaune en laine, surmonté d'un pompon et d'un plumet rouges; cordon de schako en laine orange; demi-bottes sous le pantalon. Les maîtres, contre-maîtres et quartiers-maîtres portaient les mêmes insignes que les sous-officiers de la Garde, auxquels étaient assimilés, savoir :

Pour les *maîtres* : le maréchal des logis chef;

Pour les *contre-maîtres* : le maréchal des logis;

Pour les *quartiers-maîtres* : le brigadier.

L'habillement des clairons et tambours était le même que ceux des corps de l'infanterie de la Garde.

Les officiers portaient les ornements, les épaulettes et les aiguillettes d'or.

TIRAILLEURS.

Habit-veste de drap bleu de roi, coupé comme l'uniforme de l'infanterie légère; revers de même drap en pointe, liséré blanc avec sept petits boutons; collet rouge avec liséré bleu; parements rouges en pointe, liséré blanc avec deux boutons; doublure des basques de serge écarlate, liséré blanc; passe-poil des poches blanc, avec trois gros boutons; pattes d'oie bleues; liséré blanc prenant naissance dans les plis et attaché par les deux boutons à la taille; sur les retroussis, quatre aigles de drap blanc; pattes d'oie pour épaulettes, de drap écarlate; liséré blanc; veste et pantalon blancs; guêtres noires en forme de bottes à la russe, boutons de cuivre; baudrier et porte-giberne unis; giberne garnie d'une petite aigle couronnée; sabre-briquet du modèle de ceux de la ligne; fusil à capucine de fer.

Schako orné de chevrons en V, de galon blanc, et garni d'un cordon rouge; plumet rouge au sommet et blanc par le bas [1].

---

[1] L'uniforme des flanqueurs ressemblait dans presque tous ses détails à celui des tirailleurs.

VOLTIGEURS.

Habit comme les tirailleurs-grenadiers, avec les seules différences suivantes : Retroussis garnis d'aigles de drap vert, et pattes d'oie pour épaulettes, de drap vert, lisérées de jaune; veste, pantalon, guêtres, équipement et armement pareils à ceux des tirailleurs-grenadiers.

Schako uni, garni seulement d'une aigle couronnée, d'un cordon blanc et d'un pompon vert en boule pour tous les régiments; plumet rouge au sommet et vert par le bas (ces nuances ont varié pour distinguer les régiments).

PUPILLES.

Habit-veste vert; revers, collet et parements en pointe et verts, lisérés jaunes; basques doublées en vert, lisérées jaune et garnies d'aigles de même couleur; passe-poil des poches jaune; pattes d'oie dans les plis, en drap vert liséré jaune; veste et pantalon blancs, guêtres courtes de tricot noir; schako comme celui des tirailleurs, garni d'un cordon vert; pompon en boule, jaune.

Fusil de dragon. Ce régiment n'a jamais porté de sabre.

GRENADIERS A CHEVAL.

Habit entièrement semblable à celui des grenadiers à pied, veste blanche, culotte de peau blanche, bottes à l'écuyère. Deux contre-épaulettes, aiguillettes à droite, et dragonne de sabre de buffle blanc; bonnet d'ourson sans plaque, avec jugulaires de cuivre jaune; cocarde nationale, cordon de laine jaune; au sommet, une grenade de laine jaune sur fond rouge; plumet rouge.

Giberne ornée d'une aigle de cuivre, sabre droit, mousqueton et deux pistolets; ceinturon blanc avec plaque de cuivre portant une aigle.

Gants de peau blanche, manteau blanc avec brandebourgs jaunes et doublure rouge sur le devant.

Toute la passementerie était d'or pour les officiers.

La petite tenue était pareille à celle des grenadiers à pied.

DRAGONS DE L'IMPÉRATRICE.

L'habillement et l'armement étaient les mêmes que ceux des grenadiers à cheval; seulement, tout ce qui était bleu chez ces derniers était vert pour les dragons. A la place du bonnet à poil, les dragons portaient le casque de cuivre jaune à crinière noire pendante, et orné d'un plumet rouge.

Même manteau que les grenadiers.

La petite tenue des dragons consistait en un pantalon de nankin; chapeau pareil à celui des grenadiers.

Bottes à la Suvarow.

CHASSEURS A CHEVAL.

Grand uniforme : Dolman de drap vert garni de tresses et de franges de laine jaune, collet vert, parements rouges; pantalon de peau jaune (de daim) collant; bottes à la hongroise, bordées d'un galon jaune et ornées d'un gland de laine jaune; pelisse écarlate avec galon, ganse, olives et tresses de laine jaune; le collet de la pelisse et les parements des manches, de fourrure noire; gilet rouge avec ganse et galon jaunes; ceinture à nœud, de laine verte et rouge; sabretache fond vert, représentant les armes de l'Empire brodées de couleur, avec une aigle de cuivre, et bordée d'un large galon jaune; sabre courbé à fourreau de cuivre; colback à flamme rouge, avec ganse et gland jaunes, jugulaires en chaînons de cuivre; plumet vert, rouge au sommet.

Petit uniforme : Habit long de drap vert; revers en pointe, doublure de même drap; collet et parements rouges en pointe, pattes d'oie vertes dans les plis, lisérés de rouge (pas de poches figurées), les retroussis ornés de cors de chasse de laine jaune. Trèfles et aiguillettes à gauche, de laine jaune. Gilet rouge avec galons et ganses jaunes, boutons à la hussarde.

Chapeau comme celui des chasseurs à pied; plumet rouge et vert.

En été, pantalon de nankin.

Même uniforme pour les officiers, seulement la passementerie et les ornements étaient d'or. En grande tenue, la bottine de maroquin rouge.

MAMELUKS.

Leur uniforme consistait en un riche costume turc, variant, pour les différentes tenues, selon le goût et le caprice de leur commandant. Ils portaient ordinairement un turban bleu ou blanc à calotte rouge, surmonté d'un croissant en cuivre jaune; la veste couleur bleu de ciel, taillée à la mode orientale, avec olives, galons et passementerie noirs; le gilet était rouge, sans passementerie, et la ceinture à nœuds en laine verte et rouge; le pantalon rouge, extrêmement large, et les bottines jaunes.

En été, pantalon blanc en toile et turban de mousseline blanche.

LANCIERS POLONAIS.

Kurtka bleu de roi; collet, revers, parements et retroussis cramoisis, bordés d'un galon d'argent; passe-poil cramoisi sur toutes les coutures de l'habit; épaulettes et aiguillettes en fil blanc; pantalon descendant sur les bottes, en drap cramoisi, avec bandes de drap bleu; boutons blancs; czapska carré, cramoisi et cannelé, avec un soleil en cuivre portant au centre un N couronné; visière garnie d'un cercle de cuivre; chaînéton en cuivre et cordonnet de fil blanc; plumet blanc; portemanteau bleu et rond.

Giberne portant une aigle; lance à fanon cramoisi et blanc; sabre à la hussarde avec ceinturon blanc attaché sur l'habit par une plaque portant une aigle.

LANCIERS ROUGES.

Kurtka écarlate; collet, revers, parements et retroussis bleu de roi; passe-poil bleu sur toutes les coutures; deux épaulettes jaunes et aiguillette à gauche; boutons jaunes; pantalon passant sur les bottes, en drap écarlate, bordé d'une bande de drap bleu; giberne portant une aigle; lance à fanon rouge et blanc; sabre à la hussarde avec ceinturon blanc, attaché sur l'habit par une plaque portant une aigle; czapska carré, rouge, cannelé, avec un N couronné rayonnant, et un cordonnet de laine jaune; plumet blanc; visière bordée en cuivre; jugulaires en chaîneton de cuivre; porte-manteau rond.

GARDES D'HONNEUR.

Uniforme des quatre régiments semblable : Pelisse vert foncé, doublée de flanelle blanche, bordure, y compris celle du collet, boudin et tour de manches en peau noire; ganse, olives et tresses blanches; fond du dolman, vert foncé, doublé de toile à la partie supérieure et de peau rouge à la partie inférieure, avec collet et parements écarlate; tresses du collet, des fausses poches et des parements de la même couleur que celle de la pelisse; pantalon hongrois en drap rouge, avec tresses blanches; boutons blancs; fond de la ceinture cramoisi, avec garnitures blanches.

Schako rouge.

ARTILLEURS A CHEVAL.

La même coupe d'uniforme que les chasseurs à cheval : Dolman, pelisse et pantalon collant de drap bleu de roi, ornés de galons, ganses, cordonnets et olives de laine rouge; parements rouges au dolman; gilet bleu, ganses et tresses rouges; bottes à la hongroise, bordées et ornées d'un gland rouge; ceinture bleue et rouge; sabretache fond bleu, portant une aigle sur deux canons croisés, et bordée d'un large galon rouge; portemanteau rond, de drap bleu; colback à flamme rouge; plumet rouge.

Le *petit uniforme* de l'artillerie était semblable à celui des chasseurs à cheval, mais bleu et orné de ganses rouges. En été, un pantalon de nankin.

CANONNIERS A PIED.

L'uniforme des grenadiers à pied, avec revers et collet bleus lisérés de rouge; parements rouges avec pattes bleues; retroussis rouges avec grenades bleues; épaulettes et dragonne rouges; veste et culotte bleues; guêtres noires montant au-dessus du genou; bonnet d'ourson sans plaque, avec cordon et plumet rouge; jugulaires de cuivre jaune; au sommet du bonnet, une grenade jaune sur rouge.

Équipement et armement comme les grenadiers.

Sur la giberne, deux canons croisés surmontés d'une aigle.

Capote bleu de roi.

SOLDATS DU TRAIN D'ARTILLERIE.

Habit-veste de drap bleu de ciel; collet, revers droits et carrés, parements ronds; pattes de manches à trois pointes, de drap bleu de roi, liséré rouge; doublure des basques de drap bleu de roi, liséré rouge; passe-poil des poches figurées, de drap écarlate; retroussis garnis de grenades de drap écarlate; petits boutons blancs à l'aigle; épaulettes et dragonne rouges; gilet bleu de ciel caché par l'habit; pantalon collant de même drap, garni de ganses rouges, à la hussarde; manteau bleu de ciel; schako comme ceux des régiments de ligne, garni autour du haut d'un galon de laine rouge; cordon rouge; grande aigle couronnée, avec jugulaires de cuivre et chaînons de cuivre; visière garnie d'un cercle de même métal; plumet rouge.

Bottes à la russe, avec cordonnet et gland de laine rouge.

Giberne garnie d'une aigle sur deux canons; sabre-briquet d'infanterie.

SAPEURS DU GÉNIE.

Uniforme semblable, pour la coupe, à celui des grenadiers à pied; habit bleu de roi, revers, collet et parements en velours noir liséré de rouge, retroussis et passe-poil de poche rouges; veste et culotte bleu de roi; un casque de fer poli, garni d'ornements et d'une aigle éployée en cuivre jaune; crinière noire, plumet rouge; épaulettes et dragonne rouges; capote bleu de roi.

Équipement et armement comme les régiments de vieille Garde; une aigle sur la giberne.

SOLDATS DU TRAIN DES ÉQUIPAGES.

Habit-veste semblable pour la coupe à celui du train d'artillerie, fond bleu de ciel; revers, collet, parements et pattes de manches du même drap, liséré bleu de roi; gilet bleu de ciel, caché par l'habit; pantalon collant, bleu de ciel uni; bottes à la russe.

Schako ordinaire, orné d'une aigle couronnée et de jugulaires en métal blanc; pompon rouge.

Manteau bleu de ciel.

Sabre-briquet d'infanterie.

OUVRIERS D'ADMINISTRATION DE LA GARDE.

Habit court en drap bleu céleste; revers droits, carrés; collet, parements et petites pattes à trois pointes, de même drap; liséré écarlate, passe-poil de poches figurées écarlate; doublure des basques en serge écarlate, sans liséré; ces retroussis ornés de quatre aigles en drap bleu céleste; pattes d'oie pour épaulettes en drap bleu céleste, liséré rouge; boutons de cuivre; veste et pantalon bleu céleste; petites guêtres noires.

Schako garni d'un galon de laine jaune de 15 lignes, d'une aigle couronnée en cuivre et d'un pompon à lentille rouge.

GENDARMES D'ÉLITE.

Même coupe d'habit que celle des grenadiers à cheval, bleu de roi; revers, parements et retroussis rouges; poches figurées en travers; grenades blanches sur les retroussis; boutons blancs; veste et culotte de peau jaune; bottes à l'écuyère; trèfles, aiguillettes blanches à gauche; bonnet d'ourson à visière de cuir verni, jugulaires blanches, cordon blanc; au sommet du bonnet, une grenade blanche sur fond rouge; plumet rouge et très-court.

Giberne garnie d'une aigle de cuivre; porte-giberne et ceinturon jaunes, bordés d'un galon blanc; plaque de ceinturon blanche, ornée d'une aigle de cuivre; sabre comme ceux des grenadiers à cheval.

Gants jaunes. Les marques distinctives des grades étaient d'argent.

VÉTÉRANS.

Uniforme semblable en tout à celui des grenadiers à pied, à l'exception des revers qui étaient rouges, et des pattes de manches qui étaient bleues; le tout sans liséré.

Bonnet remplacé par un chapeau.

COIFFURES.

Un règlement du 26 août 1804 arrêta que les six corps de la garde impériale désignés ci-après porteraient seuls la queue, savoir : les grenadiers à pied, les chasseurs à pied, les grenadiers à cheval, les chasseurs à cheval, l'artillerie et le train d'artillerie, et les gendarmes d'élite. Plus tard, les fusiliers-grenadiers, les canonniers à pied, eurent le même privilège.

TABLE DES MATIÈRES

Introduction	iii
Grenadier à pied. — Chasseur à pied.	1
Fusilier-grenadier. — Fusilier-chasseur.	9
Tirailleur. — Voltigeur.	13
Canonnier à pied. — Sapeur du génie.	19
Marin.	25
Pupille (Jeune Garde). — Grenadier (Hollandais).	31
Grenadier à cheval.	35
Dragon de l'Impératrice.	43
Chasseur à cheval (Guide).	49
Mameluk.	57
Lancier polonais	61
Lancier rouge.	69
Garde d'honneur.	75
Artillerie à cheval.	79
Gendarme d'élite.	87
Vétéran.	89
États nominatifs de tous les officiers de la Garde impériale en 1813, avec l'indication des grades et des régiments.	93
Napoléon et la Garde à l'île d'Elbe.	117
Composition de la Maison militaire de Napoléon à l'île d'Elbe. . .	118
Bataillon de grenadiers, dit Bataillon Napoléon.	119
Escadron de chevau-légers-lanciers et mameluks, dit Escadron Napoléon. . .	125
Décrets relatifs aux Gardes consulaire et impériale.	127
Service.	154
Casernement	156
Solde et indemnités.	157
Solde de retraite	163
Uniformes.	165

www.ingramcontent.com/pod-product-compliance
Lightning Source LLC
Chambersburg PA
CBHW060127170426
43198CB00010B/1073